1549年英国凯特起义

刘 博◎著

中国社会科学出版社

图书在版编目（CIP）数据

1549 年英国凯特起义 / 刘博著 . —北京：中国社会科学出版社，2023.5
ISBN 978 - 7 - 5203 - 8455 - 1

Ⅰ.①1… Ⅱ.①刘… Ⅲ.①英国—中世纪史—1549 Ⅳ.①K561.33

中国版本图书馆 CIP 数据核字（2021）第 092668 号

出 版 人	赵剑英
责任编辑	陈雅慧
责任校对	王　斐
责任印制	戴　宽

出　　版	中国社会科学出版社
社　　址	北京鼓楼西大街甲 158 号
邮　　编	100720
网　　址	http://www.csspw.cn
发 行 部	010 - 84083685
门 市 部	010 - 84029450
经　　销	新华书店及其他书店

印　　刷	北京明恒达印务有限公司
装　　订	廊坊市广阳区广增装订厂
版　　次	2023 年 5 月第 1 版
印　　次	2023 年 5 月第 1 次印刷

开　　本	710×1000　1/16
印　　张	16
插　　页	2
字　　数	209 千字
定　　价	78.00 元

凡购买中国社会科学出版社图书，如有质量问题请与本社营销中心联系调换
电话：010 - 84083683
版权所有　侵权必究

目　录

绪　论 …………………………………………………………（1）

第一章　凯特起义的经过 ……………………………………（21）
　第一节　起义的背景 ………………………………………（21）
　第二节　起义过程中斗争各方关系的演变 ………………（34）
　第三节　起义失败的原因 …………………………………（55）
　小　结 ………………………………………………………（66）

第二章　凯特起义的性质 ……………………………………（68）
　第一节　凯特的身份及其参加起义的动机 ………………（68）
　第二节　凯特的政府与起义者的活动 ……………………（79）
　第三节　起义的政治纲领 …………………………………（90）
　第四节　城乡起义者的职业和阶层构成 …………………（103）
　第五节　凯特起义与1548—1549年社会动荡的关系 ……（117）
　小　结 ………………………………………………………（132）

第三章　爱德华六世时期的社会危机 ………………………（134）
　第一节　土地制度变革危机 ………………………………（134）
　第二节　宗教改革危机 ……………………………………（146）

第三节　物价上涨、人口和贫困问题造成社会危机……………（160）
　　小　结…………………………………………………………（175）

第四章　1549年社会动荡的特点 ………………………………（177）
　　第一节　以政府政策"号召"为导火索和推动力 ………………（177）
　　第二节　以大众无序化参与国家政治为内容…………………（189）
　　第三节　以"公共福利"为政治话语 ……………………………（202）
　　小　结…………………………………………………………（216）

结　论 ……………………………………………………………（218）

参考文献 …………………………………………………………（226）

附　录 ……………………………………………………………（244）
　　附录一　凯特的29条请愿——《请求和要求》 ………………（244）
　　附录二　起义大事时间表………………………………………（248）

绪　　论

一　选题缘由与研究价值

"起义史"是一类常见的历史学题材，具有时代性强、政治性强、研究对象具体化的特点。起义是一种反作用于权威统治的公开的暴力的政治活动。它普遍存在于阶级社会的发展过程中，无论古代还是现代，东方还是西方。就其起因而言，每一次大型起义，无论其直接原因是天灾、饥馑、瘟疫、兵燹、阴谋、舆论、私仇、利益冲突还是民族矛盾，背后都有着错综复杂的政治、经济、宗教、社会和军事等深层次原因。内容上，起义往往采取暴力的方式，或以暴制暴。起义发生发展变化过程往往具有直观、清晰的特点，便于叙事和讨论，易于人们理解和记忆。起义结果，或和平解决，或被镇压，或推翻既有统治。从功能上，一方面，起义是社会矛盾斗争的工具，但同时起义对社会发展具有纠错功能，起义是社会出现危机的信号，是社会发展失衡的标志；另一方面，起义具有释放社会矛盾斗争"能量"、化解社会危机使社会发展达到新的平衡的功能。"起义是对社会秩序的保护。"[①]"大众起义表现出一种恢复政体平衡并且呼吁统治阶层回到

---

① Michael Bush, "The Risings of the Commons in England, 1381 – 1549", in *Hierarchies and Orders in Late Medieval and Early Renaissance Europe*, edited by Jeffrey Denton, Hampshire: Macmillan, 1999, p. 113.

原来的位置上的功能。"① 起义不仅是纠错机制，更是深层次民众政治的体现。起义常常对国家政治命运产生重大影响。起义往往不是独立的事件，它能反映出历史事件背后盘根错节的社会脉络关系，反映出一个社会和它所处的时代的文明发展状况。研究起义历史，可以在理论层面上分析宗教、经济、政治和社会等因素在引发社会动荡和社会矛盾作用中的层次关系；可以认识社会动荡产生、发展和消灭的过程中意识形态和物质基础的辩证关系、上层建筑和经济基础的辩证关系、形而上和形而下的辩证关系。这必将有助于丰富社会危机史的理论认识，有助于推进人类对于革命、起义、造反中矛盾运动规律的认识，并提供有益的理论和历史参考。

为此，探索起义的发生发展规律、认识起义的性质，研究和评价起义的整体历史作用和地位，把握起义的发展脉络，并进而引发我们对社会演变的历史认识以及人类社会发展问题的深层次思考，必将对维护政治稳定、社会和谐，乃至对人类历史发展演变具有重大意义。

以起义为题材的历史学，在国内外都有悠久的研究传统和庞大的研究人群。中国的起义史研究历史久远，著述丰富，观点层出不穷。在马克思主义思想的引导下中国的起义史研究曾经一度处在世界起义史研究的前沿。总体而言，此类研究以"农民起义史"和"农民战争史"为主。农民战争史曾被誉为史学研究领域的"五朵金花"之一，在20世纪50年代至60年代中期和70年代末至80年代中期曾经有过两次研究高潮，无一例外都以"阶级斗争思想"为武装，围绕"农民战争的历史推动作用"展开研究和讨论。明显形成两派观点，即一方强调农民起义的历史推动作用，而另一方则强调农民起义的落后性和破坏性。实则是在争论社会常态下"造反无

---

① Andy Wood, *The 1549 Rebellions and the Making of Early Modern England*, Cambridge: Cambridge University Press, 2007, p. 3.

理"还是"造反有理"的问题。随着改革开放、思想界的变化，农民战争史学术研究活动在20世纪90年代走向低迷。值得注意的是，与外国史学强调细节研究的发展道路不同，中国农民战争史研究走上了侧重理论研究的发展道路，难免泛泛而谈，最终走进"冷宫"。时至今日，中国起义史研究几乎还停留在20世纪90年代的水平。中国学者似乎仍在讨论"农民战争的历史作用"，难以突破"农民"情结。这与国外"起义史"研究日趋"火热"的状态形成了巨大的反差。

今天，随着国际经济和科技的发展，国际竞争日趋激烈，国际格局迅猛变化。从东欧中亚的"颜色革命"、阿富汗战争、伊拉克战争、欧洲国家骚乱问题到"阿拉伯之春"（第二次中东革命）等一系列国际事件，可以发现，决定一个国家内部社会稳定的因素正在发生深刻变革，传统的内源型革命和输入型颠覆之间的界限越来越模糊。新事物的产生和发展使我们不得不以新的观念去认识社会运动规律。在这种情况下研究外国起义史就显得更加迫切了。

此外，21世纪以来"圈地运动"一度成为国内各界频繁使用的热门词，甚至有被滥用的现象。历史作为一门基础学科可为学术界提供详细的史实和透彻的分析，因此澄清和论证史实具有重要意义。通过对凯特起义这一历史事件的管窥，深入研究分析圈地运动背景下社会危机中的社会各阶级的状态以及他们应对危机时所采取的行动，必将丰富中国学术界对"圈地运动"和社会转型期"群体事件"的认识。

"1549年凯特起义"这一命题在英国起义史学界历来受到重视。虽然这场起义的规模和影响无法同1381年的农民大起义和1640年的英国革命相比，但是凯特起义作为承前启后的一次大规模人民抗议运动，在英国历史上具有不可忽略的价值和地位。它之于英国政治史的重要性也得到较为广泛的认可。凯特起义发生的时代恰好是都铎王朝爱德华六世时期，这个时代短暂且远不如之前的亨利八世和之后的伊丽莎白时代辉煌。然而这个时期恰恰是英国宗教改革最激进的时期，也是封建社会向资本主义社会"过渡"的一个重要时期。纵观全欧洲历史，中世纪末期社会思想上正经历着"经济规则取代伦理政治规则而支配经济活动的过程"，"近代资本主义用市场经济的价值观，取代了传统价值观"。[①] 政治改革、宗教改革和经济发展引发了全面的社会危机。凯特起义正是这个时期社会危机的集中表现。1549年英国东部西部相继发生了大规模的起义，加之各地小起义也接连不断，构成了一个"动荡的年代"。此外，正是因为凯特起义提出了鲜明的社会改革要求，有别于以往起义简单反国王、反贵族、反宗教压迫，使这场起义具有了现代性。凯特起义是当年规模最大、发展最为充分、最具典型性、最具代表性的一场起义。研究凯特起义更便于我们认识社会转型期社会运动的发生发展规律。

关于凯特起义至今仍有许多具体问题没有得到圆满解答。史家往往将凯特起义简单地定义为农民起义，也往往认为圈地运动是起义的根本原因。那么如何解释凯特作为积极圈地的土地持有者摇身一变成为反圈地运动的农民领袖？引发这场起义的原因和条件是什么？起义者都来自哪些阶层？他们为何由被动变主动，积极地参与到政治中来？这些问题都需要再认识。如果不对这场起义的背景、条件、经过、社会关系、失败原因进行全面的再认识就不可能明白其来龙去脉；如果不对凯特的身份、起义者阶层状况、起义军的政治要求等做深入研究就不可能把握凯特起义的性质；如果不对中世纪末期英国社会危机做透彻分析就不可能对社会动荡深层次原因有真正的认识；如果不把1549年社会动荡中大众和政府二者既对立

---

① 赵文洪：《朱孝远〈神法、公社和政府：德国农民战争的政治目标〉读后》，《史学理论研究》1998年第1期，第154页。

又联系、既相互斗争又互相利用的关系分析透彻，就谈不上全面和客观、深入的认识；如果不厘清1549年大众参与政治的形式和内容就不可能利用"大众政治"这个概念找到起义发生的机理和规律。这些都是本书的讨论重点。

国内凯特起义史的研究者寥寥，英国虽多有学者涉猎，但其立场、意识形态、研究侧重点、方法和角度均具有西方资产阶级性质，难有持平之论。欲得到适合国情且具有自身特点的研究成果，还需我们自为之。另外，中国起义史学界长期囿于"农战史""理论起义史"的窠臼中，在起义问题的认识上难以有所发展和突破，因此有必要改进研究方法和视角，尝试改变这种局面。

基于上述选题原因与研究思路，本书以凯特起义为主体，以爱德华六世时期社会危机为参照，详细描述起义过程，对起义性质进行深入分析，对背景原因以及政治与群众运动规律的关系进行剖析，间接探讨城市和乡村层面上的社会关系，以裨益于全面的、多视角的凯特起义史研究。

二 关于凯特起义的研究

1549年凯特起义作为都铎王朝最大的一场人民起义，对当时社会震动巨大，影响深远，一直备受学者的关注。历代起义史家不断地潜心研究，各有侧重，成果丰硕，为后世蕴积下了浩瀚的史料，这包括相当数量的原始资料和各个时期历史学家的研究成果。

（一）原始资料

凯特起义相关的原始史料常见于英国国家档案馆（PRO，Public Record Office）、诺福克档案馆（NRO，Norfolk Record Office）等处，包括刑事法庭记录、御前会议记录、议会会议记录、庄园法庭记录之类。此外，在一些早期历史著作的附录中可以发现一定数量的政治文件、历史人物书信、日记等，也能作为一手资料。比如，关于这场起义的最早记载是一份手稿——《1549年诺福克之乱》，其笔者索瑟顿目睹了这次起义的经过。① 再比如，1859年弗雷迪·威廉·罗素②撰写的《诺福克郡的凯特起义》一书，后面附有相当数量的原始资料，至今仍被学者广泛引用。爱德华六世在短暂的人生里踏踏实实记下的日记，也成为今天研究那段历史最重要最直接的资料。这类资料被历史学家整理成书，如《英格兰幼王：爱德华六世的日记，1547—1553》③。绝大部分原始资料都散布在英国各地的档案馆、图书馆等地方。随着计算机网络信息化的发展，一部分原始资料实现了电子化，一些文献数据库也已经可以查阅到数量可观的原始资料了。

(二) 英国的"凯特起义"研究史

在国外，凯特起义的研究既承载着悠久的历史又不乏勃勃生机。自凯特起义发生以来，它几乎被每个时期的历史作家所关注。凯特起义发生二十多年之后，内维尔用拉丁文撰写了《凯特起，诺郡乱》并于1575年出版④。该书是最早一部完整记录凯特起义的书籍，可以说是凯特起义研究的开山之作，为后来的凯特起义史研究奠定了基础。到1577年霍林斯赫德写作了《英格兰、苏格兰和爱尔兰编年史》⑤，在这部大型编年史中，关于这次起义的记载几乎没

---

① 索瑟顿家族属起义地诺威奇城的统治阶层，尼古拉斯的哥哥伦纳德（Leonard）在凯特围城后亲自前去伦敦报信。Nicholas Sotherton, *The Commoyson in Norfolk 1549*, Stibbard Larks, 1987. 当代能看到的版本是由Susan Yaxley编辑整理，于1987年发表的。见：Stephen K. Land, *Kett's Rebellion: The Norfolk Rising of 1549*, Ipswich: Boydell Press, 1977, p.78.

② Frederic William Russell, *Kett's Rebellion in Norfolk*, London: Longman, 1856. 另注：本书所涉及的大量专有名词、人名、地名译法主要参考新华通讯社译名室编辑《世界人名翻译大辞典》，中国对外翻译出版公司2007年版。

③ Edward VI, Jonathan North, ed., *England's Boy King: the Diary of Edward VI, 1547-1553*, Welwyn Garden City: Ravenhall, 2005.

④ Alexander Neville, *De Furoribus Norfolciensium Ketto Duce*, Liber Vnus., Ex officina H. Binnemani in Londini, 1575.

⑤ Raphael Holinshed, *Chronicles of England, Scotland, and Ireland*, 3 vols. (London, I577, S.T.C. I3568), 1807.

有增加多少新内容。此后，一些重要作品包括布洛姆菲尔德的《诺福克郡地理史集成》和阿农的《爱德华六世时期诺威奇的凯特起义》[1]。这两位笔者查看了大量的诺福克地方志（the Norwich Roll），据说，其中含有许多起义亲历者的手稿。[2] 这些作品进一步丰富了凯特起义的细节。然而在早期笔者的笔下，起义者被描述成暴徒、恶棍、流氓等形象，杀死他们的士兵被描述成国家英雄，正统和正义的维护者。这种简单蔑视农民起义的历史观反映出那个时代史家的立场——站在统治阶级的角度看待这段历史。在凯特起义后的三百年时间里，"凯特"这个名字在官方政治史中一直是"骚乱""暴民""贼首"的代名词。就像耳熟能详的起义者瓦特·泰勒和杰克·凯德一样被保守派作家援引，用以攻击"暴民"和民主政治。直到19世纪，"凯特"这个名字才在"诺福克宪章运动主义者、激进主义者、行业联合会和社会主义者"的笔下翻案，因为他们同情凯特起义时期农业地区贫困、工资收入低和法律禁止人民结社活动的历史。[3] 也就是从这个时期开始，罗伯特·凯特才逐渐改变负面的历史形象，凯特起义也重新被定位。

到了19世纪中叶，出现了最为重要的一部关于凯特起义的历史专著，它就是被后人引用最多的弗雷迪·威廉·罗素的《诺福克郡的凯特起义》。罗素在参考前人的著作的同时，也查阅了大量一手资料，包括诺威奇地方志。他使凯特起义的历史内容空前详尽，可惜的是诺威奇地方志后来遗失了，罗素之后再也没有人

---

[1] Francis Blomefield, *An Essay towards a Topographical History of the County of Norfolk*, 11v., (London 1805), Anon, *Kett's Rebellion in Norwich in the Reign of Edward the Sixth* (Norwich, c. 1843), 详见：Andy Wood, *The 1549 Rebellions and the Making of Early Modern England*, Cambridge: Cambridge University Press, 2007, p. 55.

[2] 详见：Andy Wood, *The 1549 Rebellions and the Making of Early Modern England*, Cambridge: Cambridge University Press, 2007, p. 55.

[3] Andy Wood, "Kett's rebellion", in C. Rawcliffe and R. Wilson (eds.), *Medieval Norwich*, London: Palgrave Macmillan, 2004, p. 278.

使用过它。① 值得庆幸的是罗素在其著作后面附有一些原始材料，使得人们在今天仍可以看到诺威奇地方志的一部分内容。到了20世纪初，克莱顿发表了《罗伯特·凯特与诺福克郡起义》。② 这部著作几乎是在转述罗素的作品，未见有分量的新的信息。然而在风格上，克莱顿的语言简洁、朴实、诙谐，且叙事性强，这一点不同于罗素那种严谨求证、旁征博引的写作风格。此外，克莱顿的作品已经有了鲜明的阶级意识，他站在无产阶级的立场上赞扬凯特与他的起义，从作品的阶级性来看，他几乎可以算是一位共产主义者了。1949年，S. T. 宾多夫教授出版了《1549年凯特起义》③。全书仅有23页，称得上短小精悍，其中描写起义全过程的内容不过两页篇幅，其余笔墨全部用来分析历史发展的线索、背景及其与国家政治的关系。宾多夫的分析鞭辟入里，将凯特起义分为三个层次：第一，城镇周边的低层次造反；第二，郡范围内的造反；第三，影响英国政治发展的起义。这是学术史上第一次有人明确认识到凯特起义在不同层次下有不同的意义。他丰富了1549年凯特起义时东安格利亚的社会背景研究，深入考察了1549年英国的政治、社会关系，拓宽了凯特起义的研究视野和研究思路。这本书被后人广为援引，至今仍是凯特研究不容错过的资料。总之，这时期的文献以凯特起义事件本身描述为主，可以用"管窥"这个词来概括，不牵涉太多事件，至多谈及凯特生平，基本没有讨论凯特起义与其他起义的关系。此外，对于起义的观察角度仍是"自上而下"的，难以摆脱早期作家那种"国王—教会"史的叙述范式。不无遗憾的是，这些作品虽有简单提及经济冲突，但都没有深入探讨社会下层人民的政治、经济和宗教诉求。

---

① 详见：Andy Wood, *The 1549 Rebellions and the Making of Early Modern England*, Cambridge: Cambridge University Press, 2007, p.55.
② Joseph Clayton, *Robert Kett and the Norfolk Rising*, London: M. Secker, 1912.
③ S. T. Bindoff, *Ket's Rebellion 1549*, London: Historical Association, 1949.

到20世纪六七十年代，随着全世界民族运动的兴起，民主思想深入人心，史学家的观察角度也有所改变，起义造反题材又重新回到史学家的著作中，此时出现了数量可观的文章和著作描写凯特起义。这包括1966年海蒙德发表的名为"忠实的造反者——诺福克郡凯特起义的故事"的历史小说、1972年比尔的文章《伦敦与凯特起义1548—1549》、1977年兰德的专著《凯特起义——1549年诺福克郡造反》。[1] 这些作品处在凯特史研究的转折期，一个告别传统史学的时代。读者在这些作品中几乎可以看到笔者极力摆脱传统观点和写作范式的努力，然而最终未能彻底与其划清界限。这一点集中表现在：参考资料方面还不是很丰富，写作技巧也欠成熟，有打破传统史学向新史学冲击的愿望，但在内容安排上却显得不伦不类。尽管如此，兰德的努力仍使他的作品呈现给读者一幅更加清晰的诺福克郡社会、政治、历史画面，在分析经济不平等问题方面也较之前人有出色表现，他把诺福克郡社会与英国社会发展趋势结合起来讨论。这部作品另一个特点是它挖掘凯特起义发生地的家族脉络关系，把历史人物的社会关系分析得入木三分，这是前人作品所没有的。不足之处是笔者仍没有摆脱传统政治史叙述的套路，把凯特起义设置在特定的帝王政治史的网格中，未免显得生硬。遗憾的是，笔者讨论的问题很广，却未讨论1547年英国济贫法，也很少谈及"公共福利主义思想"对起义的影响。紧随其后，1978年康沃尔发表了《1549年农民造反》，1979年凯特-怀特发表了《1549年罗伯特·凯特起义》。[2] 康沃尔把凯特起义和西部起义结合

---

[1] S. T. Haymon, *The Loyal Traitor: a Story of Kett's Rebellion*, London: Chatto & Windus, 1965; B. L. Beer, "London and the Rebellions of 1548 – 1549", *The Journal of British Studies*, Vol. 12, No. 1 (Nov., 1972); Stephen K. Land, *Kett's Rebellion: The Norfolk Rising of 1549*, Ipswich: Boydell Press, 1977.

[2] Julian Cornwall, *Revolt of the Peasantry, 1549*, London: Routledge & K. Paul, 1977; Rupert Kett – White, *Robert Kett's Rebellion of 1549*, Bath Iford Park, Hinton Charterhouse, Bath, Avon, 1979.

起来讨论，强调农业问题和农民社会问题在起义中的作用。在他看来，凯特的政治纲领只提出了物质要求而没有提出宗教和信仰方面的要求，这是凯特起义的局限性。而他将1549年社会斗争仅看作农业问题，未免过于简单化。将1549年的东西两场大起义一概定性为农民起义，完全忽略了东部起义的城市特色。总之，从写作视角看，这些笔者仍未能完全超越前人的视野。

直到70年代末，才有人真正突破前人的视野。麦卡洛克于1979年在《过去与现在》杂志发表了名为"时代背景下的凯特起义"的文章，[①] 这篇朝华夕秀的作品开启了凯特史研究的一个新时代。他批评以前的历史学家没有考察当时的时代背景和历史环境。他指出凯特起义不能算作一场真正的起义。他把这次事件放到更宽广的历史背景下考察，发现凯特领导的起义属于东安格利亚起义的一部分，在当时社会环境下是极其普通的一次抗争。他的理由有三：其一，凯特起义是许多类似起义中的一场，这些起义在组织方式和实施方法上具有较多相似之处；其二，萨福克起义和诺福克起义在同一时间发生在同一地区，具有同一性；其三，1549年的事件是长期的农业问题遇到突发事件导致的结果。麦氏的文章深入地分析了萨福克和诺福克在起义运动中的密切关系，进而将凯特起义放入东安格利亚起义的整体中考虑，并将凯特起义纳入1549年的国内斗争整体环境中考察。他的这种观点与其说是在转移话题，不如说是在用凯特起义的历史背景来否定凯特起义的历史重要性。该文或多或少有忽略凯特起义战争惨烈程度、死亡人数的嫌疑，也低估了其对当时政治的震动乃至以后英国历史发展的影响。即便如此，麦卡洛克的文章仍以视角新颖、观点独特等出色表现给凯特起义史研究注入了新的活力。该文一经发表，引起了学界巨大的反响，随

---

① Diarmaid MacCulloch, "Kett's Rebellion in Context", *Past & Present*, No. 84 (Aug., 1979), pp. 36–59.

后出现多篇文章与其辩论。比如，康沃尔[①]反对麦氏用过于宽泛的视角考察历史。他在《〈时代背景下的凯特起义〉之商榷》一文中质疑麦卡洛克史料挖掘的方式，并批评其无视凯特起义的社会和历史影响，夸大萨福克郡其他小型骚乱规模的做法。此后，又有多篇文章参与进来，如比尔和奥索普的文章。[②] 他们分别从宗教和政治角度考察凯特起义，重申了凯特起义的特点和历史重要性。尽管麦氏的文章引发了大量争议，但是在他的影响下，凯特起义史研究的范围得到了极大拓展。

在麦卡洛克的启发下，大量新凯特起义史作家涌现。到20世纪末，沙干、布什、伍德等人将政治思想、意识形态的问题融入凯特起义的历史进行研究，把凯特起义研究推向深入。[③] 这些笔者或多或少受到麦卡洛克研究角度的影响，变得更加注重历史发生的社会时代背景。沙干作为麦卡洛克的学生，深受其影响。他拓宽了凯特起义的研究思路，从萨默塞特的信件中找到了诺福克郡其他地方有请愿活动的证据，来证明凯特并非诺福克郡唯一提出请愿的起义。比如，他发现一份塞特福德（Thetford）起义的请愿书，证明在诺福克郡的塞特福德同样有请愿活动。格林伍德在他的博士论文

---

① Diarmaid MacCulloch, "Kett's Rebellion in Context", *Past & Present*, No. 84 (Aug., 1979), pp. 36 – 59; Julian Cornwall, "Kett's Rebellion in Context: A Rejoinder", *Past & Present*, No. 93 (Nov., 1981), pp. 165 – 173.

② Barrett L. Beer, "John Stow and Tudor Rebellions, 1549 – 1569", *The Journal of British Studies*, Vol. 27, No. 4 (Oct., 1988), pp. 352 – 374; J. D. Alsop, "Latimer, the 'Commonwealth of Kent' and the 1549 Rebellions", *The Historical Journal*, Vol. 28, No. 2 (Jun., 1985), pp. 379 – 383.

③ Ethan H. Shagan, "Protector Somerset and the 1549 Rebellions: New Sources and New Perspectives", *The English Historical Review*, Vol. 114, No. 455 (Feb., 1999), pp. 34 – 63; M. L. Bush, "Protector Somerset and the 1549 Rebellions: A Post – Revision Questioned", *The English Historical Review*, Vol. 115, No. 460 (Feb., 2000), pp. 103 – 112; Ethan H. Shagan, "'Popularity' and the 1549 Rebellions Revisited", *The English Historical Review*, Vol. 115, No. 460 (Feb., 2000), pp. 121 – 133.

中对这个问题也进行了深入讨论。① 沙干认为萨默塞特的"政治手段发明了'一种全新的大众的政治模式'",这个模式又"上升为一种政府和人民的合作关系"。② 2003 年琼斯一篇未出版的博士论文《"动荡年代"——1549 年的英国起义》将麦卡洛克的反传统史学观点贯彻到了极致,她的论文通篇描述那些被忽略的小起义、小骚乱,而专门撇开了大型起义,意在说明社会动荡的普遍性,如诺福克、萨福克以及西部起义。该文出色地考察了 1549 年大起义之外的小起义,向读者展现了 1548—1549 年英国各地社会动荡的图景,为凯特起义和 1549 年英国起义的研究提供了非常有价值的补充。③ 2005 年,格林·伍德发表了他的一部重要作品《1549 年起义和英国现代社会的形成》。④ 此作高屋建瓴,将凯特起义的地位从地方史研究提高到了英国国家政治发展史的高度。关于这场起义在英国现代社会形成中的意义,伍德赋予它全新的解释。他参考和运用了大量历史资料,多达 478 项,几乎涵盖前人所用的全部材料。在原始资料挖掘方面也十分突出,其中所用诺福克档案以及一些手稿多达 15 种 76 项,这大大开拓了凯特起义的史料范围。他扎实的研究极大地拓宽了研究者的视野,将凯特起义以"大众政治"的面貌呈现给读者。关于凯特起义的原因、经过和长期影

---

① Ethan H. Shagan, "Protector Somerset and the 1549 Rebellions: New Sources and New Perspectives", *The English Historical Review*, Vol. 114, No. 455 (Feb., 1999), pp. 57 – 8. "塞特福德的请愿书" 见: A. R. Greenwood, "A Study of the Rebel Petitions of 1549", unpublished Ph. D. Thesis, University of Manchester, 1990, pp. 209 – 210. 格林伍德还分析了沙干整理的其他信件。转引自 Amanda Claire Jones, "Commotion Time: the English Risings of 1549", Ph. D. Thesis, University of Warwick, 2003, p. 146.

② Ethan H. Shagan, "Protector Somerset and the 1549 Rebellions: New Sources and New Perspectives", *The English Historical Review*, Vol. 114, No. 455 (Feb., 1999), pp. 36, 47.

③ Amanda Claire Jones, "Commotion Time: the English Risings of 1549", Ph. D. Thesis, University of Warwick, 2003.

④ Andy Wood, *The 1549 Rebellions and the Making of Early Modern England*, Cambridge: Cambridge University Press, 2007.

响,笔者展开全面讨论。他所关注的要点是新政治史,涉及中世纪大众造反的结束、大众政治的变革、大众政治语言、早期现代国家的形成、表达—静默和社会关系,以及社会记忆和起义的历史表现形式。他考察了起义对英国社会发展的长期历史影响,认为凯特起义暴露出了中世纪晚期和早期现代社会之间的断档。他用自下而上的观察视角研究凯特起义史,这在当前的凯特起义史学界十分难得。

至此,凯特起义从"管窥"史学,经历了百年的发展最终形成了既汲取前人丰富史料,又具有开拓性视野的现代史学研究课题。就当代凯特史研究的趋势而言,如果伍德被认为是"拓展派"的先锋,那么惠特尔则可以被称为"精深派"的代表。2010年3月,惠特尔发表了她的《1549年凯特起义时期的领主与租户》①,在精细研究方向上迈出了一大步。笔者运用诺福克郡的庄园档案研究凯特起义前后地主和佃户关系,剥茧抽丝、综核名实,此做法实属首见。她认为欲研究凯特起义中的佃户和地主,研究者必须查阅庄园法庭(manorial courts)和郡季会议(county quarter sessions)的记录才能深入挖掘历史人物的内涵。惠特尔运用统计学方法,尽量依靠材料讨论凯特起义参与者的身份、社会层次,从而探究其革命性。她将诺福克全郡的造反行动加以分析,认为凯特起义在诺福克全郡的造反中具有代表性。最后得到这样的结论:起义是乡绅、富裕约曼、贫农三个阶级斗争的结果。她研究的切入点是农村,她认为凯特起义是农业经济问题,她忽略和否认流浪者以及破产农民在起义中的作用,对于凯特起义发生在英国第二大城市的事实并未充分考虑,对城市贫民参加起义的情况也几乎没有谈及。这恐怕是她的不足之处。造成这种不足的原因是过于依赖庄园档案,而忽视了

---

① Jane Whittle, "Lords and Tenants in Kett's Rebellion 1549", *Past & Present*, Vol. 207, No. 1 (May 2010), pp. 3–52.

流民、破产农民和"无主之人"等阶层不可能被记录在庄园档案中的事实。显而易见,这类资料的片面性成为她不能克服的视野盲区,因此她的论据是残缺的,结论必然带有偏颇。尽管如此,新史料的开发将凯特起义史研究引向一个全新领域,给读者提供了更加丰富的信息,也将凯特起义研究范围再一次锁定在诺福克郡之内。这一点使她明显有别于此前三十年急于冲出"管窥"史学的学者们。她的文章是否标志着英国凯特史研究转向新的"管窥"时代,只有等待时间的验证。总之,近三十年来凯特起义历史研究较为活跃,完全突破了经典历史著作叙述和分析的模式。新时代的学者能够不断开拓新的研究资料,提出新的观点。将凯特起义从宗教、经济、政治、意识形态等角度分析并置于1549年的时代背景中,大大加深了人们对于凯特起义的认知和理解。

(三) 中国的研究

我国学者对凯特起义的研究较少、较浅。大概是深受《资本论》中对圈地运动的评价基调的影响,我国史家往往将圈地运动视为凯特起义的唯一主要原因。王荣堂在1962年《历史教学》杂志的一则几百字的问答中写道:"凯特起义"主要由"圈地运动"引起。[1] 该文只扼要地概述,并未深入探讨。在此后近五十年的时间里未见有以凯特起义为主题的专著或文章公开发表。关于凯特起义只能见诸一些涉及阶级斗争[2]、圈地运动、爱德华六世、宗教改革

---

[1] 王荣堂:《1549年英国凯特起义的背景与具体情况如何?》,《历史教学》1962年第3期,第55页。此后有一些译著主要来自苏联,谈及凯特起义的内容。如[苏联]M. M. 斯米林(主编)《世界通史》第四卷上册,生活·读书·新知三联书店1962年版,第441—445页。

[2] 我国涉及凯特起义的文献大多集中在世界通史类教材中,如周一良、吴于廑《世界通史(中世部分)》,分册主编:朱寰,人民出版社1972年版,第411—412页;刘明翰《世界史(中世纪史)》,人民出版社1986年版,第518—520页。蒋孟引:《英国资产阶级革命前农民反对圈地的斗争》,《蒋孟引文集》,南京大学出版社1995年版,第171—178页,该文描写凯特起义的篇幅较大,但也不过4页。

等问题的出版物,[①] 且论述往往流于梗概,缺乏深入分析。一本专给青少年阅读的书《新版世界五千年》[②] 甚至出现严重违背事实的描述,说凯特是"流浪汉"出身,还将起义情节用中国古代农民起义故事的叙事套路进行叙述,几乎是凭空想象,这种做法极不可取。这充分说明了我国凯特起义历史研究落后的现状。另外,我国正处在高速的城市化进程中,"三农问题""圈地运动"等问题近年来被学术界关注较多,但是研究者对于英国早期近代社会转型期的社会矛盾斗争研究较少。

综上所述,在英国史学界凯特起义的研究历史悠久、研究领域广泛、方法多样、观点层出不穷、成果斐然,已然形成了一个成熟的研究课题,至今仍有着强大的生命力。英国凯特起义研究经历了视角从小到大,观点从偏见到中性的演变过程。但是西方的学者往往偏重于细节,顾此失彼,难以克服研究的片面性,或从宗教,或从经济角度,或从意识形态方面研究起义,缺乏宏观背景考虑,缺乏深入探究爱德华六世时期社会全面危机爆发背后那些错综复杂的原因及其相互关系。此外,他们很少研究凯特的起义军政府、起义与流民的关系、城市贫民对于起义的作用;也不重视起义性质分析,对于起义规律的归纳总结也稍显欠缺。这正是本书研究的空间所在。我国学术界对凯特起义的研究还停留在起步阶段,仍具有十分广阔的空间。但同时,我们必须清楚地认识到,中国凯特起义历史研究的条件和现状决定中国的起义史学者不能与英国学者在开发

---

① 涉及圈地运动的作品很多,尤其近年大量涌现,此处不再一一列举,其中不乏有新观点的文章,如从历史学角度分析的有陶峻的《英国都铎时期的前期圈地运动》,硕士学位论文,天津师范大学,2006 年;从法律角度分析的有咸鸿昌的《圈地运动与英国土地法的变革》,《世界历史》2006 年第 5 期等;涉及爱德华六世的文章较少,且多以宗教改革的面貌出现,主要有刘城《英国爱德华六世与伊丽莎白一世时代的神学教义革命》,《历史研究》2010 年第 2 期,蔡骐《英国爱德华六世宗教改革述评》,《湖南师范大学社会科学学报》1997 年第 5 期。

② 关于凯特身份的描述见陈增爵、沈宪旦等编《新版世界五千年》,少年儿童出版社 2004年版,第 400 页。

新资料、创新研究领域等方面相比,而是需要立足中国特色社会主义现代化文化建设的实际需求,积极借鉴和吸纳国外研究成果与现有文献研究凯特起义的历史。我们必须克服西方学者对起义全面、本质的分析不足的缺点,同时跳出我国"农民战争史"传统史学的窠臼,才能够使我国的凯特起义史学研究立足自身发扬光大,其前景值得期待。

三 主要概念的界定与说明

本书的研究范围是1549年诺福克郡的凯特起义,以及1548—1549年全英国社会动乱。下面就研究范围内的主要关键词的基本含义加以说明。

(一)"rebellion"与"起义"

Rebellion一词在《韦氏第三版新国际英语大辞典》中的定义是:1.公开反对处于权威和主导地位的人或事;2.公开违抗或武装抵抗现有政府的权威。[1] "rebellion"一词意义较为宽泛、中性,不同于汉语的"起义"。在《现代汉语词典》中,"起义"的定义是"为了反抗反动统治而发动武装革命"或"背叛所属的集团,投到正义方面"。[2] 在《辞源》中"起义(义)"被解释为"仗义(义)起兵"。由此可以看出,汉语"起义"带有明显的褒义。其实"rebellion"与汉语中的"起事"[3] 的含义更为接近,两词都是中性,但是由于"起事"一词是古汉语,会造成读者理解困难,所以不可用。我国史学界普遍将凯特领导的"rebellion"认定为"起义"。

---

[1] *Webster's Third New International Dictionary of the English Language*, Unabridged, Springfield: G. & C. Merriam, 1961, p.1892.

[2] 中国社会科学院语言研究所词典编辑室:《现代汉语词典》(第五版),商务印书馆2005年版,第1077页。

[3] 《辞源(修订本)》1—4合订本,商务印书馆1988年版,第2984页。起事:举兵首事。《辞源(修订本)》,第2984页。

笔者沿用中国史学界前辈的做法，但是在本书中，"起义"并无褒贬之修辞色彩。此外，一些西方史学家将凯特事件定性为"revolt"（造反）。笔者认为一方面"造反"具有贬义，体现了封建统治阶级的史观，而不是人民的史观；另一方面"造反"不能充分反映1549年诺福克以及全英国人民反压迫的规模和影响，故不用之。总之，笔者在讨论1549年发生的事件，一概采用"起义"来表示，所以在本书中"起义"指具有一定规模的武装反抗政府或权威的活动。

（二）"'凯特'起义"（Kett's Rebellion 或 Ket's Rebellion）的定义

笔者认为，凯特起义是由凯特兄弟领导的，由诺福克郡各地人民广泛参与的，以反对贵族乡绅经济和政治压迫为目的的诺福克地方起义，起义主要围绕诺威奇城展开。关于"凯特起义"有如下几点需要说明：首先，凯特起义并不代表是由凯特一个人发动的起义。事实上，凯特是在特定条件下才成为起义领导者的，如果没有凯特这个历史人物，起义很可能以其他形式发生。其次，本书所指的"凯特起义"是以诺威奇为中心，由凯特主导的起义。然而，除凯特之外，在诺福克郡还存在其他起义团体，因此，"凯特起义"并不是诺福克郡唯一的起义，而是东安格利亚起义以及1549年英国各地起义的一部分。

（三）"大众政治"（Popular Politics）

在本书中该词指"平民的政治"。传统史学认为政治和平民无关，只有政治人物才能参与政治。而新政治史学者在20世纪末提出了"被排除在政治之外的人"在某种程度上也可以直接影响政治发展，实际相当于"非政治人物"参政，进而提出了"大众政治"的概念。[1] 因为凯特起义有强烈的参政色彩，且没有推翻国王统治

---

[1] Tim Harris (ed.), *The Politics of the Excluded*, c. 1500 – 1850, Basingstoke: Palgrave, 2001, p. 1.

的图谋，所以本书引进了这一概念认为 1549 年的社会动荡具有"大众政治"的特征。其具体定义、内容、模式将在第四章详细讨论。

（四）"公共福利"（commonwealth）

"公共福利"一词有悠久的历史，从中世纪至今一直是英语中的常用词。每个时期都有不同的含意。[①] 在中世纪有三个意思：1. 指"（联邦）国家"（respublica）；2. 指"公共利益"（common good）；3. 指"政体"。然而关于这个词，人民大众和统治阶层之间却存在着不同的认识。在都铎的统治阶层看来，commonwealth 这个词是指一种稳定的政体，贵族生来治人，而平民则受治于人。[②] 在寻常百姓看来，这个词往往是指"捐款储蓄罐"，用它来募集资源或资金帮助穷人。[③] 在平民看来，公共福利就是平民的福利，社会共同富裕，因为这个词本身可以看出"common"（平民）的含义。

四 研究方法与创新之处

（一）研究方法

本书研究方法是以马克思主义思想为指导，以史实为纲，结合多学科角度论述，史论结合。作为一项社会史与政治史交叉、多学科汇聚的研究课题，它涉及诸多领域，需要综合运用历史学、政治学、社会学、宗教学、经济学、军事学的研究成果和理论方法。尽管如此，本书仍坚持历史学为主体。在多学科相结合的同时，力争保持历史研究的独立性。

[①] 详见：Whitney R. D. Jones, *The Tudor Commonwealth 1529-1559*, London: Athlone Press, 1970, p. 1.

[②] Andy Wood, *The 1549 Rebellions and the Making of Early Modern England*, Cambridge: Cambridge University Press, 2007, p. 144.

[③] Ethan H. Shagan, *Popular Politics and the English Reformation*, Cambridge: Cambridge University Press, 2003, p. 276.

为了更好地探寻社会矛盾斗争的机理、规律及其影响，更好地认识意识形态在中世纪末期到近代早期的变化，本书利用布罗代尔年鉴学派史学研究理论进行多维、多层次观察，探究历史事件、结构和局势的脉络和关系。本书以凯特起义为例，由点到面逐渐扩大范围，即通过由"管窥"到全面展示的方法，用全息理论透视分析爱德华六世时期的社会危机与人民大众参与政治的活动。此外，本研究还运用了对比与类比、归纳与总结等分析方法。

（二）新视角、新观点

本书视角新颖，观点独特，具体有几方面：

第一，注重从"非农"视角分析起义发展的过程和起义性质。过去历史学家过于侧重农业、农民因素的分析，对于非农民因素分析过少，进而忽略了城市市民和其他下层人民的历史作用。研究凯特起义不能囿于"农民"视角。一方面，起义者中有大量城市贫民和流民。另一方面，从起义的诉求看，它反映出富裕农民阶层的利益，这个阶层更接近地主而不是小农，因而他们不能代表社会下层广大农民。本书首次充分分析城市贫民在起义中的作用，将城市社会冲突和农村社会冲突一并讨论，在注重解释农业原因的同时，深入挖掘起义中的非农业因素，如城市市民、流民参与起义的情况。并以凯特起义为观察点，分析城乡起义参与者的社会构成，进而证明全英国社会矛盾斗争的性质，努力使这场起义的历史更加完整深入地呈现在世人面前。

第二，用宏观视角研究凯特起义的背景和原因。从都铎时期的政治、经济、宗教、社会、军事、外交等方面全面揭示1549年全英国社会动荡的根源，避免了从单一角度看问题所造成的判断偏差。本研究努力克服西方史学"碎片化"的现象，不停留在管窥的视角上，而是尽量向读者全面地展现爱德华六世统治时期英国社会危机的情况，将凯特起义视为一把钥匙，揭示隐藏在纷繁复杂的历史事实背后的因果关系和事态发展脉络。

第三，重视从意识形态角度分析起义和社会危机之间的关系。本研究注重从意识形态角度考虑问题，可以弥补我国传统"农战史"研究方法的不足。中国传统农战史研究以阶级斗争分析法为主，而过于突出经济基础的作用，忽略了对上层建筑和意识形态的研究。本书在研究经济基础的同时注重分析意识形态在1549年大众政治中的催化作用。

第四，立足自下而上的视角观察历史。本书注重分析凯特起义中的社会下层人民的政治语言、参与大众政治的行为。从研究普通起义者入手，分析凯特起义的性质，强调动乱年代"政治在民"的观点。如此可以展现传统政治史学用"自上而下"观察法所不能发现的领域——群众参与政治的作用，尝试利用西方新政治史—社会史史学的研究方法为我国农战史发展寻找潜在的突破口。

此外，本书参考了较为丰富的原始资料和国外最新研究成果。笔者广泛利用网络收集到了数量可观的一手资料和图表，使论证更具说服力，内容更生动。这些网络资源库包括名列世界十大数据库的"谷歌图书"（Google Book）和"互联网档案"（Internet Archive），其中大部分资料是国内同类研究中首次使用。

基于上述研究方法和研究视角，本书希冀为学术界贡献五个新观点：第一，凯特起义是广大下层劳动人民的暴力抗议，而不能算是完全意义上的农民起义。第二，凯特的身份是具有资本主义工场主和地主性质的约曼，而不是小贵族或小地主。第三，凯特起义军建立政府是为了参与政治，而不是为了推翻当权政府。第四，在国内首次引进"大众政治"的概念。第五，归纳"非政治人物"参与政治有五种模式：革命、起义、骚乱、请愿、舆论。

第 一 章

凯特起义的经过

1549年7月，在英国的诺福克郡发生了一场地区影响广泛的起义，史称"凯特起义"。这次起义由自耕农罗伯特·凯特（Robert Kett，1492-1549）领导，在诺福克郡首府诺威奇城城外聚集了上万名起义者，并在一棵橡树下组建了临时政府，代表起义军向国王请愿。在经历了数周对峙之后，起义军曾两度占领诺威奇城，三次拒绝国王的大赦，起义规模未能持续扩大。英国政府随即派来军队镇压，经过激烈战斗，起义军超过千人丧生。起义以失败告终，凯特兄弟被审判并被处以绞刑。

第一节 起义的背景

凯特起义爆发前诺福克郡社会已经陷入严重的危机中，下层人民的反抗情绪在多方面酝酿。1549年夏天的英国诺福克郡社会各地像一把把干柴，遇火必燃。这就是凯特起义前的诺福克郡社会的大致状态。让我们"管窥"起义的首发地怀蒙德汉姆镇和起义主要发生地诺威奇城的社会背景和起义爆发的前提条件，这将有助于理解凯特起义。

一 起义地的社会背景

（一）诺福克郡基本状况

诺福克郡（Norfolk）是英格兰东端的一个郡，东、西、北三面临海，南接萨福克郡，西南和剑桥郡接壤。在英格兰，该郡土地面积排第四位，人口数量居第八位，全郡分成33个百户，数百个教区。[1]诺威奇城是诺福克郡的首府，也是该地区最重要的自治市（city）。另有两大市镇，郡东端的港口镇大雅茅斯（Great Yarmouth）和郡西边界上的金斯林（King's Lynn）。诺福克郡和南面的萨福克郡（Suffolk）构成英国最大的繁荣地区。诺福克郡大部分地区土地肥沃，土壤和沙地相间，适合粮—牧混合农业；南部有黏土地，生长草类可用于放牧；西面是大面积的沼泽地。粮食作物主要是大麦，其次是小麦。一些沙地用来育肥牲口、养猪和种植少许低矮谷物（small corn crop）。此外，还有颇具规模的禽类养殖业。诺福克郡的奶酪、黄油产业则是在冬季农闲时才有的副业。海滨地区的人们还季节性地从事渔网编织业、修船业、捕鱼业和盐业，这些都是诺福克地区的传统行业。[2]总体来讲，诺福克郡是农村—庄园社会，掌控着大量资源的富人自然而然地成为当地社会的"领导"。

诺福克郡三个较大的自由市和一些大市镇以工业和商贸业为主。农闲时农民到城镇打工，成为临时工人。16世纪诺福克城市经济主要依靠纺织业和制衣业。纺织业和制衣业在当时英国具有重要的地位，中世纪末期英国开始引进大量外国技术工人，制造精美的纺织品和奢侈品。为了使纺织业能够留在本国，英国当时禁止出口未加工过的羊毛。诺福克的织造工艺精湛，其产品品质一流，在

---

[1] William White, *History, Gazetteer, and Directory of Norfolk*, Sheffield: Robert Leader, 1845, p. 13.

[2] Arthur Joseph Slavin, *The Precarious Balance: English Government and Society*, Alfred A. Knopf, Inc., New York, 1973, p. 221.

国际上具有极强的竞争力，所出口的纺织品受到外国市场的普遍欢迎。1459年诺福克还成立了统一销售的协会，形成垄断。据著名编年史作家布洛姆菲尔德（Blomefield）描述，亨利八世时诺威奇城的纺织品（不包括袜类产品）年销售额达到20万英镑；而袜类产品一项的销售额高达6万英镑。诺福克生产的纺织品在国际国内市场具有十分重要的地位，映射出了诺福克织造业从业人口数量巨大。除了诺威奇，大雅茅斯和金斯林的纺织业也逐渐兴起，产品有精纺呢（worsteds）、细呢（saies）、斯达明呢（stammins）。不过，这两座市镇的生产控制权归诺威奇。在爱德华六世时引进新的工艺和技术，诺福克又开始生产罗素呢（russells）、缎子（satins）、反纹段（satins – reverses）、那不勒斯粗斜条棉布（Naples – fustians）等，之前也生产帽子、花棉缎（dornick）和床单等产品。[1] 由此可见，诺福克郡城市内有相当规模的毛纺织工业存在，虽无数字统计，但可以推断出工人和农民工的数量达到一定规模。他们是诺福克城市下层社会的主要构成成分。

（二）诺福克农村社会矛盾日益尖锐

英国农村社会在16世纪出现了巨大的变化。中世纪自给自足的庄园制经济以庄园为单位，每个庄园内的成员都有一定的权利和义务，同时也能够得到基本的生活保障。然而到了16世纪，当地的经济逐渐转变成了具有资本主义性质的农业经济——个人土地所有者以利益最大化为目的支配和利用社会资源。[2] 诺福克的土地所有者们利用经济和政治上的优势地位在乡村的土地竞争中取得胜利，使旧的庄园经济制度下的零碎的私有土地集中起来，并圈占公地，造成农民破产。地主们在资本主义农业生产中选择了利润丰厚

---

[1] William White, *History, Gazetteer, and Directory of Norfolk*, Sheffield：Robert Leader, 1845, pp. 93 – 94.

[2] Stephen K. Land, *Kett's Rebellion：The Norfolk Rising of 1549*, Ipswich：Boydell Press, 1977, pp. 7 – 8.

的牧羊业。同样的土地，种植谷物所需的劳动力要远远多于牧羊，因此他们利用对土地的支配权圈占土地，将农民排挤出庄园，使他们丧失生活来源，造成社会矛盾异常尖锐。诺福克的养羊大户有：东巴舍姆（East Barsham）的弗莫尔斯（Fermors）家族，1521 年时有 17000 只羊；在凯特起义中镇压起义军的伍德赖辛（Woodrising）的乡绅理查德·索思韦尔（Sir Richard Southwell），1551 年时有超过 13000 只羊。诺福克的大养羊主的蓄栏量增长速度也很快。比如，雷纳姆（Raynham）的乡绅罗杰·汤森（Sir Roger Townshend）在 1544 年时拥有 3000 只羊，到 1548 年时，已经达到了 4200 只。还有一些家族靠改耕地为牧场发了财，贝肯斯索普（Baconsthorpe）和萨灵汉姆（Saxlingham）的黑顿家族（Heydons）成员约翰·黑顿（Sir John Heydon，死于 1550 年）在诺福克郡一个重要的毛纺工业中心甚至拥有自己的城堡。据说到 1579 年圣诞节时，他的家业已经十分庞大，仅仅是牧羊人监工就不少于三十人。[1]

与富人财富快速增长形成鲜明对比，穷人则日益变得贫困。陷入贫困的农民对于自己的生存状态极为担忧，到 1549 年时，他们经常进行秘密集会，发泄对世事的不满。贫农们在土地问题上与地主产生了不可调和的矛盾。[2] 穷人们不能理解致使他们生活日益贫困的根本原因是农业资本主义生产方式的日益流行，只单纯地认为是没有道德的绅士导致他们走向困苦，于是开始仇视整个绅士阶级，把他们全部当作敌人。在凯特起义之前，贫富差距巨大，农村社会形成了两个阶级阵营，农民和绅士阶级间的矛盾已经十分尖锐，难以调和。

---

[1] Alan Simpson, *The Wealth of the Gentry 1540 – 1660*, 1961, pp. 182 – 184. 转引自 Stephen K. Land, *Kett's Rebellion: The Norfolk Rising of 1549*, Ipswich: Boydell Press, 1977, p. 9.

[2] Duke of Somerset to Sir Philip Hoby, Harl. Mss No. 523. 转引自 Frederic William Russell, *Kett's Rebellion in Norfolk*, London: Longman, 1856, pp. 23 – 24.

（三）诺福克城镇社会矛盾激化

在诺福克城镇社会中同样存在着激烈的矛盾。乡村的农民强调社会安宁稳定，他们害怕社会变革，而城市则是另一番情景。人们来自各个地方，但大多数是穷人；城市常常有商人和旅人来往穿梭，"无主之人"（masterless men）和妓女靠他们谋生。[①] 城市人口密度大、成分复杂，较之人口分散、社会稳定的农村地区，这里更容易发生纠纷、骚乱和动荡。以诺威奇城为例，1549年起义发生前的诺威奇城阶级对立现象已经十分严重。穷人无论在城市公共资源的利用和分配方面，还是在统治方面，都变得越来越憎恨富人和绅士，他们谴责富人垄断权力、霸占公共资源；而绅士和富人也非常仇视穷人，他们认为穷人是社会的负担，肮脏不堪、疾病缠身。富人担心穷人威胁他们的统治。[②] 诺威奇城市阶级严重对立，社会矛盾在许多地方极易引发冲突：

第一，城内的市场往往是引发阶级冲突的地方。

城市穷人比例很高，1525年，诺威奇是英格兰第二大城市，有13000人。16世纪经济问题十分严重，纺织业衰落造成大量技术工人失业。据报道，1549年5月有大量石匠、木匠、编织工和铺瓦工人离开诺威奇外出寻找工作。1525年的评估显示，35%的工人连最低工资（每天4便士）也拿不到，再加上货币贬值，更增加了穷人占人口的比例。与之形成鲜明对比的是城市统治者，这个阶层几乎都出自富有的小集团，他们由商人和地主组成，掌控着城市的经济命脉和大部分财富。数据显示，1525年6%的人口拥有60%的城市

[①] Alison D. Wall, *Power and Protest in England, 1525–1640*, London: Edward Arnold Publishers, 2000, p.62.

[②] Andy Wood, "Kett's Rebellion", in C. Rawcliffe and R. Wilson (eds.), *Medieval Norwich*, London: Palgrave Macmillan, 2004, p.292.

土地和财富。[1] 16 世纪出现了不利于工人的经济变化，这主要是货币贬值引起的。工人工资涨幅落后于物价上涨幅度，导致工人实际工资大幅缩减。[2] 物价对于城市平民的生活至关重要，大部分平民是靠工资生活的。凯特起义前期恰逢 16 世纪的严重货币贬值，"谷物、羊毛、肉类，总之，一切农产品的价格不断上涨"。[3] 人民常常会在市场上因物价而发牢骚，市场也往往成为穷苦市民和政府当局爆发直接冲突的地方。一旦物价突然上涨，人民就容易冲动，有时矛盾冲突会直接针对城市官员。

第二，城外公共资源的竞争会激化阶级矛盾。

城外的公地是城市平民斗争的焦点。诺威奇周边的公地——莫斯德希思（Mousehold Heath）和索普（Thorpe）林地，对于城内穷人的生活不可或缺。市民围绕木材和牧草等资源的使用权展开争夺。城市穷人和商业养羊人的冲突也集中到这里。按照传统和大多数市民的意愿，莫斯德希思和索普林地属于全体市民，自古以来无论是城市贫民还是农村穷人都主张对其拥有使用权。[4] 这两块公地是穷人实际生活所必需的，因为那里是城市生活燃料和建筑材料的取材地，市民也可以放养奶牛满足自己的家庭日常用奶需求。这种与市民息息相关的利益与周边农业地区利益相冲突。然而，尽管这也是城乡间的利益冲突，但是诺威奇贫民与上层社会复杂的社会矛盾往往能够赢得农村穷人的支持。因此，城市贫民对城市公地使用权的争夺必然造成城市社会下层人民与诺福克大地主家族之间直接对立，这使得城乡下层人民有了共同的敌人——乡绅、大地主

---

[1] Stephen K. Land, *Kett's Rebellion: The Norfolk Rising of 1549*, Ipswich: Boydell Press, 1977, p. 53.

[2] ［美］沃勒斯坦：《现代世界体系》，高等教育出版社 1998 年版，见第 92—96 页的展开讨论。关于工人阶级工资水平的问题将在下面章节详细讨论。

[3] ［德］马克思：《资本论》第一卷，人民出版社 2004 年版，第 853 页。

[4] Andy Wood, "Kett's rebellion", in C. Rawcliffe and R. Wilson (eds.), *Medieval Norwich*, London: Palgrave Macmillan, 2004, p. 292.

阶层。

第三，城内居住区阶级隔阂加大冲突的可能性。

1549年城市下层人民生活明显恶化，而城市富裕商人和贵族绅士阶层的生活则一如既往地好。通过诺威奇城市结构也可以看出鲜明的贫富差距和城市文化的割裂。诺威奇的教区分穷人教区和富人教区。穷人被集中到城内河以北的区域（大概占城市1/3）。富人扩建自己的居住区，自然要压缩穷人的生活区。[1] 不难想象，城市富人扩张侵占城市穷人简陋的居住区的现象，以及随之而产生的邻里冲突，激化了两个阶级的对立。

由此可见，城市的街道、社区、市场，以及城外的林地和公地，都充满了冲突的危险。总之，在凯特起义爆发前，诺威奇城和诺福克农村下层人民都出现生活进一步恶化的现象，社会阶层分化严重、贫富差距加大、阶级冲突频发，这些状况为1549年夏天即将到来的席卷全社会各阶层的翻天覆地的起义斗争提供了社会条件。

二 凯特起义爆发的条件

从历史上的起义来看，起义之所以能够发生，是因为具备一定的条件。如起义的地点、时间、社会环境、突发事件，以及起义准备的情况。凯特起义的爆发也同样具备了特定的条件，主要有四个方面。

（一）反圈地行动为凯特起义奠定了社会基础

1549年6月初，肯特郡和英格兰南部、东部时不时发生反圈地骚乱，消息传到诺福克郡鼓舞了人们的反圈地情绪。这种情绪经过几个星期的酝酿，到6月下旬，在诺福克郡南部的小镇阿特尔伯勒

---

[1] Andy Wood, "Kett's rebellion", in C. Rawcliffe and R. Wilson (eds.), *Medieval Norwich*, London: Palgrave Macmillan, 2004, p.292.

（Attleborough）爆发了一场反圈地运动。① 事件爆发的起因是外来的庄园主约翰·格林（John Green）圈占了哈厄姆（Hargham）和阿特尔伯勒镇附近的公地，引发了当地人的不满。6月20日夜间，该镇居民会同其南面四五英里外的两个小村庄威尔比（Wilby）和埃克尔斯（Eccles）的村民，约20人②来到威尔比村庄周边的公地上，经过整整一夜拆光了庄园主格林的圈地设施。这就是"威尔比反圈地行动"，被普遍认为是凯特起义的导火索。③

此次事件是凯特起义爆发的前提条件。首先，威尔比反圈地行动的策划者正是凯特起义的发起人。在6月20日之后，表面看起来这一伙人一直保持克制，但是实际上他们在不断秘密集会、交流信息，并且联络了一些人，计划赶在7月初的宗教节日时公开反对圈地。④ 正是这个行动计划的实施直接引发了凯特起义。所以，如果没有威尔比的反圈地行动，凯特起义就不可能发生。其次，威尔比反圈地行动为凯特起义积累了行动的计划、组织和实施方面的经验。因为，这次反圈地行动的参与者来自几个不同村子，相距5英里之遥，他们还要在一个大庄园的周边连夜分头行动。由此可以断定，他们必定是经过了精心策划⑤并进行了地形勘查，才能行动统

---

① Barrett L. Beer, *Rebellion and Riot: Popular Disorder in England During the Reign of Edward VI*, Kent: Kent State University Press, 2005, p. 82.

② Stephen K. Land, *Kett's Rebellion: The Norfolk Rising of 1549*, Ipswich: Boydell Press, 1977, p. 41.

③ 比尔的说法是填平了地沟。圈地方法一般有建篱笆和挖地壕两种。无论哪样通常都是因地势而定，一般不会拘泥于一种方法，但这些行为无疑是耗时和费力的。S. T. Bindoff, *Ket's Rebellion 1549*, London: Historical Association, 1949, p. 3; Frederic William Russell, *Kett's Rebellion in Norfolk*, London: Longman, 1856, p. 25; Stephen K. Land, *Kett's Rebellion: The Norfolk Rising of 1549*, Ipswich: Boydell Press, 1977, p. 41; Barrett L. Beer, *Rebellion and Riot: Popular Disorder in England during the Reign of Edward VI*, Kent: Kent State University Press, 2005, p. 82.

④ Frederic William Russell, *Kett's Rebellion in Norfolk*, London: Longman, 1856, p. 25.

⑤ 克莱顿认为这些人行动没有组织没有领导，参见：Joseph Clayton, *Robert Kett and the Norfolk Rising*, London: M. Secker, 1912, p. 49. 本文认为行动统一性和协调性充分显示了某些人的指挥和组织协调作用。

一，迅速有效。无疑，这为日后更大规模的起义提供了实战的经验。再次，反圈地行动的成功极大鼓舞了人们的斗争精神。参与者的斗争精神来自他们日益破败的生活，具有普遍性，极易获得大多数人的同情。他们的成功激发了普遍的反抗精神，并使其快速传播，成为日后起义得以迅速发展的基础。因此，威尔比反圈地行动为凯特起义创造了有利的社会环境和行动环境。

然而，这场反圈地行动有其自身难以克服的局限性。从地理上看，农民住在分散的农村，仅在一两个村庄很难聚集起大量人员进行反抗。从行动上看，选择秘密地在夜间活动很可能是他们担心日后遭到报复和惩罚。这种不敢公开行动的局限性决定了它不可能成为大规模起义的真正起点，只能算是凯特起义发生的前提条件。威尔比事件的重点在于它为凯特起义奠定了群众基础和社会基础。这可以解释为什么凯特并没有充分地准备和谋划，也可以很快速地发动一场起义。

（二）宗教节日为起义爆发提供了时机

从地点来看，起义往往发生在人口聚集的地点，比如市场、城镇、庙宇。通常城镇具有集市功能，有的还兼具宗教文化交流的功能。凯特起义的爆发地就是一个既具有宗教功能又具有市场功能的小城镇——怀蒙德汉姆（Wymondham）。该镇在阿特尔伯勒镇东北方向6英里处，不仅是方圆数十里人口较为集中的一个城镇，而且还是周边几个镇的宗教文化中心。该镇人口较乡村人口集中得多，便于联络，易于产生群体效应形成人流。

从时间上看，起义多发生在聚众的时间，起义发起者往往借助节日、集市、宗教活动等人们大量聚集的时机发难。7月6日是当地一个著名的宗教节日——圣托马斯移冢节，节日里教区的人们从四面八方聚集到镇上庆祝节日，久远以来怀蒙德汉姆镇因这个传统成为当地的一个文化中心。[1] 威尔比反圈地行动 15 天后,恰逢节日,当天,前期积累的反对圈地情绪有了新的释放机会。此外,值得注意的是,历史上的起义多发生在夏季粮食刚刚收获的时间,因为那时往往粮仓充实,更容易获得食物补给。

城镇人口相对集中,加之宗教节日具有聚众功能,都为大型反圈地行动创造了便利条件。历史经验证明,选择这样的时机非常奏效。节日庆祝期间一些人专程来密会,进一步谋划破坏圈地。[2] 有人充当联络人在人群中向陌生人散播行动"信号"。[3] 7月8日宗教节日结束,但很多人聚集在教堂外,有人发表演说,谈论乡村的萧条和衰败,农民没有了生计被迫四处流浪乞讨;有人呼吁要制止地主们的圈地行为,保护古老的公有土地。正如6月发生在阿特尔伯勒的反圈地行动,全国各地的农民都在为了自己的利益反抗。[4] 他们相信国王和"好公爵"会为他们做主。[5] 反抗的情绪在人群中迅速传播。从这时开始事情已经悄然发生了变化:其一,庆祝活动性质已经发生了根本变化,它变成了一场反对地主的群众运动;其二,先前那种散兵游勇式的偷袭圈地和秘密集会已经转变成公开的愤怒,并准备公开采取影响更大的反圈地行动。至此,怀蒙德汉姆的圣托马斯移冢节为起义提供了充分的时空条件。

---

[1] Julian Cornwall, *Revolt of the Peasantry, 1549*, London: Routledge & K. Paul, 1977, p. 137.

[2] S. T. Bindoff, *Ket's Rebellion 1549*, London: Historical Association, 1949, p. 4; Barrett L. Beer, *Rebellion and Riot: Popular Disorder in England During the Reign of Edward VI*, Kent: Kent State University Press, 2005, p. 82.

[3] Julian Cornwall, *Revolt of the Peasantry, 1549*, London: Routledge & K. Paul, 1977, p. 137.

[4] Julian Cornwall, *Revolt of the Peasantry, 1549*, London: Routledge & K. Paul, 1977, p. 137; Joseph Clayton, *Robert Kett and the Norfolk Rising*, London: M. Secker, 1912, p. 50.

[5] 萨默塞特1548年6月发布过反圈地的声明,之后又派遣专员督察圈地事宜,详细内容将在第四章分析。Frederic William Russell, *Kett's Rebellion in Norfolk*, London: Longman, 1856, p. 11.

(三) 偶然事件的发生是凯特起义爆发的前提

历史的发展常常受到偶然事件的影响。1549 年 7 月 8 日黎明时分，一群人捣毁了赫巴特桑（Hobartson）和约翰·弗劳尔迪（John Flowerdew）家一部分圈地上的篱笆。[①] 这两人都是律师出身的新绅士，在乡村和当地富裕自耕农竞争，使贫农的生活更加困难，所以遭到农民的普遍厌恶。[②] 当约翰得知骚乱人群拆毁自己的篱笆，以为是老冤家罗伯特·凯特（Robert Kett）和威廉·凯特（William Kett）兄弟指使的。十年前因为争夺被解散的修道院的财产，约翰得罪了以凯特家族为首的当地居民。[③] 约翰找到骚乱的领头人，答应支付他们 40 便士[④]的好处费，让他们去捣毁罗伯特·凯特家的篱笆，理由是凯特也圈占公有牧场。[⑤] 这些人是来捣毁篱笆的，当有人给钱雇他们去破坏别人家的篱笆，他们没有拒绝，拿了钱就去找凯特。这一点说明这些行为是临时起意的，暴露了他们斗争的盲目性。而反抗者在弗劳尔迪和凯特之间摇摆，竟充当钱的"奴隶"，这一方面说明他们目光短浅且立场不稳，另一方面说明他们"拿人钱财与人消灾"。如果没有一个眼界开阔、组织得力的人出来引导，他们的反圈地运动注定在低层次上自生自灭。然而历史往往就是在

---

① 具体人数无记载，而且说法不一，有"一大群""一小撮""一群人"，见：Joseph Clayton, *Robert Kett and the Norfolk Rising*, London: M. Secker, 1912, p. 50; Stephen K. Land, *Kett's Rebellion: The Norfolk Rising of 1549*, Ipswich: Boydell Press, 1977, p. 42; Frederic William Russell, *Kett's Rebellion in Norfolk*, London: Longman, 1856, p. 25.

② Julian Cornwall, *Revolt of the Peasantry, 1549*, London: Routledge & K. Paul, 1977, p. 137; Barrett L. Beer, *Rebellion and Riot: Popular Disorder in England during the Reign of Edward VI*, Kent: Kent State University Press, 2005, p. 82.

③ Julian Cornwall, *Revolt of the Peasantry, 1549*, London: Routledge & K. Paul, 1977, p. 138.

④ 具体数字有两种说法，但多数认为是 40 便士。当时镇上 1 英亩地价值 1 便士。注：1 英亩大概相当于中国的 6 市亩。Frederic William Russell, *Kett's Rebellion in Norfolk*, London: Longman, 1856, p. 27.

⑤ Frederic William Russell, *Kett's Rebellion in Norfolk*, London: Longman, 1856, p. 27; Stephen K. Land, *Kett's Rebellion: The Norfolk Rising of 1549*, Ipswich: Boydell Press, 1977, p. 42.

这种机缘巧合中演进的。是约翰因为镇上的家族恩怨把反抗者引向凯特，而恰恰是这种巧合为凯特加入起义提供了必要的条件。

（四）凯特对待起义的立场与选择是凯特起义爆发的重要条件

当凯特面对反抗者时，他的立场选择决定了这场起义的命运。7月8日上午，在罗伯特家门外，离教堂不远处，[①] 反抗的人找到罗伯特·凯特说明来意，要求他拆毁自家的篱笆，退回侵占的公有土地，恢复农民的古老权利。[②] 尽管这些人痛恨所有的圈地者，但是他们没有直接拆毁凯特家的篱笆而是先找到凯特讲道理。反抗者们顾于凯特家族在镇上的好名声而对凯特留有一些礼貌，可以看出罗伯特·凯特在当地有相当的威望。见反抗的人要来拆他的篱笆，凯特的回答出乎常理，他不但不拒绝，反而表示欢迎。在人群中，凯特自荐给反对圈地运动的人提供建议和指导，同时要与他们一道打倒整个贵族绅士阶层。他同情这些人，希望能够尽快改变世道。凯特特意用激昂的语调说："（贵族乡绅）他们如此有权势，如此贪婪残酷，前所未闻，人神共怒，对他们只有憎恨和谴责。"[③] 他的话感动了所有的反抗者。[④] 在凯特加入之后，这群"暴民"已经脱离了无计划、无目的的状态，他们有了事业的领导者、指引者。从此凯特正式加入了起义，并成为起义的核心人物。所以，凯特本人选择加入起义，并领导起义是凯特起义爆发的关键。

正是综合了以上四个条件，凯特起义才真正地开始。凯特加入

[①] Louisa Marion Kett & George Kett, *The Ketts of Norfolk, a Yeoman Family*, London: Mitchell Hughes and Clarke, 1921, p. 56.

[②] Julian Cornwall, *Revolt of the Peasantry, 1549*, London: Routledge & K. Paul, 1977, p. 138.

[③] Frederic William Russell, *Kett's Rebellion in Norfolk*, London: Longman, 1856, p. 28.

[④] 内维尔原文，转引自：Joseph Clayton, *Robert Kett and the Norfolk Rising*, London: M. Secker, 1912, p. 57; Frederic William Russell, *Kett's Rebellion in Norfolk*, London: Longman, 1856, p. 28.

起义者队伍的行为极大地鼓舞了起义者。这位富裕自耕农领袖支持反圈地运动，而且愿意同起义者一道捣毁更多的圈地，全力领导支持他们的起义事业。

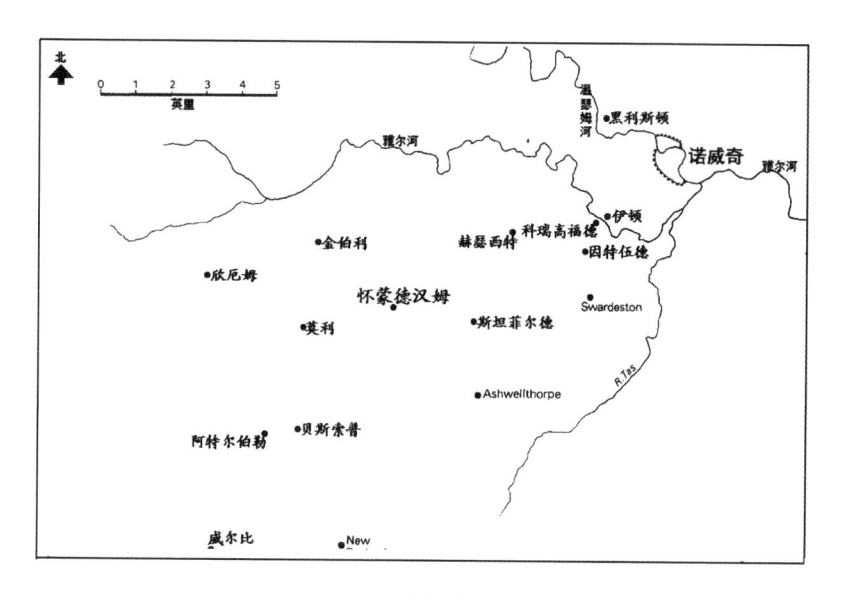

图1—1 诺福克郡地图

凯特为了树立威信，要求第一个拆毁他自己家的圈地。他的话从那时已经成为命令，起义组织初步形成。紧接着，凯特带领反抗人群去赫瑟西特（Hethersett）庄园又一次捣毁弗劳尔迪家的圈地。[①] 但是不久，由于拆篱笆的人分散，有人传言凯特退出了起义。第二天，即7月9日，为了辟谣，凯特在一棵橡树下召集人们宣誓："我永远不会放下责任，这是公共福利（the Commonwealth），直到你们赢得应有的权利。为了你们安居乐业，我赴汤蹈火在所不惜。为了你们的福祉和解放！"在罗伯特·凯特的领导下，反抗的平民形成了一支有组织的起义队伍，目标直指诺威奇城。罗伯特的

---

① Joseph Clayton, *Robert Kett and the Norfolk Rising*, London: M. Secker, 1912, p.58.

哥哥威廉此时也加入了起义队伍。在很短的时间里各阶层的人不断加入他们的队伍。[①] 随着人员不断增加，凯特兄弟的起义力量大大增强。[②] 此时，这场肇始于乡间的小型骚乱终于演变成了一场足以威胁郡首府和国家政治稳定的起义。自此，凯特起义轰轰烈烈地开始了。

第二节　起义过程中斗争各方关系的演变

这场起义撼动了诺福克郡和英国东部的社会。起义经历了三个阶段：第一阶段，凯特聚集人马，形成了起义者的阵营；第二阶段，凯特进行了"橡树改革"，并向国王发出请愿，与诺威奇城统治阶层形成对峙；第三阶段，起义军两次攻占诺威奇城，与王军展开军事斗争，最后被镇压。这段历史发展主要取决于矛盾斗争各方的力量对比和变化。因此本节重点以斗争各方"关系演变"为线索分析凯特起义的经过。

一　起义阵营的形成

第一阶段，从起义者兵临城下，城市穷人投靠起义者，市政当局采取措施应对，到凯特带领起义者扎营莫斯德希思山。7月10日到7月12日，起义军在莫斯德希思山上聚集了12000人，[③] 而诺威奇城人口有13000人，形成了一个城外有"城"的局势。

[①] 关于起义者的主要成分说法不一，早期作家根据内维尔的描述认为"成群的奴仆、大批的无业者以及绝望的人们"是起义军的主力。当代学者倾向于"主要是自耕农和佃农"，参见：Julian Cornwall, *Revolt of the Peasantry*, *1549*, London: Routledge & K. Paul, 1977, p.139.

[②] Joseph Clayton, *Robert Kett and the Norfolk Rising*, London: M. Secker, 1912, p.59; Frederic William Russell, *Kett's Rebellion in Norfolk*, London: Longman, 1856, p.30.

[③] 关于起义军人数，大概有三种说法，分别是20000人、8000人、12000人。具体参见：Andy Wood, *The 1549 Rebellions and the Making of Early Modern England*, Cambridge: Cambridge University Press, 2007, p.63.

（一）凯特起义军的集结

7月10日，凯特带领起义队伍向诺威奇进发，沿途所遇圈地无不摧毁。起义军在科瑞高福德（Cringleford）渡河，继而向北行进到鲍索普（Bowthorpe），这一路上他们已经推倒了不少的圈地篱笆，收下了相当数量的投靠者。[1] 从怀蒙德汉姆到诺威奇城的距离只有大约9英里，大概一天的路程，到傍晚时凯特的队伍已经来到了距离诺威奇城只有两英里的地方，并在那里扎营。此时城里的市议会（the city council）早已了解到城西面有大批人群扎营，目标直指诺威奇城。[2]

10日夜，城内外大量人纷纷手持绿色小树枝，作为加入凯特阵营的标记，他们携带起义所急需的各式武器，为起义军增强了战斗力。[3] 大量人员的加入给凯特领导起义队伍增加了难度。这一点凯特十分清楚。第一，地理位置不佳。起义队伍驻扎的营地在距离郡首府只有两英里的地方，四面开阔，无天然掩体，不易防守，一旦郡守组织军队镇压，起义军将轻易被包围歼灭。第二，起义军力量需要整合。城内投奔起义军的自由人加上城郊聚拢来的农民和一路上招募的各种人都是刚刚投入到起义中，相互之间缺乏了解，营地过于分散，尚无法形成真正的作战力量。第三，起义军急需统一指挥。起义人员成分复杂，而且各自为政，当务之急是建立统一指挥。

在这种情况下，为了整合队伍，凯特决定移师城外东北方向名叫"莫斯德希思"（Mousehold Heath）的高地，那里具有较好的防御地形易守难攻。为了方便到达目的地，凯特派人送信给市长科德

---

[1] Frederic William Russell, *Kett's Rebellion in Norfolk*, London: Longman, 1856, p. 30.
[2] Stephen K. Land, *Kett's Rebellion: The Norfolk Rising of 1549*, Ipswich: Boydell Press, 1977, p. 43.
[3] Julian Cornwall, *Revolt of the Peasantry, 1549*, London: Routledge & K. Paul, 1977, p. 140.

(Codd)要求借道,"安静地穿过城区",从东北方向出城,绝不伤害任何人,不破坏任何财物。市长很清楚,从战略上看,向北只有几个小港、小村庄和一望无际的北海,起义军的目标只可能是诺威奇城。市长拒绝了凯特的要求。[①] 如此一来,凯特只能带领部队从城西面绕到城北面。凯特的队伍围绕诺威奇城缓慢地移动,其间换了两处营地,历时两天。在这两天时间里起义军队伍得到大大的补充。很可能是凯特有意放慢行进速度,以召集人马。

12日,凯特带领起义军来到诺威奇东北部的高地,在那里建起了莫斯德希思营地。[②] 之前有位伯爵在这山上将一个被解散的小修道院的屋堂改建成了自己的宅邸。此时,起义者占领了这座房子并将它改为关押贵族和绅士的监狱。起义者敲响了教堂的钟声,点起烽火,召集起义的人们聚集至此。每天来自四面八方的反抗者涌向这个高地,开始只有几千人,后来在山头上集结了1万多人。[③] 与城内居民人数相当。投靠起义军的人不断增加,他们砍下树木搭成帐篷组成一个大营地,从凯特的大营依次向北面和东面延伸。[④] 凯特在后来6个星期(7月12日至8月26日)的时间里一直驻扎在莫斯德希思大营。[⑤]

(二)凯特起义军的到来与诺威奇城形成阶级对立

一方面,诺威奇穷人的态度很明确——欢迎起义。此前受到怀蒙德汉姆反抗的消息影响,城里城外居住着的贫穷人民受到了极大

[①] S. T. Bindoff, *Ket's Rebellion 1549*, London: Historical Association, 1949, p. 4.
[②] Frederic William Russell, *Kett's Rebellion in Norfolk*, London: Longman, 1856, pp. 27-29.
[③] 确切数字不得而知,"2万人"的说法来自凯特的"控诉书",见:Frederic William Russell, *Kett's Rebellion in Norfolk*, London: Longman, 1856, p. 221;或者"最少6千人",但是最有可能是在1万2千人左右,各说法参见:Andy Wood, *The 1549 Rebellions and the Making of Early Modern England*, Cambridge: Cambridge University Press, 2007, p. 63。
[④] Julian Cornwall, *Revolt of the Peasantry, 1549*, London: Routledge & K. Paul, 1977, p. 142.
[⑤] S. T. Bindoff, *Ket's Rebellion 1549*, London: Historical Association, 1949, p. 4.

的鼓舞。这些人后来成为凯特起义军中重要的一支力量。事实证明，这里的人们和怀蒙德汉姆的穷人一样憎恨贵族绅士阶级。在反抗情绪的感召下，7月9日也就是凯特到达诺威奇城西南两英里的鲍索普的前一天，城里一群人自发地来到城外拆毁了一块叫作"城围子"（town close）的圈地，这块地是专为市民提供牛奶的奶牛的牧场。这块圈地历史悠久，经历了几代人的时间，专门供城市的贫穷的自由人蓄养牲口用，他们只要花半便士就可以把自家的牛放到圈地中雇人代养，产出的牛奶用于满足日常所需。[①] 为了表达不满，这些人摧毁了城下最近的圈地，拆毁圈地意在制止城外的地主侵害城市平民的利益。市民这样做的原因，没有明确记载。兰德认为是"圈地和雇放牛人的收费"[②] 造成市民不满。无论怎样，根据当时的情景，拆毁圈地很有可能是一种城市平民政治态度的表达和他们对统治当局不满的宣泄，其象征意义远远大于实际意义。这标志着城乡平民有了共同的行动。

另一方面，代表城市富人阶层利益的市政官员对城市穷人和凯特起义军高度防范。关于该郡起义和骚乱的情况，这些官员很可能早已获悉，当骚乱传播到该市时，统治阶层高度重视。9日傍晚，市长与一些骚乱平民接触后，回到城里紧急召开了议会。议会派埃德蒙·品钦（Pynchyn）到伦敦向护国公通报骚乱情况（当时爱德华六世和护国公萨默塞特公爵正在伦敦西的温莎）。此外还有若干报信人被派去通知当地的几位重要贵族。[③] 这说明城市富人试图与当地绅士贵族建立联盟。会议一直持续到深夜，经过反复商议最终没有得出明确的应对方案。原因有二：其一，无法组织军队镇压。

[①] Frederic William Russell, *Kett's Rebellion in Norfolk*, London: Longman, 1856, p. 31; S. T. Bindoff, *Ket's Rebellion 1549*, London: Historical Association, 1949, p. 4.
[②] Stephen K. Land, *Kett's Rebellion: The Norfolk Rising of 1549*, Ipswich: Boydell Press, 1977, p. 45.
[③] Frederic William Russell, *Kett's Rebellion in Norfolk*, London: Longman, 1856, p. 32.

议会上有些强硬派主张立即采取强制手段镇压起义，提出直接组建一支军队。但是未经国王批准私募武装是非法行为，大多数人不同意这个建议。其二，因为成功镇压的前景还不明朗，一旦失败只会使事情更加糟糕，将来必遭朝廷怪罪。最终他们决定静观其变，待形势明朗再做决断；同时着手准备守城——向可靠市民发放武器，向城墙增加防卫人手。① 唯有寄希望于此，在伦敦发回指示之前，可以赢得喘息机会。显然这些市议员们没有采取积极措施，因此让国王爱德华六世在他的日记中尖刻地讽刺他们缺少当机立断的能力，导致"诺威奇城和起义者一道造反"。② 诺威奇的市议员们没有采取镇压行动，为日后市民加入凯特的起义军，形成内外联合提供了机会。

（三）城市统治阶级对待起义军的策略以及起义军的立场

总体上看，市政当局对城市穷人和凯特起义军所采取的策略是：保持距离，不激怒他们，但是借机采取积极干预政策，通过谈判而屈人之兵。市政当局在三天时间里共三次派不同的人前去和城乡起义者谈判，软硬兼施。所用策略分别是一平、二抑、三诱，但均以失败告终。

第一次，市长托马斯·科德9日傍晚出城用"平和的态度"与起义群众谈判。他的态度相当客气，并愿拿出赏钱，试图劝散这些闹事的人，但没有效果，市民也未对他采取粗鲁的行动。科德是民选的市长，55岁左右，曾捐助教堂和穷人，在诺威奇穷人中享有较高声望。③ 这也许是穷困市民对他保留客气态度的原因。

---

① Julian Cornwall, *Revolt of the Peasantry*, 1549, London: Routledge & K. Paul, 1977, pp. 139 – 140.

② Edward VI, Jonathan North, ed., *England's Boy King: The Diary of Edward VI, 1547 – 1553*, Welwyn Garden City: Ravenhall, 2005, p. 34; Edward VI, W. K. Jordan, ed., *The Chronicle and Political Papers of King Edward VI*, New York: Cornell University Press, 1966, p. 15.

③ Stephen K. Land, *Kett's Rebellion: The Norfolk Rising of 1549*, Ipswich: Boydell Press, 1977, p. 47.

第二次，10日傍晚一位代表强硬派的市政官员用"抑制的态度"试图驱散起义者。由于诺福克—萨福克两郡的郡守尼古拉斯·莱斯特兰奇（Sir Nicholas L'Estrange）早在5月份就去了伦敦，城内防务空虚。① 他的亲信或者副手埃德蒙·温德姆（Sir Edmund Windham）② 代其履行职责，此人是当时王室在诺威奇任命的最高长官。③ 温德姆骑马来到起义者营地，以国王的名义当众宣读《骚乱法》（Riot Act），宣布起义军的行为是造反，并要求起义军立即"安静地解散回家"。他的言行不但未能镇住起义者，还遭到起义者的围攻。④ 起义者将他围住欲拉他下马，他突围逃回城里。⑤ 是夜，郡防务官员落荒而逃的消息使起义军士气大涨，增强了起义军的战斗力。⑥ 温德姆的失利，进一步促成先前城外摧毁圈地的城市自由人和刚刚驻扎下来的凯特起义军的政治联合。

第三次，城市统治阶级试图用"糖衣炮弹"引诱起义军瓦解。11日，起义军来到黑利斯顿（Hellesdon）桥准备渡过温瑟姆河。城里对此举动十分清楚，采取了进一步的怀柔政策，这次派了金伯利（Kimberley）的罗杰·伍德豪斯（Sir Roger Woodhouse）。他亲自带了三车食物，有两车是啤酒，想以此收买人心，修复温德姆先前和起义军造成的紧张关系。显然这位贵族低估了起义军的反抗决

---

① Diarmaid MacCulloch, "Kett's Rebellion in Context", *Past & Present*, No. 84（Aug., 1979），p. 39.

② 麦卡洛克研究发现：温德姆在霍林斯赫德的编年史中被描述成郡守，后来发现他本人在凯特起义以后才当上郡守，在凯特起义这段历史上没有再出现过。本书推断温德姆后来能接替郡守一职，是因为他在应对起义的过程中表现突出，他可能代表诺威奇守军前去和凯特谈判。这一推断在麦卡洛克的文中有进一步论证，参见 Diarmaid MacCulloch, "Kett's Rebellion in Context", *Past & Present*, No. 84（Aug., 1979），p. 42。

③ Stephen K. Land, *Kett's Rebellion: The Norfolk Rising of 1549*, Ipswich: Boydell Press, 1977, p. 45.

④ S. T. Bindoff, *Ket's Rebellion 1549*, London: Historical Association, 1949, p. 3.

⑤ Frederic William Russell, *Kett's Rebellion in Norfolk*, London: Longman, 1856, p. 31.

⑥ Julian Cornwall, *Revolt of the Peasantry, 1549*, London: Routledge & K. Paul, 1977, p. 140.

心，他们反对的是全部贵族绅士。伍德豪斯被起义军拉下马，脱光衣服，推到壕沟里，若不是一个勇敢的奴仆救他，他应该是第一个被杀的贵族了。他后来被起义军关押起来，直到起义被彻底镇压才被放出来。① 这是城里的贵族绅士最后一次露面。

总之，市政当局三次主动接触起义军都没有得到认可。由此可以看出起义军的不妥协性，他们决然走向反对诺威奇城里贵族绅士的道路。

二　起义军营地与诺威奇城的对峙

第二阶段是和平对峙期，即7月12日到7月21日。这段时间里起义者和市政当局之间从"谨慎对立"走向"稳定对峙"，基本保持和平，关系微妙。起义军落脚莫斯德希思山之后，凯特在那里组建了起义军政府，发放授权书，开设法庭，监督囚禁的绅士，定期提供宗教服务。② 凯特等人起草了一份请愿书，罗列了起义者的要求，③ 具体内容将在第二章讨论，本节重点讨论战争过程。

（一）起义军营地与诺威奇城市形成僵持的态势

前面讨论过，市议员们既不能将城市拱手相让，又不能招募军队镇压起义者，只能等待国王派兵来镇压起义军。等待期间，他们派人给当地绅士，如罗杰·汤森爵士（Sir Roger Townsend），以及奥克尼（Oxnead）的威廉·帕斯顿爵士（Sir William Paston）送信。④ 这样做的目的有两个：一是通知他们自保，并利用自己的影响力稳定当地局势，减轻诺威奇的压力；二是希望与这两位重要的

---

① Frederic William Russell, *Kett's Rebellion in Norfolk*, London: Longman, 1856, pp. 35 – 36.
② Barrett L. Beer, *Rebellion and Riot: Popular Disorder in England during the Reign of Edward VI*, Kent: Kent State University Press, 2005, pp. 93 – 95.
③ Frederic William Russell, *Kett's Rebellion in Norfolk*, London: Longman, 1856, pp. 203 – 204.
④ Julian Cornwall, *Revolt of the Peasantry, 1549*, London: Routledge & K. Paul, 1977, pp. 139 – 140.

绅士结成联盟保卫城市。事实证明这些绅士不仅积极防御，还试图向诺威奇城提供援助。70 岁高龄的威廉找来了两门大型火炮，一度试图运往诺威奇。但凯特的起义军不断壮大，行动迅速，切断了主要交通线；这些绅士又远在几十英里以外，之前没有充分的准备，最终没能与诺威奇城里的统治者形成统一战斗力。① 市政当局无法抵御起义军，所以只能暂时顺从起义军的意志。"凯特和市长之间"谈判的内容被完好地保留在会议记录里。起义者要求市政当局把城内绅士"无条件"地送到营地，以便审理他们。市议会似乎同意了这一要求。7 月 17 日市议会召开，会议记录写道："议事重理，论及营地，但无结论。"优柔寡断的气氛再一次占据了上风，市政当局对起义军仍毫无对策。7 月 20 日，伦敦方面派的使臣约克（Herald York）来到诺威奇，他第二天宣布凯特是叛国者，诺威奇的统治者才采取行动。② 可以看出，在国王的军队到来之前，保持相对的平衡是唯一的办法。

而在起义军方面，凯特希望通过吸纳诺威奇市长和市议员进入他的"政府"，来证明其起义的合法性，同时科德（Cod）、奥尔德里奇（Aldrich）、沃森（Watson）等市议员们为了维持和平状态，愿意主动进入凯特的营地，影响其政策制定。这样对诺威奇城是有好处的。③ 当然诺威奇精英的这种平衡战略，也的确招来中央政府的怀疑，爱德华六世在日记中理所应当地写道："诺威奇市和造反

---

① 温德姆家族在英国具有相当的影响力，其多位亲戚是国王近臣，通过联姻和继承，拥有大量财产和土地。解散修道院后这个家族也获得了大量土地。因此，此人的阶级立场和起义军完全对立，是革命的对象。Stephen K. Land，*Kett's Rebellion*：*The Norfolk Rising of 1549*，Ipswich：Boydell Press，1977，p. 45.

② Andy Wood，"Kett's rebellion"，in C. Rawcliffe and R. Wilson（eds.），*Medieval Norwich*，London：Palgrave Macmillan，2004，p. 296.

③ Stephen K. Land，*Kett's Rebellion*：*The Norfolk Rising of 1549*，Ipswich：Boydell Press，1977，pp. 56 – 57.

者同谋。"① 凯特起草的请愿书后的签名列在前面的三个人分别是凯特、市议员托马斯·奥尔德里奇、市长科德,② 由此看出,这些城市精英阶层在凯特的咨询机构中占有重要地位,他们对于凯特寻找合法性至关重要。这说明了凯特和诺威奇城的统治者都真心希望保持和平,尽量避免发生正面冲突。

(二) 形成僵持局面的原因

1. 凯特和起义军希望能得到城市的补给,同时希望得到最广大市民的道义支持。

首先,人数众多的起义军离不开诺威奇城。即便可以到乡下去收集补给,也仍不能放弃诺威奇城,这座英国第二大城市拥有诺福克郡最繁荣的市场,包括各种食物和军火在内的物资相对集中。城市的市场对于起义军来说至关重要。在国王的使臣到来之前,"凯特的人可以随意进出诺威奇城"。换言之,城市对起义者开放,统治者们只是不允许凯特的大部队进城,③ 但是他们可以零星地进出城获得补给。凯特曾要求科德交出城市仓库的钥匙和管理权④,说明凯特看重诺威奇城的财富。诺威奇城的军火库中有大量用于城市自卫的军火,恐怕是凯特不愿离开诺威奇城的另一个原因。事实证明,起义军后来多次抢夺了军火库。⑤

其次,诺威奇作为诺福克郡的首府,英国第二大城市,具有重要的政治影响力。凯特对其控制和改革的成果都可以用来证明起义

---

① Edward VI, Jonathan North, ed., *England's Boy King: the Diary of Edward VI, 1547 - 1553*, Welwyn Garden City: Ravenhall, 2005, pp. 31 - 32; Edward VI, W. K. Jordan, ed., *The Chronicle and Political Papers of King Edward VI*, New York: Cornell University Press, 1966, p. 15.

② 见附录一。

③ Stephen K. Land, *Kett's Rebellion: The Norfolk Rising of 1549*, Ipswich: Boydell Press, 1977, p. 50.

④ Frederic William Russell, *Kett's Rebellion in Norfolk*, London: Longman, 1856, p. 63.

⑤ Stephen K. Land, *Kett's Rebellion: The Norfolk Rising of 1549*, Ipswich: Boydell Press, 1977, pp. 80, 81, 83.

军行为的正义性；反之，如果一旦陷入战争，形势得不到控制，必将遭到诺威奇城各个阶层市民的反抗，这样会破坏起义事业的正当性，对起义前途十分不利。因此，凯特希望得到大多数人的支持。起义军后来在第一次攻下诺威奇城时曾宣布"市民是叛徒"，[①]这件事说明此前凯特和市民之间有"同盟关系"，至少在凯特看来是这样。总之，凯特一直和诺威奇城各阶层保持微妙的"联盟"关系。他希望得到大多数市民的道义支持来显示起义的合法性，这具有十分重要的象征意义。

2. 诺威奇城的统治者深知自己的防御薄弱，无力公开对抗，"采取外交休战"政策[②]；同时也不失时机地对凯特的政策施加影响。

首先，诺威奇城防御薄弱。无论是内部民心向背还是城防武装，统治阶层都没有把握。城市内部各阶层态度不明朗，从市民整体来看，穷人多，统治者均出自富有阶层，市民很可能支持凯特。[③]起初城市的统治精英坚决反对凯特，但是诺威奇城里有凯特的"第五纵队"，用凯特的方式推倒了城围子的圈地，这相当于给了凯特一个结盟的信号。[④]从这点可以看出他们赞同凯特的政治路线。有些城市贫民加入起义的队伍，当然也有很多人游离在两军之间，因此统治阶层不敢轻举妄动，只能采取谨慎措施。从城防来看，诺威奇城既缺少兵力防卫，又没有坚固的城墙。诺威奇城只有 2 英里的城墙，占城市外围的三分之二，其余三分之一以河为天然的防护。城市的西北和东南部分全部依靠温瑟姆河为守。其城墙大概高 7

[①] Frederic William Russell, *Kett's Rebellion in Norfolk*, London: Longman, 1856, p. 81.
[②] Stephen K. Land, *Kett's Rebellion: The Norfolk Rising of 1549*, Ipswich: Boydell Press, 1977, p. 51.
[③] Stephen K. Land, *Kett's Rebellion: The Norfolk Rising of 1549*, Ipswich: Boydell Press, 1977, p. 50.
[④] S. T. Bindoff, *Ket's Rebellion 1549*, London: Historical Association, 1949, p. 4.

米，每隔不远就有一个城垛，全城有 12 个城门。主教城门（Bishops Gate）有一过河的桥楼通向外部，距离莫斯德希思山最近，也是全城防守最薄弱的城门。虽然城门两边的温瑟姆河西岸的草地上布置了大炮防御，[①] 但是因为没有城楼保护，最易受到攻击。因此，整个诺威奇城面对 1 万多起义者，城墙形同虚设。

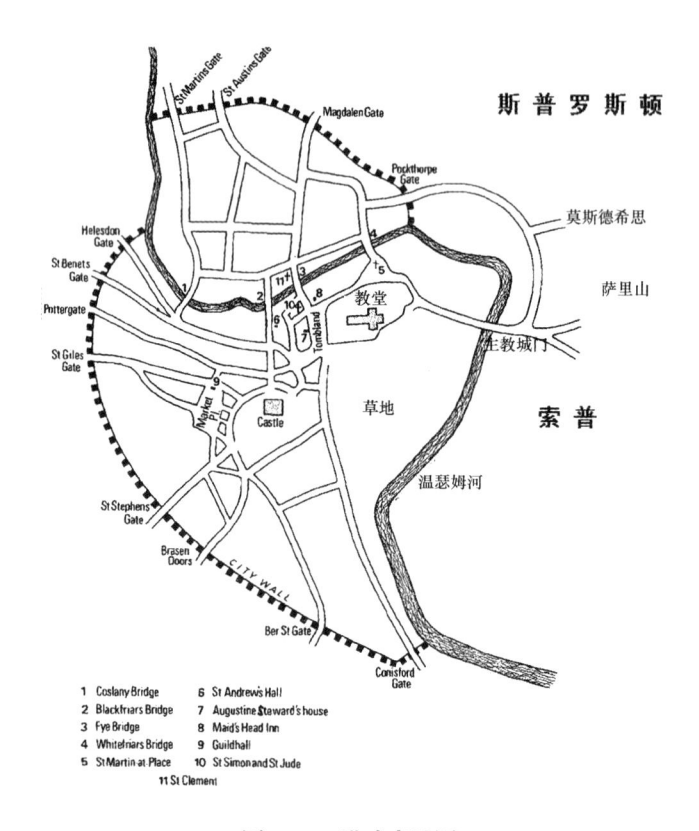

图 1—2　诺威奇城图

其次，诺威奇城执政当局试图通过自己的渗透影响凯特的起义军。他们在没有办法防御起义军进攻的情况下也只能主动采取和平

[①] Stephen K. Land, *Kett's Rebellion: The Norfolk Rising of 1549*, Ipswich: Boydell Press, 1977, pp. 52, 52.

的手段对其施加影响。而凯特也希望借助执政当局来表现起义的合法性，双方一拍即合。所以城市议员们加入了凯特的咨议会，"市长托马斯·科德和一名德高望重的市议员托马斯·奥尔德里奇（Aldrich），经常来帐篷商议计划"①，向他提出建议。总体来看，市政当局只能试着用语言去影响起义者。他们用一些宗教的手段渗透到起义军中，通过教士劝善讲道感化起义者。如，凯特同意诺威奇城的教士罗伯特·沃森（Watson）在起义营地主持宗教活动，此人"尤其能劝人行善"。② 还有一个著名的例子是后来成为坎特伯雷大主教的马休·帕克（Matthew Parker），他来到莫斯德希思大营从三个方面进行劝导：

> 其一，在山上要节制，莫浪费；莫以为取之轻松，就奢侈淫逸；天物皆神赐，应当慎处之。其二，督促他们莫被个人仇恨驱使而受到愤怒和复仇情绪的影响；莫让自己的手沾血；莫关押、镣铐那些他们认为是敌人的人；莫恶意残害人命。其三，强调他们要心存真善，真善能止欲望；将会使来自国王的信使和使臣对他们充满信心；使国王荣耀，助国王心念成长，以荫我土，国泰民安。③

由此可以看出，这一时期莫斯德希思大营和诺威奇城之间的关系非常微妙，双方都希望保持平衡，打破平衡对双方都不利。诺威奇城市政当局实际上只是采取了一种警惕的、不设防的政策，希望在首先保护城市利益的前提下，采取主动渗透的策略"敦促（起义

---

① S. T. Bindoff, *Ket's Rebellion 1549*, London：Historical Association, 1949, p. 4.
② Joseph Clayton, *Robert Kett and the Norfolk Rising*, London：M. Secker, 1912, p. 84.
③ Wood's Translation of Nevylle 引自：Frederic William Russell, *Kett's Rebellion in Norfolk*, London：Longman, 1856, pp. 63 – 64.

军)采取温和手段"①;凯特一方则想利用统治阶级的影响力,证明起义具有合法性,并获得物资补给,所以采取维持和平的政策。然而应该注意到这种平衡是极其脆弱的,双方都明白,也都在期待来自第三方的力量——伦敦的影响。中央政府力量的介入必将打破这种平衡,结果只有一个,战争或和平。最终历史的天平倒向了战争。

三 起义军与王军的武装斗争

根据起义发展的态势,这一时期的历史可以继续分成两个阶段:第一个阶段是起义军优胜阶段(7月21日至8月24日)。在这个阶段,国王的使节到来,宣布凯特起义是造反行动,导致诺威奇城和莫斯德希思大营的对抗公开化。起义军两次攻克了诺威奇城。伦敦方面派诺桑普顿侯爵带领1500人的军队去镇压,被起义军击败。第二个阶段是起义军被镇压阶段(8月24日至8月28日)。在这一阶段,政府派沃里克带兵6000余人,去镇压起义军。经过激烈巷战、野战,在达辛代尔(Dussindale)一战中沃里克斩杀大量起义者,起义最终被镇压。

(一)起义军两度攻占诺威奇城与王军败走

7月21日至8月24日,这个阶段发生了两次激烈的战斗,起义军两次攻占诺威奇城。7月15日,诺威奇城派了第二位送信人向国王的枢密院报告诺福克起义的情况②,7月21日伦敦派来的国王使者约克(York)到达诺威奇,③打破了两个阵营保持的脆弱平衡关系,起义进入新的阶段——武装斗争。

使者传达了枢密院的命令,要求诺威奇城积极防御,立即采取

---

① S. T. Bindoff, *Ket's Rebellion 1549*, London: Historical Association, 1949, p. 4.
② Frederic William Russell, *Kett's Rebellion in Norfolk*, London: Longman, 1856, p. 54.
③ S. T. Bindoff, *Ket's Rebellion 1549*, London: Historical Association, 1949, p. 5.

镇压起义者的行动。① 这条命令相当于宣布了凯特的失败，因为此时诺威奇城已经得到中央政府明确的信号，要顽抗凯特，优势最终会因为伦敦的支援而倒向城市统治阶级。但是英国当时正在忙于对西部和中部起义进行镇压，没有兵力镇压诺威奇的起义军，所以只能采取绥靖政策——招安。使者立即在诺威奇一干官员的陪同下来到莫斯德希思大营。"起义者见到国王派来的使者，'欢呼上帝保佑国王'，人群激动起来，有人甚至跪下。"使者宣布他们的行为是造反，并给予所有人大赦，只要他们放下武器自动解散就不再追究。当即有人表示愿意接受大赦。② 但是凯特不接受，因为他不承认自己造反，聚众不是对抗国王，也就没有犯罪，所以不需要赦罪。③ 凯特认为自己不是造反者，他始终坚信"正义和法律站在他的一边"。④ 对于凯特来说这样的消息带来两种可能——背负造反的罪名接着斗争，以及安静地解散队伍，前功尽弃。如果继续斗争，要么战败被处死，要么战斗直至国王接受请愿。

谈判失败后使者和城市代表撤回城内，关上城门，积极备战防卫。⑤ 此举对凯特来说就是宣布战争。凯特在莫斯德希思山上准备了大炮和火枪对准主教城门。诺威奇城也把大炮摆到东城瞄准河对岸。21日夜间，炮声雷动，火力对抗几乎持续了一夜，次日破晓起义军开始攻城。虽然双方都有火炮好手，但都缺少弹药，⑥ 这给起义者提供了靠近城门的机会，起义军对诺威奇城发动了进攻。我

---

① Stephen K. Land, *Kett's Rebellion: The Norfolk Rising of 1549*, Ipswich: Boydell Press, 1977, p. 78.

② Frederic William Russell, *Kett's Rebellion in Norfolk*, London: Longman, 1856, pp. 74 - 75; Stephen K. Land, *Kett's Rebellion: The Norfolk Rising of 1549*, Ipswich: Boydell Press, 1977, p. 79.

③ Andy Wood, *The 1549 Rebellions and the Making of Early Modern England*, Cambridge: Cambridge University Press, 2007, p. 64.

④ Frederic William Russell, *Kett's Rebellion in Norfolk*, London: Longman, 1856, p. 79.

⑤ S. T. Bindoff, *Ket's Rebellion 1549*, London: Historical Association, 1949, p. 5.

⑥ Stephen K. Land, *Kett's Rebellion: The Norfolk Rising of 1549*, Ipswich: Boydell Press, 1977, pp. 80 - 81.

们可以从索瑟顿这位亲身经历者的记录中了解当时战争场面的激烈程度:"飞箭如雨……乱贼流民竖子,异常勇猛,在密集的箭雨中攻城,不顾锋利的箭刺穿他们腿,鲜血流淌。"[1] 相当数量的起义者跳入河水中,渡过河,上到城内的岸边,[2] 这一招十分有利,很快消灭了岸边的守军,经过激烈战斗,起义军蜂拥而上击破主教城门[3],很快控制了诺威奇城。使者见状慌忙逃跑;市长和几位市议员被押送到莫斯德希思山的监狱。[4] 凯特的起义军立刻洗劫了诺威奇城的一个火药和武器店,店主就是该市的官员之一"内勤官"(Chamberlain),起义军还抄了他的家,拿走了两桶火药和其他物资。23日又一次抄了他的家。[5] 估计凯特的起义军早就准备好有一天抢夺一个类似军火库的地方来补充自己的武装。此时,城市的主宰者不再是科德市长而是凯特。起义军把科德、教士罗伯特·沃森、市议员托马斯·奥尔德里奇和威廉·罗杰斯等人都抓到了莫斯德希思大营,[6] 凯特也回到了山上。诺威奇城很容易攻克,因此不需要驻扎,回到莫斯德希思战略高地可以俯视诺威奇城。凯特给诺威奇城任命了一位市长副手,以便联络,他负责维护城内秩序。事态发展到这时已经决定了凯特的起义只能以惨烈的形式收场,因为他已经占领了一座城市,起义的意图和结果都无法再改变。下一步,只能遭到中央政府的武力镇压。

---

[1] Sotherton, *The Commoyson in Norfolk 1549*,转引自 Frederic William Russell, *Kett's Rebellion in Norfolk*, London: Longman, 1856, p. 80.

[2] Stephen K. Land, *Kett's Rebellion: The Norfolk Rising of 1549*, Ipswich: Boydell Press, 1977, p. 81.

[3] Andy Wood, *The 1549 Rebellions and the Making of Early Modern England*, Cambridge: Cambridge University Press, 2007, p. 65.

[4] S. T. Bindoff, *Ket's Rebellion 1549*, London: Historical Association, 1949, p. 5.

[5] Stephen K. Land, *Kett's Rebellion: The Norfolk Rising of 1549*, Ipswich: Boydell Press, 1977, pp. 81, 83.

[6] Andy Wood, *The 1549 Rebellions and the Making of Early Modern England*, Cambridge: Cambridge University Press, 2007, p. 65.

不久，英国第二大城市诺威奇被骚乱分子攻占的消息传到了伦敦，枢密院立刻任命诺桑普顿（Northampton）侯爵威廉·帕尔（Parr）率领一支1500人组成的远征军，包括一队意大利雇佣兵开往诺福克，兵力只有凯特的十分之一。帕尔是亨利八世最后一任王后的哥哥，也是国王的宠臣，没有军事经验。[①] 这注定后来的镇压失败。7月26日、27日诺桑普顿侯爵出兵，31日到达诺威奇。[②] 此前一天凯特知道王军将到达诺威奇，有意放其进城，于是诺桑普顿侯爵兵不血刃进入诺威奇城。凯特让科德市长的副手去应对，这位副手把象征城市主权的城市之剑交到诺桑普顿侯爵手上，[③] 意味着交出了城市的掌控权。王军关了城门，士兵在市场扎营过夜，不料夜遭伏击，双方不宣而战。[④] 意大利雇佣军和潜伏在城里的起义者各有伤亡，有一个意大利雇佣兵被杀。凯特下令开火炮攻击，但是战场主要在城内市场。因为装备差，在激烈的巷战之后据说有300名起义者被杀，其余人早晨撤退。王军决定给起义者大赦，使者被迫来到莫斯德希思山下宣布对起义者大赦，这是中央政府的第二次大赦。一名来自萨福克郡贝克尔斯（Beccles）地区的叫弗洛特曼（John Flotman）的起义者拒绝了大赦。他吹响喇叭，从山上冲下来无数的起义者，使者撤回城里。[⑤] 8月1日起义军第二次攻城，9点钟开始进攻主教城门，两次攻城如出一辙。起义者从山上涌下来，进入城里，有人在城门上放了火，有人

[①] Stephen K. Land, *Kett's Rebellion: The Norfolk Rising of 1549*, Ipswich: Boydell Press, 1977, p. 84. 宾多夫说1400人，其余资料全说包括意大利雇佣兵共1500人，由此推断意大利雇佣兵很可能就是100人。S. T. Bindoff, *Ket's Rebellion 1549*, London: Historical Association, 1949, p. 5.

[②] Diarmaid MacCulloch, "Kett's Rebellion in Context", *Past & Present*, No. 84 (Aug., 1979), p. 39.

[③] S. T. Bindoff, *Ket's Rebellion 1549*, London: Historical Association, 1949, p. 5.

[④] Frederic William Russell, *Kett's Rebellion in Norfolk*, London: Longman, 1856, p. 92.

[⑤] Stephen K. Land, *Kett's Rebellion: The Norfolk Rising of 1549*, Ipswich: Boydell Press, 1977, pp. 94–95.

从城墙爬过来，有的游过河，有的从旧城墙的缺口进入城市。经过3个小时激战，王军败退。① 两名贵族被起义者抓住，其中一名叫谢菲尔德（Lord Sheffield）的贵族被一个叫富尔克（Fulke）的人杀死。② 爱德华六世的日记中写道："损失了100人……另有绅士和士兵约30人被抓为人质。"③ 诺桑普顿侯爵的人被击退。在如此大的损失下，侯爵没有信心再次应对起义者，只有撤兵了。起义军在城里放火，一场大雨才救了诺威奇城。据说之后针对富人的抢劫持续了几天的时间。有些人逃出城藏匿了自己的财物。几天之后，城市才恢复平静，凯特宣布所有逃离该城的人为国王的"叛徒"。他的理由是，他最能代表国王的利益，反对他就等于反对国王，就等于与国王的敌人一伙，因此就是叛徒。④

到此时为止，虽然起义者在战争中取胜，但是斗争的形势却越来越对贵族、绅士、富人们有利。

（二）和平谈判失败、起义军被镇压

王军败走后，战争双方都开始积极准备下一场战斗。一方面凯特开始尝试输出革命，另一方面国王的枢密院则开始招募更大规模的军队。最终双方对抗的状态结束。起义军第二次攻下诺威奇城之后试图扩大起义，但无果而终。

8月11日，枢密院决定任命沃里克带领万人的军队镇压起义。沃里克行动迅速，带领军队一路上经过剑桥、塞特福德、怀蒙德汉姆、因特伍德（Intwood）。22日在怀蒙德汉姆停留召集当地贵族的

---

① Frederic William Russell, *Kett's Rebellion in Norfolk*, London: Longman, 1856, p. 93.
② Andy Wood, "Kett's rebellion", in C. Rawcliffe and R. Wilson (eds.), *Medieval Norwich*, London: Palgrave Macmillan, 2004, pp. 289 - 90; Stephen K. Land, *Kett's Rebellion: The Norfolk Rising of 1549*, Ipswich: Boydell Press, 1977, p. 96.
③ Edward VI, W. K. Jordan, ed., *The Chronicle and Political Papers of King Edward VI*, New York: Cornell University Press, 1966, p. 15.
④ Stephen K. Land, *Kett's Rebellion: The Norfolk Rising of 1549*, Ipswich: Boydell Press, 1977, pp. 96, 98 - 99.

军队，并等待林肯郡帕勒姆（Parham）的威洛比勋爵（Lord Willoughby）加入。① 8月23日，一支集结了各方兵力的部队浩浩荡荡来到距离诺福克只有三英里的因特伍德扎营。第二天，沃里克派使者前往诺威奇城，要求起义军投降。凯特指派诺威奇副市长奥古斯丁·斯特沃德（Augustine Steward）和市长助手罗伯特·罗杰（Rugger）代表诺威奇的政府前去与使者谈判，两位代表建议再给起义者一次大赦的机会。沃里克同意大赦，这是中央政府第三次对莫斯德希思营地起义军进行大赦。②

此时进入一个非常关键的时刻，到了决定起义军命运的时候。和平还是战争，在于双方的决策。最终双方根据自己的情况选择了和平，都没有主动进攻的意图。一方面之所以沃里克给起义军大赦的机会不愿立刻开始攻城，是因为这时斗争双方的形势尚不明朗。沃里克虽然聚集了人数更多的军队，但是仍没有十足的胜算，也不愿意流血，所以先采取招安的办法和平解决。恩格斯在《德国农民战争》一书中指出：封建统治阶级制止农民暴动，"一半用花言巧语，一半用大军威胁"。③ 另一方面，凯特没能扩大自己的根据地，战略上已经没有了回旋余地，再加上政治上进一步孤立，底气不足，也不想轻易战争。所以从当时的情景来看，双方首选就是和谈。

8月24日，使者在两位城市代表和一些起义者的陪同下经主教大门来到莫斯德希思山上，大量人群围过来，不断有人高呼"上帝保佑国王！"之后使者在人群中宣布他们的行为是"造反"，谴责他们犯有叛国罪，如不投降，就会遭到无情镇压。④ 使者的发言长

---

① S. T. Bindoff, *Ket's Rebellion 1549*, London：Historical Association, 1949, p. 6.
② Frederic William Russell, *Kett's Rebellion in Norfolk*, London：Longman, 1856, p. 124.
③ 《马克思恩格斯全集》第七卷，人民出版社1959年版，第462页。
④ Stephen K. Land, *Kett's Rebellion：The Norfolk Rising of 1549*, Ipswich：Boydell Press, 1977, p. 114.

篇累牍，围观的人群开始变得不安。还没有来得及宣读大赦，就有人直接质疑使者是当地贵族伪装的，说他"不是国王派来的"，骂他是"国家的叛徒"。① 当现场形势马上失控之时，凯特出现，后来他把使者引领到另一个地方去谈，使者再一次开始长篇累牍地谴责起义军的造反行径。偏偏此时，发生了两个意外事件彻底改变了凯特和起义军的命运。其一，当使者讲到一半时，在人群中一个男孩朝使者露出屁股，正巧被王军中的一个士兵看到，认为是在羞辱使者，射杀了男孩。② 此时人群中出现混乱，情势急转直下。其二，正在混乱之时，有十几个人从林地骑马过来，喊"在河边有我们的人被杀"，向起义军通告王军来者不善。人群顿时惊乱起来，起义者的情绪激动，无法控制。这两个突发事件彻底打断了使者与凯特的谈判，也最终导致战争。于是使者向诺威奇城逃走，凯特紧跟其

图1—3 凯特与使者谈判

① Frederic William Russell, *Kett's Rebellion in Norfolk*, London: Longman, 1856, p. 128.
② Stephen K. Land, *Kett's Rebellion: The Norfolk Rising of 1549*, Ipswich: Boydell Press, 1977, p. 115.

后，意欲接着谈判。使者要凯特亲自去见沃里克谈自己和起义者的大赦问题。但是此时的起义百姓已经无法控制。①

局面失控，使者撤回，双方开始准备战斗。8月24日，起义军关上城门，沃里克把军队开到诺威奇城下，从西面的"铜"城门开始进攻。②所谓的铜门只不过是铜皮薄裹，很容易被攻破，大批王军冲进城去，旋即西面的城门全部洞开，王军和里面的起义军展开巷战。战斗十分激烈，一个半小时后，起义军撤回莫斯德希思山。双方各有死伤，加起来估计有300人。③夜里一行人潜入城内，在一条街道上放火，大火一直烧到天亮。25日，这是诺威奇的黑色星期天，所有的城墙城门都残破不堪，大火肆虐，到处是兵。城外起义者还在徘徊。④上午10点，凯特命令一支队伍向主教城门和康斯福德（conisford）城门发起进攻，攻进城后放火；与此同时城北两座城门也被攻破，起义军控制了城市北部地区，与政府军基本形成南北对峙的局面。凯特在战争中占了上风。⑤在8月25日激战后，沃里克承认城北已被起义者控制，因此他下令拆毁"连接富人区和北部外围地的桥梁"。在军事对抗的最初阶段，似乎城里到处都有起义者的身影。⑥不难看出，沃里克的军队虽然是职业化军队，武器精良、人数较多，但是由于不熟悉地形，在巷战中没有施展空间。而凯特的起义军6个星期以来两次攻克诺威奇，对城市结构和设施都比较熟悉，更主要的是有城市贫民帮助，所以在城市北部地

---

① Frederic William Russell, *Kett's Rebellion in Norfolk*, London: Longman, 1856, p. 129.

② Andy Wood, *The 1549 Rebellions and the Making of Early Modern England*, Cambridge: Cambridge University Press, 2007, p. 67.

③ Stephen K. Land, *Kett's Rebellion: The Norfolk Rising of 1549*, Ipswich: Boydell Press, 1977, pp. 117, 118.

④ S. T. Bindoff, *Ket's Rebellion 1549*, London: Historical Association, 1949, p. 6.

⑤ Stephen K. Land, *Kett's Rebellion: The Norfolk Rising of 1549*, Ipswich: Boydell Press, 1977, pp. 118, 119.

⑥ Andy Wood, "Kett's rebellion", in C. Rawcliffe and R. Wilson (eds.), *Medieval Norwich*, London: Palgrave Macmillan, 2004, p. 297.

区才能与政府军形成对峙。

然而，对峙是短暂的。26 日，1200 人的外国雇佣兵部队到达诺威奇城，政府军一方开始显现优势。8 月 27 日，起义军来到一处平原开阔地达辛代尔（Dussindale），摆开阵势，将贵族绅士俘虏放到前面当盾牌。平原上，沃里克可以发挥骑兵的优势。他命令军队追击，到达达辛代尔平原。沃里克给了起义者最后一次大赦，同样遭到拒绝。于是战斗开始，沃里克的骑兵和外国雇佣兵冲在前阵。沃里克带人马全速冲破起义者的人阵，无视贵族绅士人盾。① 战争异常激烈，起义者射箭如雨点，政府军炮轰，起义军也还击，一阵炮火之后外国雇佣军将起义军冲散。② 很明显这样做可以避免本国人战场上不忍心自相残杀。起义者四散而逃，骑兵在人群中践踏，展开了大屠杀。死亡人数尚没有定论。关于起义最后一战被杀的起义者人数，史学界大概有两种说法，差距较大：第一种说法是估计为 2000—3500 人；③ 第二种观点认为有 1000—2000 人。④ 惠特尔在她的最新研究中认为死亡人数应该在 1000 人左右，⑤ 这个数字值得信服。1000 人死亡，在当代战争史中看来不算多，但是在 16 世纪

---

① Andy Wood, *The 1549 Rebellions and the Making of Early Modern England*, Cambridge：Cambridge University Press, 2007, p. 68；S. T. Bindoff, *Ket's Rebellion 1549*, London：Historical Association, 1949, p. 6.

② Andy Wood, *The 1549 Rebellions and the Making of Early Modern England*, Cambridge：Cambridge University Press, 2007, pp. 68, 69.

③ Julian Cornwall, *Revolt of the Peasantry, 1549*, London：Routledge & K. Paul, 1977, p. 222；Anthony Fletcher, Diarmaid MacCulloch, *Tudor Rebellions*, 4th ed., London：Longman, 1997, p. 71；Barrett L. Beer, *Rebellion and Riot：Popular Disorder in England During the Reign of Edward VI*, Kent：Kent State University Press, 2005, p. 136.

④ 爱德华六世在日记中说 2000 人被杀；伍德发现在一封 1549 年 8 月 31 日给英国使节（ambassador）的信中写有："1000 人被杀。"见：Andy Wood, *The 1549 Rebellions and the Making of Early Modern England*, Cambridge：Cambridge University Press, 2007, p. 69；宾多夫也同样认为 1000 人被杀，见：S. T. Bindoff, *Ket's Rebellion 1549*, London：Historical Association, 1949, p. 6.

⑤ Andy Wood, *The 1549 Rebellions and the Making of Early Modern England*, Cambridge：Cambridge University Press, 2007, p. 69；S. T. Bindoff, *Ket's Rebellion 1549*, London：Historical Association, 1949, p. 6.

中期一个农业社会就相当可观了。它严重影响了诺福克郡东部和北部地区的经济和社会发展。

凯特本人没有死在战场上，而是在战斗开始之前就离开了战场，向西北方向跑了 10 英里，来到了离金斯林不远的一个小渔村。一个干农活的人认出了他，将他抓住，交给了当地的地主。第二天凯特被沃里克的人带走，和他的哥哥威廉一起被送往伦敦，关押在伦敦塔，一直到 11 月 29 日。[①] 伦敦派了一个审判委员会到诺威奇处置大批战犯。有 9 个主要领导人被吊死在"改革橡树"上，[②] 49 人在诺威奇城被绞死，另外一些被关押，到 1550 年 3 月仍有 29 人被关押，5 月，17 名参与起义的萨福克人被赦罪释放。据说之后还有零星的赦免。1549 年 11 月 26 日，罗伯特·凯特、威廉·凯特兄弟在伦敦受审，并被判处死刑押回诺福克执行。12 月 7 日，罗伯特被绞死在诺威奇的城堡上，他哥哥威廉被绞死在怀蒙德汉姆教堂尖塔塔顶。[③]

第三节　起义失败的原因

凯特起义中，一万多人的起义军作战十分勇猛，曾两次攻破诺威奇城，并击退诺桑普顿侯爵带领的王军。然而是什么原因导致起义军在短暂胜利后迅速被镇压呢？就一般战争规律而言，两军力量对比悬殊注定起义军战败。首先，从兵力上，起义军虽然有一万多人，人数上与王军相当，但其中真正能参加战斗的人并不多。起义者来自各行各业，大部分人从事农业和手工业，没有多少人受过正

[①] Stephen K. Land, *Kett's Rebellion: The Norfolk Rising of 1549*, Ipswich: Boydell Press, 1977, pp. 124, 137.

[②] Jane Whittle, "Lords and Tenants in Kett's Rebellion 1549", *Past & Present*, Vol. 207, No. 1 (May 2010), p. 20.

[③] S. T. Bindoff, *Ket's Rebellion 1549*, London: Historical Association, 1949, p. 6.

规的军事训练，更不要说懂得如何使枪弄棒。其次，从后勤保障上，起义军基本上靠缴获，而王军可以调集全国的物资。再次，从装备上，起义军无法和全副武装的王军相比。起义军缴获的武器十分有限，基本上是农具、工具。最后，起义军准备不足。凯特没有充分意识到包括国王贵族在内的整个阶级的反动性，致使起义军心存侥幸，对敌人估计不足，战争准备不充分。除战争规律外，我们不妨关注深层次和全局性的原因，这其中既有起义军自身的原因也有外部的原因。

一 起义军失败的外因

总体上看，凯特起义失败的外部原因主要是王军力量逐渐强大，以及城市市民在政治上转投王军，孤立了起义军。

（一）王军军事力量大大加强，战争形势发生扭转

8月3日，诺桑普顿侯爵战败的消息一经传到伦敦，枢密院立刻召开了一次协商会议。这是1549年夏天英国政府面临最大挑战的时刻，东部凯特占据英国第二大城市、西边有大量的起义者仍在围攻埃克塞特、南方也到了和法国宣战的边缘。为了挽回颓势，枢密院决定立刻召集军队，并由萨默塞特亲自指挥。[①] 从这时开始，战争双方的力量开始发生关键性的扭转。中央政府下达了命令，立刻动员各方，允许地方募集士兵。于是，军队和武器不断募集起来，包括"大量的领主、骑士、乡绅和绅士等""国内国外军队"，"备有大量盔甲、军需、弹丸、火枪、火药和弓箭"[②] 的强大部队逐渐形成。前往镇压凯特起义的士兵主要从威尔士、米德兰和东安格利亚招募。在8月11日突然更换总指挥，由沃里克

---

① Stephen K. Land, *Kett's Rebellion: The Norfolk Rising of 1549*, Ipswich: Boydell Press, 1977, p. 106.

② Frederic William Russell, *Kett's Rebellion in Norfolk*, London: Longman, 1856, p. 121.

担任最高司令。① 关于募集的兵力，爱德华六世在他的日记中写道："沃里克率领6000名步兵和1500名骑兵。"② 不过总兵力远不止这个数字。因为除此之外，还有外国雇佣兵1200人，后来跟上。③ 刚刚镇压完金斯林的威洛比勋爵（Lord Willoughby）带领他的1500人，据说也加入了沃里克的大军。④ 此外，尚有剑桥待命的诺桑普顿余部，有千余士兵和一些绅士，这些人也都在沃里克大军经过剑桥郡时加入。综合上述数字，估计总兵力应该在12000人以上，这和战争亲历者索瑟顿推测的数字相仿。⑤ 此外，第二次王军出征使诺福克当地的绅士、贵族政治力量进一步整合。贵族军事力量加强。起义军击退了王军后，枢密院为了加强力量，以中央政府的名义出面笼络人心。从诺福克到伦敦，贵族绅士们为了维护统治，由分散走向联合，聚集形成了强大的战斗力。自亨利八世废黜诺福克公爵以来，诺福克长期分裂的贵族绅士势力开始联合起来，形成第一次为了"公共福利"的贵族绅士大团结。7月末，与诺桑普顿侯爵同行出征诺威奇的还有伦敦的贵族，和一些东安格利亚的贵族绅士。比如，名气大的东安格利亚贵族有帕斯顿（Paston）、帕克（Parker）、贝丁菲尔德（Bedingfield）、康沃利斯（Cornwallis）和克莱尔（Clere）家族。⑥ 这样一来他们就组成了一支职业化的、装备

---

① Andy Wood, *The 1549 Rebellions and the Making of Early Modern England*, Cambridge: Cambridge University Press, 2007, p. 67.

② Edward VI; Jonathan North, ed. *England's Boy King: the Diary of Edward VI, 1547 – 1553*, Welwyn Garden City: Ravenhall, 2005. p. 34; Edward VI; W. K. Jordan, ed., *the Chronicle and Political Papers of King Edward VI*, New York: Cornell University Press, 1966, p. 15.

③ 8月26日到达诺威奇时，已经是开战的第三天了。S. T. Bindoff, *Ket's Rebellion 1549*, London: Historical Association, 1949, p. 6.

④ Andy Wood, *The 1549 Rebellions and the Making of Early Modern England*, Cambridge: Cambridge University Press, 2007, p. 67.

⑤ Frederic William Russell, *Kett's Rebellion in Norfolk*, London: Longman, 1856, p. 121, Notes 3; 索瑟顿估计有12000人，内维尔估计有14000人。

⑥ Stephen K. Land, *Kett's Rebellion: The Norfolk Rising of 1549*, Ipswich: Boydell Press, 1977, pp. 87, 88, 92.

精良且是贵族军官带领的军队。总之，王军力量得到大大加强，形势发生扭转。

（二）在政治上城市平民与起义军联盟破裂，造成起义军孤立无援

一方面，作为贵族势力的代表，王军以救世主的形象出现在诺威奇城，积极争取平民支持，拉拢市民，瓦解城市穷人和起义者之间的政治联合。例如，诺桑普顿侯爵取得城市管辖权后对百姓说：大部分良民仍然有信念，因为他们没有盲目从众加入针对国王的造反中。感谢人民欢迎他的军队进城。诺桑普顿侯爵说了些收买人心的话，还许诺会保护好市民们。[①]另一方面，诺威奇城各阶层人民逐渐倒向贵族绅士一方，使得城市平民与乡村平民两个阵营出现裂痕。莫斯德希思山上的起义者在政治上被孤立，战争上的失败只是时间问题。造成这种局面的原因是起义军对诺威奇城造成了破坏，动摇了城市平民和外来起义者之间的联盟。早在第一次攻下诺威奇城时起义军就开始失去一些民心。7月22日早晨，当战斗打响的那一刻，此前所保持的平衡也被打破了，起义者注定要以暴力的方式对待城市，在城市范围内很可能形成了一股跨阶级的凝聚力，市民纷纷开始拿起武器自保，当城市东部炮声不断时，另一边市民们高呼"拿起武器！拿起武器来！市民们，敌人（凯特的人）已经进到城里了"。"如果你是男人就拿起武器！"而起义军的进攻使市民们更团结，因为起义军经过激战进入城市后立刻宣布市民是"叛徒"。[②]起义军把市长等主要官员抓到营地去。[③]在这座被攻占的城市里，市民和进攻者关系紧张，一方面市民四处躲藏，而另一方面起义军有可能威胁到了市民的财产。这一点我们可以通过下面这件

---

① Frederic William Russell, *Kett's Rebellion in Norfolk*, London: Longman, 1856, p. 92.
② Frederic William Russell, *Kett's Rebellion in Norfolk*, London: Longman, 1856, p. 81.
③ Andy Wood, *The 1549 Rebellions and the Making of Early Modern England*, Cambridge: Cambridge University Press, 2007, p. 65.

事有所了解。被抓的老议员奥尔德里奇劝凯特放了市长,高声说道:"你不感到羞耻吗?把一位市长关在监狱里……他是国王陛下最忠诚的官员。"他接着说,"你的人已经耗光了全城的物资","直到您的人喝干无辜百姓的最后一滴血吗"?科德因为自己的犯人身份害怕回到城里被"暴民"打死,不愿离开监狱。① 第二次攻克诺威奇时市民和起义军之间的关系更加糟糕。索瑟顿留下了大量关于起义者破坏城市的记录,可以通过罗素和兰德的作品②了解到,起义者在多条街道和多座城门放火,他们还抢劫了一些人家,城市陷入极端混乱之中。"起义军攻进城后,大量人民逃离诺威奇城。'四散而逃,抛家舍业,嘈杂纷乱,哭嚎漫天,'起义军进城后,对富人进行了抢劫、放火烧了他们的家。"③ 另外,一位当时亲身经历者在一份佚名的作品中如是说:"城里乱极了……凯特派来报信的人挨家挨户通知,强迫各家给他们烤面包,酿酒,给他们营地干所有的活。如果不干就被抓到营地关起来,吊死在改革橡树上。"又补充了自己所目睹的市民们祈祷时的情景:"高举双手,仰望上苍,泣声祈祷,求上天给些怜悯……当时没有希望了。"④ 笔者身份不得而知,但是亲历者的叙述可相互印证,有理由相信起义军攻下城市后至少对城市造成了破坏,也一定伤害了一部分城市市民。这无疑使起义军失去了民心,而王军得到了民心。事实证明,起义军在短暂的巷战对峙后,就开始撤退。⑤

---

① Frederic William Russell, *Kett's Rebellion in Norfolk*, London: Longman, 1856, pp. 84 – 85.
② Stephen K. Land, *Kett's Rebellion: The Norfolk Rising of 1549*, Ipswich: Boydell Press, 1977, pp. 97 – 99; Frederic William Russell, *Kett's Rebellion in Norfolk*, London: Longman, 1856, pp. 103 – 106.
③ Frederic William Russell, *Kett's Rebellion in Norfolk*, London: Longman, 1856, p. 104.
④ Anon, *History of Kett's Rebellion*, 25 – 26. 转引自: Andy Wood, *The 1549 Rebellions and the Making of Early Modern England*, Cambridge: Cambridge University Press, 2007, pp. 66, 67.
⑤ Stephen K. Land, *Kett's Rebellion: The Norfolk Rising of 1549*, Ipswich: Boydell Press, 1977, pp. 121 – 122.

总之，起义后期王军集中兵力，整合了分散的贵族绅士势力。起义爆发时，国外面临战争，国内多地爆发起义，中央政府固然顾此失彼，但作为一个封建王朝来说还没有完全丧失镇压局部起义的能力。王军一旦可以抽出时间集中兵力就可以逐一击退起义集团，消灭凯特的起义军也易如反掌。另外，城市两次遭到兵燹，市民逐渐产生厌战的情绪，起义军也因此失去了城市的政治后盾。由此造成城市平民和农民起义者阵营的破裂，使起义者在政治上变得孤立，起义军注定走向失败。正如恩格斯在《德国农民战争》中所言："12世纪已经可以见到后来的市民反对派和农民平民反对派两大派对立的先兆。这两大派的对立后来使农民战争归于失败。这一对立还继续存在到整个中世纪末期以后。"[①]

二 起义军失败的内因

其内因主要是起义军力量逐渐减弱，这体现在以下几个方面：

（一）起义军没有形成真正统一的领导核心，行动不统一，注定难成气候

没有资料显示凯特起义军中发生了严重的内讧，相互残杀。但是和许多中国古代的农民起义一样，这次起义有各个阶层人民参加，个体生产者的经济地位决定其组织性、纪律性不可能是严密的，其分散性、狭隘性是无法克服的，私利之见，不顾全大局的现象也不可避免。此外，凯特起义军中很可能出现小派系，从而使起义军失去统一领导，陷入不能配合呼应、独自为战的困境。在王军到来后，凯特逐渐失去对起义军的绝对控制。我们通过一些现象可以看出这一点。

首先，行动不统一。诺桑普顿侯爵要进城，就没有必要先放王

[①] ［德］马克思、恩格斯：《马克思恩格斯全集》第七卷，人民出版社1959年版，第401—402页。

军进城再攻城，凯特可以将其拒之门外，1500人的王军很难攻占由上万名起义者防御的城市。起义军发动对王军的夜袭，在不熟悉环境、装备差的情况下行动，结果死伤严重，似乎没有经过周密的计划和部署，且分明是一小撮人的行动。

其次，对待俘虏的方式不一致。起义者战斗后抓到一个意大利雇佣兵军官，将他吊死在山上的一棵橡树上，这是第一个被处死的意大利人。用索瑟顿的话说是"脱下他的甲胄……虐尸"。① 这一点倒是可以说明起义者中个别人也许对外国雇佣兵非常痛恨，很可能是自作主张杀死军官。此外，有一个起义者杀死了一位贵族。② 有人杀了贵族，使更多的起义者"勇跃上战场"。③ 这说明有些起义者开始采取从肉体上消灭贵族的行动。凯特对待这些贵族、绅士和官员的方式一般是关押，把他们作为人质，并非杀死。因此，处死贵族的行为很可能没有得到凯特的认可。

再次，起义军出现派系。7月31日国王的使者前去找起义首领，却只见了一个来自萨福克郡名叫约翰·弗洛特曼（Flotman）的人，他在起义军中担任什么职务不得而知。使者宣布大赦，被弗洛特曼拒绝。使者在凯特不在场的情况下与起义军谈判，甚至直接引发战争。④ 这说明很可能在莫斯德希思山的起义军中出现了派系，他们各自为政。凯特似乎已经不再能够代表起义军。这是一个重要信号，没有凯特的许可各自为政，起义军无法协调。凯特能否控制局势是个未知数。

最后，凯特在起义军中的领导地位名存实亡。通过8月24日

---

① Frederic William Russell, *Kett's Rebellion in Norfolk*, London: Longman, 1856, p. 91.
② Andy Wood, "Kett's rebellion", in C. Rawcliffe and R. Wilson (eds.), *Medieval Norwich*, London: Palgrave Macmillan, 2004, pp. 287–289.
③ Frederic William Russell, *Kett's Rebellion in Norfolk*, London: Longman, 1856, p. 98.
④ Stephen K. Land, *Kett's Rebellion: The Norfolk Rising of 1549*, Ipswich: Boydell Press, 1977, p. 97.

使者两次宣读大赦通告和两个意外事件的发生，我们可以看出凯特实际上已经没有能力控制起义军了，凯特已经不再能代表起义军的绝大部分成员了。因为，第一，使者到来时，第一次宣读大赦公告，是在没有凯特在场的前提下宣读，表示凯特的领导地位已经不是公认的了。第二，第二次宣读大赦公告时，凯特给使者换了地方，暗示两地人群成分不同，或许凯特选择支持自己的人群去谈。第三，当凯特要跟使者前去谈判时，与起义军发生了严重的意见分歧。几个骑马的人见凯特要走大声问道："凯特去哪？去哪？""无论你去哪我们都跟你去，不管生死。"[①] 这话在当时相当于要求凯特不要背叛起义军，实际上是在阻止凯特投降。此外，凯特早在达辛代尔开战之前就只身逃离了战场，也说明了起义军内部出现了极大的问题。

总之，通过以上几点可以看出，起义军正在向无序化方向发展。种种迹象表明，起义阵营出现了裂痕。凯特有投降的意图，但起义军中大部分人要与王军决一死战。起义军出现了派系，极大削弱了组织统一行动的能力。纪律松散势必造成起义军和市民的关系进一步恶化。起义军在对外的政治上更加孤立，因此其力量必然大大逊色于王军。

（二）起义军扩大根据地的战略失败，断送了起义的前途

如果力量相对弱的起义军采取强攻固守的战略战术，往往很容易给强大的敌人留下喘息的时间，使自己被动挨打。凯特完全明白这个道理。自从扎营莫斯德希思山三个星期以来，打败诺桑普顿侯爵，拒绝了中央政府的两次大赦，凯特很可能意识到，尽管他宣称自己是国王在地方上推行改革、"消灭地方腐败"的代表，但政府根本不承认。[②] 7月21日凯特和起义军等来了国王的使节约克

[①] Frederic William Russell, *Kett's Rebellion in Norfolk*, London: Longman, 1856, p.130.
[②] Stephen K. Land, *Kett's Rebellion: The Norfolk Rising of 1549*, Ipswich: Boydell Press, 1977, p.100.

（York Herald）宣布他们是"造反"，接着就是王军镇压，这十分清晰地表明了中央政府对待起义的态度。国王会派来更强大的军队，直到起义军妥协或被镇压。此外，诺威奇城的防御设施很不完善，加之两次攻城造成城墙城门损毁严重，一旦王军来剿，势必有城难守，最后只能被镇压。因此，"输出革命"扩大根基是十分必要的。当时应积极营建据点，在下一次王军到来时可以伺机转移，保存实力。

凯特同诺福克郡各种抗议团体保持着联系。① 7月末，在赖辛堡（Castle Rising）当地人建起了一个抗议营地而后攻打金斯林（King's Lynn）这座诺福克西部最大的城镇。因为当地乡绅防御准备较为充分，而未能得手。起义者向东南方向迁徙25英里，途中经过塞特福德（Thetford）的小乌斯河（Little Ouse）险些遭遇诺桑普顿侯爵的军队，之后到达萨福克边界沃顿（Watton），在那里建立控制区，而后向东迁徙直到加入凯特的大营，此时诺桑普顿侯爵的军队刚刚撤走。这样的行动说明，很可能赖辛堡的起义队伍与凯特的起义军之间有战略上的协调的关系，似乎是在支援凯特保卫诺威奇城。② 7月末在诺威奇城和沃顿之间的欣厄姆（Hingham）有起义军建起了营地，似乎是在配合凯特的起义，也同样被当地的绅士镇压，只能转而加入凯特的队伍。③ 从赖辛堡到沃顿再到欣厄姆，这三地和凯特起义军之间在这一时期到底有多少联系不得而知。今天能看到的资料显示，凯特明确选择了联系距离较近的郡内第二大城——大雅茅斯（Great Yarmouth）。此地是诺威奇城东边的一个港

---

① S. T. Bindoff, *Ket's Rebellion 1549*, London：Historical Association, 1949, p. 4；兰德认为这是一种推测，没有证据说明此时双方有联系，Stephen K. Land, *Kett's Rebellion：The Norfolk Rising of 1549*, Ipswich：Boydell Press, 1977, p. 101.

② Stephen K. Land, *Kett's Rebellion：The Norfolk Rising of 1549*, Ipswich：Boydell Press, 1977, p. 101.

③ Stephen K. Land, *Kett's Rebellion：The Norfolk Rising of 1549*, Ipswich：Boydell Press, 1977, p. 102.

口城，离诺威奇城只有20英里。8月5日，凯特派了100人——由3名大雅茅斯人带领——拿着他的委任状去拿下该城。

委任状

　　我们——罗伯特·凯特和托马斯·奥尔德里奇，国王在莫斯德希思营地的特派员，从我们这里派遣100人前往大雅茅斯，掌控该城，以对抗我们的敌人。
　　我们授权……等人，为这百人准备足够的马匹以备使用。
　　日期为：至尊我王爱德华六世三年八月第五日，国王在莫斯德希思的大营。①

　　在这百人到来之前，诺威奇城争夺战正在进行的时候，大雅茅斯也发生了当地人攻城的战斗，当地绅士已经有所准备并不断请求外援。当凯特的人来攻城时，市民把这座城的防御任务交给了两位驻扎当地的海军军官，他们带领一个海军中队，采取了有效的防御措施。凯特的人8月中旬发动进攻，但只是破坏了港口的一些设施，并没有取得多大成效，还被缴获了6支枪，30名起义者被俘虏。这样，攻打大雅茅斯也没有成功，其余的人都回到了莫斯德希思大营。②

　　总而言之，凯特试图与其他起义集团联合，并扩大在东西两线的控制权、增加据点的战略计划彻底失败了。这断送了起义事业的前途，后果十分严重。失去了战略纵深的起义军也同时失去了与国王谈判的大部分筹码，留给起义军的路只有两条：或死守莫斯德希思营地负隅顽抗乞求王军大赦，或战斗到最后一兵一卒。

---

① Frederic William Russell, *Kett's Rebellion in Norfolk*, London：Longman，1856，p. 107.
② S. T. Bindoff, *Ket's Rebellion 1549*, London：Historical Association，1949，p. 6.

(三) 起义军选择了不利的地理位置，加速了起义的失败

起义军能够在很短时间内被彻底剿灭，主要是因为起义军贸然放弃了有利于自己防御的莫斯德希思高地，而选择了对自己不利的地理位置与王军决战，从而加速走向崩溃。

首先，起义军撤离莫斯德希思高地显得仓促。8月26日夜，起义军在莫斯德希思山上烧帐篷，这样做是表明破釜沉舟的决心。① 本书认为起义军完全可以在莫斯德希思营地坚守数日。第一，从地理位置上看，莫斯德希思营地战略上属高地，再加上树林茂密，易守难攻。第二，起义军军需固然短缺，但仍不至于需要立刻转移。爱德华六世在日记中写道："造反者因缺少肉，陷入困乏。"② 很可能是沃里克当时切断了起义军从其他地区补给粮食的线路。但是，8月26日起义军和王军在诺威奇城还呈现对峙的态势。即便是当天外国雇佣兵到来增加了王军控制城市的兵力，使起义军无法再得到城市的补给，断粮的日子也要从26日算起。所以可以基本断定起义军离开莫斯德希思山不是因为迫切需要补给。

其次，起义军选择了达辛代尔作为决战地，是战略上的致命错误。此举给王军制造了剿灭起义军的好机会。8月26日夜，起义军烧营地，沃里克在得知起义军动向后，由于夜间不宜战斗，直到第二天早晨才追击起义军。③ 然而，经过一夜的转移，起义军并没有跑多远，而是来到很近的达辛代尔平原布阵与王军决一死战。此地四周开阔不利于防守，反倒是适合正规军展开阵地战，也能使骑兵发挥优势。起义军来到这里很可能是受当时迷信

---

① Stephen K. Land, *Kett's Rebellion: The Norfolk Rising of 1549*, Ipswich: Boydell Press, 1977, pp. 121–122.

② W. K. Jordan ed., *The Chronicle and Political Papers of King Edward VI*, New York: Cornell University Press, 1966, p. 16.

③ Stephen K. Land, *Kett's Rebellion: The Norfolk Rising of 1549*, Ipswich: Boydell Press, 1977, pp. 121–122.

的影响。16世纪的英国虽然经历了反迷信的斗争，但是民间普遍迷信。据说当时流传着一条内容含糊的预言："……人群如云，达辛代尔谷地很快将堆满尸体……"[1] 大致内容是说在达辛代尔将有大批人被杀死。起义者乐观地认为预言中所指被杀死的是王军，而不是代表着正义的起义军。[2] 结果起义军惨败。综合以上两个方面来看，起义军在关键时刻放弃了不该放弃的战略位置，又选择了不该选择的决战位置，失去了地利，从而加速了起义的失败。

总之，凯特起义的失败是内外两方面原因造成的。

小　结

本章以叙论相结合的方式，运用矛盾斗争分析法讨论了起义全过程。

从凯特起义的过程来看，起义前无充分准备，是圈地骚乱的意外引发地方起义。圈地骚乱暴露了乡村社会尖锐的矛盾，这种矛盾实际上为起义创造了条件。因地方的个人恩怨，凯特仓促加入并领导了起义，但这又不是完全属于个人恩怨，它暴露了代表外来新贵族势力的弗劳尔迪和代表本地富裕自耕农之间的社会矛盾和竞争关系。起义并没有直接针对国王，说明这是一场地方性的起义，但最后却发展成了一场影响全郡乃至全国的起义。城市平民在凯特的号召下和起义军联盟，使城市统治者不敢轻易镇压，只能采取妥协的政策自保，这种绥靖政策使得城市和起义军之间形成了短暂的平衡对峙关系。在很大程度上中央政府对起义军的态度决定了起义的命运。当中央政府不接受起义军的请愿时，城市和起义军之间的脆弱

---

[1] Blomefield, III, 254, 转引自: Stephen K. Land, *Kett's Rebellion: The Norfolk Rising of 1549*, Ipswich: Boydell Press, 1977, p. 121.

[2] Timothy Slonosky, *The Religious Allegiances of Sixteenth – Century Peasant Rebels*, MA Thesis Simon Fraser University, 2005, pp. 36 – 37.

平衡就被打破了，战争不可避免。起义军没有接受三次大赦表现出他们斗争的不妥协性，但是值得注意的是，这种不妥协并不代表凯特的意图。在后期由于不同利益团体的革命诉求差异较大，起义者内部出现派系分歧致使行动不统一，起义者纪律涣散，城乡联盟也解体，最终无法抵抗王军。起义军输出革命的战略流产，后期又错误地选择了不利地形决战，最终难逃被镇压的厄运。再进一步，凯特起义是理想主义和现实的错位，凯特虽有较高的期望，但却误解了统治阶层的政策和将会采取的行动，导致起义失败。从失败的原因来看，是城市—农村联盟的破裂导致起义迅速失败。凯特起义是由农村开始在城市开展的，起义内容表现出鲜明的城市因素，说明了起义的城市特点。农民战争史学家倾向于将凯特起义定性为农民起义，然而从起义过程来看，城市平民，尤其是城市贫民在这场起义中有举足轻重的历史作用，在起义的最后阶段甚至直接影响了战争的胜败。凯特起义暴露了诺福克城市乡村普遍存在的社会矛盾。

第 二 章

凯特起义的性质

前面一章以起义中矛盾斗争关系为线索介绍了凯特起义的全部过程，并逐阶段结合历史分析了其演进过程与演进的原因和脉络关系。本章将从凯特起义的动机、凯特政府、起义活动、政治要求、起义军的成分和全国起义情况几个方面进一步讨论凯特起义的性质。

第一节 凯特的身份及其参加起义的动机

一场起义的性质往往和其核心领导人物的社会地位，以及他参加起义的原因息息相关。因此研究和探讨关键人物对于揭示起义性质无疑是至关重要的。凯特起义肇始于一场当时极其常见的小型反对圈地的骚乱，是凯特的加入促使其发展成为一场轰轰烈烈的起义。那么罗伯特·凯特是什么人？是什么原因促使凯特加入起义？学者对这两个问题的答案一直以来存在较大的分歧。本书认为可以从两个层面分析原因：一是大环境，如国家的经济、政治、宗教、社会等外部因素。二是小环境，具体到这场起义的关键历史人物因素。外部因素将放入第三章详细分析，本章重点讨论凯特的身份和他参加起义的原因。

一 凯特的身份和地位

关于凯特的身份一直没有统一的说法。首先，多年以来在中国学术界关于凯特身份的说法大致有两种，即"小地主"和"小贵族"，其余的说法较为少见，如说他是"贫农"和"流浪汉"，或甚至不加说明的。[1] 国内学术界最早认定凯特身份的人是王荣堂，他认为凯特是"小地主"[2]，之后，很可能是在苏联《世界通史》的影响下，通史类图书中都将凯特定为"小贵族"[3]。其次，英国学术界对凯特身份的认识前后有变化。大概受到古代资料和著作的影响，早期的历史著作都将凯特兄弟定为"皮匠和屠夫"[4]，在20世纪初的凯特起义历史著作中可以看出学者认识上的变化。克莱顿的《罗伯特·凯特与诺福克郡起义》[5] 为"皮匠和屠夫"这种传统简单的说法附加了一些解释和分析，但未给出明确的身份认定。之后学界基本上沿用他的分析方法，即认为凯特是拥有一定土地的富裕自耕农。[6]

本书认为凯特兄弟是拥有工场和土地的富裕自耕农。因为一方面，凯特较为富有，财产和经营规模已经达到乡绅的标准，可以说

---

[1] "流浪汉"之说见于陈增爵、沈宪旦等编《新版世界五千年》，少年儿童出版社2004年版，第400页；另一种避而不谈凯特身份，只是说他有土地，见蒋孟引的论文《英国资产阶级革命前农民反对圈地的斗争》(《蒋孟引文集》，南京大学出版社1995年版，第171—178页)。

[2] 王荣堂：《1549年英国凯特起义的背景与具体情况如何?》，《历史教学》1962年第3期，第55页。

[3] 见［苏联］M. M. 斯米林（主编）《世界通史》第四卷上册，生活·读书·新知三联书店1962年版，第442页；周一良、吴于廑：《世界通史（中部部分）》，分册主编：朱寰，人民出版社1972年版，第411页；刘明翰：《世界史（中世纪史）》，人民出版社1986年版，第519页。

[4] Frederic William Russell, *Kett's Rebellion in Norfolk*, London: Longman, 1856, p. 30.

[5] Joseph Clayton, *Robert Kett and the Norfolk Rising*, London: M. Secker, 1912, pp. 52 – 53.

[6] Louisa Marion Kett & George Kett, *The Ketts of Norfolk, a Yeoman Family*, London: Mitchell Hughes and Clarke, 1921, p. 56; Stephen K. Land, *Kett's Rebellion: The Norfolk Rising of 1549*, Ipswich: Boydell Press, 1977, p. 23.

十分接近乡绅阶层。另一方面，从社会地位上看，他无法突破封建社会等级制度下自耕农的阶级界限。

（一）经济上，凯特十分富有

凯特家族历史悠久、根基深厚。他们的家族在怀蒙德汉姆地区有悠久的历史，积累了相当可观的财富，并且建立了稳固的家业。据家谱记载，凯特家族自12世纪以来一直居住在怀蒙德汉姆，[1] 经几个世纪的发展逐渐成为当地最大的家族，具有举足轻重的地位。从12世纪开始，凯特家族就和当地宗教界建立了密切关系。[2] 1200年到1550年正是凯特家族上升的时期，到罗伯特·凯特时家庭发展到鼎盛，如果没有起义的影响，凯特家族应该更加兴旺。[3] 凯特兄弟在起义前属于上层富裕自耕农，有雄厚的家业。兄弟二人的父亲方赛特（Forncett）的托马斯·凯特拥有数量可观的土地，在当地非常富有，家业由次子威廉·凯特继承。[4] 第四子罗伯特·凯特虽没有继承家产但是经过努力也积累了规模不小的家业，根据当时著名的历史学家约翰·斯托（John Stow）和查尔斯·赖奥思利（Charles Wriothesley）估计，罗伯特·凯特家的土地产值每年达50英镑，1550年将家产转交给托马斯·奥德利（Audley）时价值为40马克，[5] 而根据冈维尔（Gunville）庄园主的审查，罗伯特·凯

---

[1] Kett, 曾出现 Kell, Ket, Cat, Chat, Knight 等写法, 来自丹麦语 Vekell, 意思是一种用来祭祀的圣杯, 其历史可以追溯到北欧人进入英国时期, 凯特家族来到诺福克郡生活大概在威廉一世. Frederic William Russell, *Kett's Rebellion in Norfolk*, London: Longman, 1856, p. 174; Louisa Marion Kett & George Kett, *The Ketts of Norfolk, a Yeoman Family*, London: Mitchell Hughes and Clarke, 1921, p. iii.

[2] Stephen K. Land, *Kett's Rebellion: The Norfolk Rising of 1549*, Ipswich: Boydell Press, 1977, p. 23.

[3] Louisa Marion Kett & George Kett, *The Ketts of Norfolk, a Yeoman Family*, London: Mitchell Hughes and Clarke, 1921, p. iii.

[4] Louisa Marion Kett & George Kett, *The Ketts of Norfolk, a Yeoman Family*, London: Mitchell Hughes and Clarke, 1921, p. 57.

[5] 1马克相当于26磅13先令4便士。Julian Cornwall, *Revolt of the Peasantry, 1549*, London: Routledge & K. Paul, 1977, p. 139.

特的主要收入每年为18英镑1先令,而他在怀蒙德汉姆庄园的地产价值4英镑,他在怀蒙德汉姆还有一处房产、一座花园、一个果园和几小块零散土地。① 这一数值如果用1545年实物产值换算大概是160英镑。学者普遍认同的说法是罗伯特·凯特每年在土地上的收入是50英镑,个人总资产累计达666英镑13先令4便士。② 可见他十分富有。

通过一些凯特在1530—1548年买卖进出的土地记录账单,可以看出他富有的程度,并且,他的家产不断增加。

> 1530年8月16日,威廉·史密斯转让给罗伯特·凯特名为"康蒂围子"的土地,16英亩,位于修道院北侧,凯特付出12便士。
>
> 1531年3月12日,……14英亩交付罗伯特·凯特和其子威廉。
>
> 1532年5月1日,1.5路德(1路德约等于1/4英亩)土地、佃户……农舍,一座……房屋,一英亩带农舍的土地,交付罗伯特·凯特使用。
>
> 1532年5月1日,……1路德土地……
>
> 1534年5月3日,……4英亩……
>
> 1534年8月,……4英亩持有权……
>
> 1535年5月1日,……3英亩,萨顿2英亩,蒂弗尤草甸3英亩。
>
> 1537年,罗伯特及其支持者支付给教堂戏班10便士6先令。

---

① Barrett L. Beer, *Rebellion and Riot*: *Popular Disorder in England During the Reign of Edward VI*, Kent: Kent State University Press, 2005, p. 86.

② Julian Cornwall, *Revolt of the Peasantry*, *1549*, London: Routledge & K. Paul, 1977, p. 139.

1535年9月21日，约翰·迈森及妻子琼（约翰·波特的遗孀）交出家宅和泰格纳的半英亩佃户土地、盖茨的半英亩的土地给罗伯特·凯特夫妇支配。1510—1511年两块地曾作为嫁妆交给约翰·波特。

　　1536年10月28日，……17英亩牧场……

　　1548年8月29日，罗伯特转让给他的哥哥威廉·凯特20英亩土地。①

因此可以确定罗伯特十分富有，依据当时财富的标准足以认定他为"小乡绅"（gentry）了，加上他精打细算、小心投资，可以过上十分舒适的生活。

（二）政治上，凯特有一定的社会地位，但仍属自耕农阶层

在早期的文献中，罗伯特·凯特和威廉·凯特兄弟分别被称为"皮匠"和"屠夫"，其实他们的真实身份是有大量土地的富裕自耕农。在森严的封建等级制度里他们的社会身份是自耕农，无法改变。罗伯特·凯特主要有沃里克②的三个庄园的土地，还有冈维尔（Gunville）的庄园。起义被镇压后，1550年8月1日的一份抄家报告显示，凯特兄弟的"各种土地"，包括"持有的租户公簿"（tenements copyhold）土地全被国王没收，其孩子们的财产也受到了不小的影响，③凯特家因起义而失去了佃户的身份。因此，从封建法律制度角度来看，凯特属于自耕农阶层。根据 A. H. 史密斯的统计，1580年时全郡有424名绅士，其中300名只是有"绅士"头衔。凯特不能参加"治安委员会"（commission of the peace），他属

---

　① Louisa Marion Kett & George Kett, *The Ketts of Norfolk, a Yeoman Family*, London: Mitchell Hughes and Clarke, 1921, pp. 53 – 54.

　② John de Lisle, Earl of Warwick.

　③ Louisa Marion Kett & George Kett, *The Ketts of Norfolk, a Yeoman Family*, London: Mitchell Hughes and Clarke, 1921, p. 57.

于数量众多的富有约曼自耕农（yeoman freeholders）①阶层，他没有贵族身份，连乡绅的身份也没有，不能参与郡内的政治。

凯特兄弟之所以被误解成手工业者，是因为罗伯特有镇上的制皮业经营权，而威廉有屠宰业的经营权。据说威廉名下有些肉店，做着屠宰生意，他还经营畜牧业为屠夫提供牲口。②凯特家族住在怀蒙德汉姆已有几百年之久，一定人丁兴旺，当地姓凯特的人很多，人们用他们从事的行业来称呼他们，是为了便于区别。因此，这种行业称呼不代表他们的真实身份。一方面，从封建等级制度看，凯特兄弟是拥有一定手工业经营权的富裕农民。难怪比尔说，作为皮匠和农民，他们不能"没有丝毫手艺活就过着清闲日子"，也不能"摆绅士的谱，装绅士的口气和表情"，还要和农夫、工人、手艺人一起生活和劳动，他们"在都铎'公共福利'秩序"下都没声音和权利。③然而，从另一方面来看，作为手工业主和农场主，其财产比普通人多，地位也高于一般劳动人民。同时他们追求利益最大化，具有一定资本主义工场主的封建手工业主性质。

此外，凯特家族在社会中具有一定的威望和地位。例如，罗伯特·凯特的大哥1510年是当地主要宗教组织圣托马斯协会的成员。罗伯特还娶了一个乡绅的女儿爱丽斯（Alice），④而且，他在镇上曾带领人们和弗劳尔迪斗争。凯特具有领导起义的条件，这在都铎时代似乎比较常见。凯特属于社会中间阶层使他能够成为平民阶层的领导，许多都铎时代的起义者都属于这个阶级。"1497年，康沃

---

① A. H. Smith, *County and Court*: *Government and politics in Norfolk*, *1558 – 1603*, London: 1974, pp. 53 – 53, 转引自: Barrett L. Beer, *Rebellion and Riot*: *Popular Disorder in England during the Reign of Edward VI*, Kent: Kent State University Press, 2005, p. 84.

② Joseph Clayton, *Robert Kett and the Norfolk Rising*, London: M. Secker, 1912, pp. 52 – 53.

③ Barrett L. Beer, *Rebellion and Riot*: *Popular Disorder in England during the Reign of Edward VI*, Kent: Kent State University Press, 2005, pp. 84 – 85.

④ Louisa Marion Kett & George Kett, *The Ketts of Norfolk*, *a Yeoman Family*, London: Mitchell Hughes and Clarke, 1921, p. 57.

尔起义者的领导迈克尔·约瑟夫（Michael Joseph）是铁匠，1536年，林肯郡活跃一时的起义领导者尼古拉斯·梅尔顿（Nicholas Melton）被称为'修鞋匠队长'，是劳斯（Louth）的鞋匠。"[1]

总之，凯特属于富有的自耕农阶层，且是具有资本主义萌芽性质的工场主和封建地主性质的富裕自耕农。在阶级上他更靠近平民，在经济上他更接近绅士地主。但这种自耕农的富有是较平民而言的，仍不能与绅士相比，如果凯特太富有，就无法体会到穷人的失业和疾苦了。因此，他的社会地位为其提供了领导穷人对抗贵族绅士的基本条件。

二 凯特参加起义的动机

凯特作为一个圈地的土地拥有者，为什么会反过来加入反对圈地的起义呢？由于记载很少，凯特当时出于什么样的目的和初衷参加了这场起义，今天的人们不得而知。但是以凯特当时的条件冒死带头起义，有悖常理。首先，老年人一般不会领导起义。根据比尔的说法，"1549年凯特已经57岁了，而16世纪人的寿命很短，从中年开始就要忍受慢性病的折磨，诸如牙痛、肾结石和痛风"。[2] 其次，作为一家之长，儿孙满堂的人一般不会起义。这个年纪的家长做事应该十分稳重了。以他的阅历他完全清楚起义的后果，冒着被绞死的风险，置财产和全家老小性命于不顾发动一场起义，似乎对家庭不负责任。再次，他的生活十分富裕，在社会中有地位；而且"他和一般的地主一样"[3] 为了家族的利益和发展圈占土地，并且在当地的竞争中已经取得不小优势，算是精英阶层了，且仍有上升

---

[1] Barrett L. Beer, *Rebellion and Riot: Popular Disorder in England during the Reign of Edward VI*, Kent: Kent State University Press, 2005, pp. 84–85.

[2] Barrett L. Beer, *Rebellion and Riot: Popular Disorder in England during the Reign of Edward VI*, Kent: Kent State University Press, 2005. pp. 83, 87.

[3] Joseph Clayton, *Robert Kett and the Norfolk Rising*, London: M. Secker, 1912, p. 54.

的趋势。最后，他不可能从这场冒死的事业之中获得任何利益，没有人向他许诺在他起义成功后会升官发财。此外，凯特"没什么文化"，自然不会受到太多"公共利益主义和基督教激进主义和社会批评主义思想"的影响。也没有证据显示凯特是个易怒、爱闹事的人；同样也没有证据显示他有成为贵族的野心。① 相反，凯特家族的后人在家谱中这样写道："他们属于一个家教好、遵纪守法的良民家族，从不怨天尤人，而是隐忍，他们捐款建的修道院被解散了，他也忍了。"② 总之，凯特起义是出乎意料的。

正因如此，关于凯特加入起义的动机的讨论历来很多，归纳起来大概有几种说法，无外乎"宗教说""地方矛盾说""公共利益说"三种。还有几种猜测，比如，"感动说"，比尔（Beer）认为当时"愤怒却没有目标方向"的骚乱人群需要凯特的号召力，而内维尔认为这种情绪上的影响是骚乱人群和凯特之间相互作用的；③再如，"酒劲说"，愤怒的起义者攻击弗劳尔迪的圈地"很可能是借着啤酒的劲"，而凯特也加入进来要领导他们很可能是喝了"更多的啤酒"，大卫·洛德斯（David Loades）甚至说他们喝的是雪利酒，骚乱的人飘飘然之时形成了一种激动的保护公共福利的情怀。④这些猜测没有实在的证据，因此无法被证实。

本书认为罗伯特·凯特参与这场起义是四种原因综合作用的结果。

第一，家族矛盾是凯特参加起义的最直接原因。亨利八世时期

---

① Barrett L. Beer, *Rebellion and Riot: Popular Disorder in England during the Reign of Edward VI*, Kent: Kent State University Press, 2005, p. 84.

② Louisa Marion Kett & George Kett, *The Ketts of Norfolk, a Yeoman Family*, London: Mitchell Hughes and Clarke, 1921, p. 57.

③ Jim Holstun, "Utopia Pre-Empted: Kett's Rebellion, Commoning, and the Hysterical Sublime", *Historical Materialism*, Vol. 16, No. 3, 2008, p. 9.

④ D. M. Loades, *The Mid-Tudor Crisis, 1545–1565*, New York: St. Martin's Press, 1992, pp. 122–123.

怀蒙德汉姆镇修道院被解散,按计划1539年修道院的厅堂屋舍也要拆除。然而教产的处置引发了一场家族恩怨。律师出身的约翰·弗劳尔迪(John Flowerdew)被皇家任命为当地处置教产的代理人。镇上的人因修道院解散后的教产处置方式与约翰产生分歧。[①] 约翰作为新搬来的绅士,利用法律优势,把侵占教产的行为合法化。正是这件事使怀蒙德汉姆当地人痛恨律师之类的新绅士,这一点在请愿书中有所表述。镇上带头反对弗劳尔迪的主要人物是罗伯特·凯特和威廉·凯特兄弟,于是弗劳尔迪和凯特两家结下了仇恨。[②] 当起义人群来找凯特时,他得知是弗劳尔迪怂恿群众,凯特希望维护在当地的领导地位,想在力挽狂澜的同时给弗劳尔迪以反击,必然答应起义者的要求,甚至提出参与群众运动,进而主动要求担当领导。凯特家族在1539年解散修道院时已经确立了领导地位,与广大人民群众紧密联系在一起了。因此,凯特与弗劳尔迪之间的家族仇恨是导致事态发生巨大变化的原因。假如没有这样的家族矛盾,弗劳尔迪就不会怂恿人们去拆凯特家的篱笆,凯特也许就没有机会领导这场起义了。

第二,出于对穷人疾苦的同情和诉求正义的初衷。罗素和克莱顿在他们的著作中将凯特视为这场事业的一位伟大领袖。克莱顿把罗伯特想象成一名早期社会主义者。[③] 凯特家族的后人在家史中提及起义原因时评价道:"他对不公平现象充满了鄙视,对受压迫阶级充满了同情,他为了公共福利,为了英国的正义,加入起义。"[④] 凯特同情穷人的不幸,憎恨有权有势的人为富不仁。克莱顿认为在

[①] Stephen K. Land, *Kett's Rebellion: The Norfolk Rising of 1549*, Ipswich: Boydell Press, 1977, pp. 22 – 24.

[②] Julian Cornwall, *Revolt of the Peasantry, 1549*, London: Routledge & K. Paul, 1977, p. 138.

[③] Joseph Clayton, *Robert Kett and the Norfolk Rising*, London: M. Secker, 1912, p. 11.

[④] 这方面讨论参看克莱顿对于凯特的讨论。Joseph Clayton, *Robert Kett and the Norfolk Rising*, London: M. Secker, 1912, pp. 53 – 57.

凯特眼里，这是反对地主统治的圣战，从凯特对骚乱群众的讲话中不难看出，他有革命热情，他"深刻思考了英国的'公共福利'日益恶化的境况，爱德华六世身边有奸佞小人，造成民不聊生。护国公萨默塞特是真心希望调查圈地，因为圈地对农村造成严重破坏，人民希望保障他们自古以来对公共土地的权利"。[1] 所以，他认为最好拿起武器加入无地农民的起义事业，这才是对萨默塞特同情农民的最好报答。凯特看到人们缺少领导和谋略，没有这两点发展和壮大起义是不可能的。因此凯特为了帮助穷人而加入他们的正义事业。

第三，宗教改革伤害了凯特的宗教情感。这源于他与教会间建立的深厚友谊和感情。亨利八世的宗教改革解散了修道院没能使凯特得到任何益处，只增加了凯特对国王和他的统治的不满。凯特是捐资修建和保护修道院的主要发起人和捐款人，解散修道院相当于破坏自己亲手建立的教堂。此外，他和修道院院长关系密切，甚至给自己的儿子取名为洛耶（Loye），为的是纪念最后一任修道院院长，院长的教名是洛耶·费勒斯（Loye Ferrers）。这位院长很可能是罗伯特·凯特早年的启蒙人，是他儿子的教父。凯特还介绍这位教父为许多自己的朋友和邻居担当遗嘱见证人。[2] 这些都说明凯特不愿修道院解散，由此存在对国家不满的情绪，并一直没有发泄的渠道，一旦有机会表达，这种不满就会自然流露出来，最终促使他参加起义。

第四，凯特反感政府的"皮匠法"。爱德华的"皮匠法"影响了凯特的经营收入，使他产生了反政府情绪，在外力的推动下转而走向起义，报复政府。虽没有直接的证据，但有一定的可能

---

[1] Joseph Clayton, *Robert Kett and the Norfolk Rising*, London: M. Secker, 1912, p. 53.
[2] Louisa Marion Kett & George Kett, *The Ketts of Norfolk*, *a Yeoman Family*, London: Mitchell Hughes and Clarke, 1921, p. 57.

性。因为议会通过了一项立法，可直接造成皮匠利益受损。比尔认为《真皮制皮法》要求严查"制皮奸商在熟皮过程中使用欺诈手段"。这条法律还谴责皮子质量差，却"价格飞涨，不合情理，本国平民过去只需八便士可以买到的皮子，如今花十二便士也难买到"。该法案中压制皮价上涨的办法是对出口皮子课三倍的税。法案第二条直接说，"本国从来没有生产过或用过比这更差的皮子"；说皮匠通过"奸诈狡猾花样繁多的手段"缩短生产时间。为了伸张公平正义，授权制皮检查员检查硝皮坑，没收不符标准的生皮。羊皮不应硝制。对于销售非法熟制生皮的、硝制羊皮的人处以6先令8便士的罚款。[①] 相信凯特会因此对议会和中央政府心怀怨愤。

综上所述，无论是因为解散修道院还是因为"皮匠法"，凯特本人对政府有不满情绪，他同情穷人，对富人不仁道的行为深恶痛绝。另外，起义群众缺乏领导人物，没有组织，急需睿智的人出谋划策，给他们提出意见，指引他们。凯特的资历和社会地位使他很容易赢得了起义的领袖地位。凯特自荐领导人们，使这些愤怒的、漫无目标的民众变成了一支有力的起义队伍。[②] 宾多夫评价说："终究汇集了两股力量，引爆了诺福克起义，一是伟大的领导人物的人格力量，一是积蓄在愤怒的农民兄弟身体内和农具上的造反力量。"[③]

[①] Act for the True Tanning of Leather (2 and 3 Edward VI c. 9, 11), Clarkson, L. A., "English Economic Policy in the Sixteenth and Seventeenth Centuries: the Case of the Leather Industry", Bulletin of the Institute of Historical Research, 38 (1965), pp. 149 – 162，转引自：Barrett L. Beer, *Rebellion and Riot: Popular Disorder in England During the Reign of Edward VI*, Kent: Kent State University Press, 2005, p. 87.

[②] Barrett L. Beer, *Rebellion and Riot: Popular Disorder in England during the Reign of Edward VI*, Kent: Kent State University Press, 2005, p. 82.

[③] S. T. Bindoff, *Ket's Rebellion 1549*, London: Historical Association, 1949, p. 4.

第二节 凯特的政府与起义者的活动

上一章介绍了凯特在和平对峙（7月12日到7月21日）时期，在莫斯德希思高地上组建了政府、开设法庭、监督囚禁的绅士、定期提供教堂服务。[①] 凯特不顾后果投身起义事业，不同于一般人之处在于，除了拥有相当多的财富，他还富有政治理想。他深信萨默塞特真的会制止圈地的发展，会对人民负责，[②] 并起草了一份有29条要求的请愿书；为了试验自己的改革，他还建立了自己的"政府"。本节重点分析他的政府设置以及其如何运转、起义营地维持的情况如何。具体说来就是两方面内容：一是凯特组建政府；二是起义军的行动。

一 凯特政府机构的设置

自1549年7月12日凯特的起义军来到莫斯德希思山上，很快就聚集了12000人。如此多的人汇集到这里，如果没有严明的纪律就不可能凝聚力量对抗政府军，因此凯特等人必须成立一个管理机构以便统一行动整合战斗力。起义军在山上找到一棵枝繁叶茂的老橡树，它的树荫很大，凯特把这里当成办公地点，成立了起义总部，这就是著名的"改革橡树"（The Oak of Reformation），凯特的政府每天在此发布命令、听讼、执法。此地戒备森严，除了"总督们"和市长市领导，不许其他人靠近。[③] 关于凯特政府的原始资料十分稀少，除了请愿书和几份授权书之外，几乎没有留下任何直接

[①] Barrett L. Beer, *Rebellion and Riot: Popular Disorder in England during the Reign of Edward VI*, Kent: Kent State University Press, 2005, pp. 93 – 95.

[②] Joseph Clayton, *Robert Kett and the Norfolk Rising*, London: M. Secker, 1912, p. 83.

[③] Frederic William Russell, *Kett's Rebellion in Norfolk*, London: Longman, 1856, p. 61; Joseph Clayton, *Robert Kett and the Norfolk Rising*, London: M. Secker, 1912, p. 84.

线索，然而我们可以通过早期的文献大致了解一些情况。凯特组建了一个起义军政府试图推行改革，其组成和设置有自身的特点。比尔指出凯特的政府并非法国大革命中城市公社式的革命政府[①]，它的合法性是建立在旧政权基础之上的。凯特的革命政府虽然模仿英国政府的架构，但是一些资料显示它有所创新，包括法律、司法和军事机构。[②] 凯特在行事时与诺威奇城的领导阶层有很好的沟通。[③] 除了制定了一份含有29条要求的请愿书，这个政府的主要工作还包括其他两项内容，即制定法律使起义活动合法化、协商并统一对内对外的行动。凯特组建的"政府"十分简单，无法与英国当时的政府相比。从功能上看，主要包括三个部分：一是咨议会（council），二是军事机构，三是宗教机构。这些机构形成了一个小型的官僚体系。

（一）咨议机构

咨议会是凯特政府的核心机关，它具有以下功能：

第一，代表议政功能。这个机关是具有一定现代民主雏形的代表制机关。[④] 凯特创建的这个机构原计划从诺福克33个百户乡中每乡选出两名咨议员（councillors），或叫"总督"（governors）。不过因为只有24个百户乡的代表参加了选举，再加上一个来自西萨福克郡的代表，凯特把自己的名字加到一个百户乡代表的下面，凑够了50人。根据他的法律，50人组成了合法的小政府。这个机构负

[①] Barrett L. Beer, *Rebellion and Riot: Popular Disorder in England during the Reign of Edward VI*, Kent: Kent State University Press, 2005, p. 101.

[②] Stephen K. Land, *Kett's Rebellion: The Norfolk Rising of 1549*, Ipswich: Boydell Press, 1977, p. 58.

[③] Stephen K. Land, *Kett's Rebellion: The Norfolk Rising of 1549*, Ipswich: Boydell Press, 1977, p. 56.

[④] 关于"代表制"和"代议制"的提法，相关内容，参见李剑鸣《美国革命时期民主概念的演变》，《历史研究》2007年第1期，第130—158页。

责起草文件、提供建议；制定政策、法律和规定。① 值得注意的是，这个功能似乎是一个单纯的代表功能，因为没有立法过程的史料，代表们是否有立法权，尚不能确定。在多大程度上这些代表们参与政策制定、参与日常管理都很难说。② 即便是制定了政策，在多大程度上能够得到贯彻实施也是问题。这些代表的文化程度，以及在多大程度上能代表本乡的人民，都没有留下资料。此外，尚有许多内容今天不得而知，比如，选举办法是否已经引入无记名投票、选举代表任期、监察和罢免制度？所以判断凯特的政府在多大程度上具有今天的民主性质是没有意义的，但是我们至少可以看出其已经具有了一些民主代表制的特征。这在一个王权上升的时代是难能可贵的，也反映出了起义者或者是凯特等少数领导人的民主政治追求。

第二，具有法庭功能。凯特成立的这个咨议会还兼有法庭的职能。在代表或者"总督"们的辅助下，凯特主持类似"王座法院"（King's Bench）、"大法官法庭"（Chancery）以及其他各种英国当时的法庭。凯特的政府是否有严格的司法程序和政策，无从考证。这个咨议会法庭方面的功能除了审判还有其他两项，包括：1. 监察，"凯特认为有必要建立管理机构，以便控制起义者的过激行为"。③ 凯特发现有些起义者的行为有损起义军的形象，要更好管理防止他们侵吞战利品，就必须赋予临时政府监察的权力，来约束起义者的行动，一旦出现恣意妄为、抢劫等有损起义队伍形象的行为一定要依法处理。2. 司法，该机构有审判罪犯、执行决议的功能。执行命令的官员被称为"执法委员"。

---

① Stephen K. Land, *Kett's Rebellion: The Norfolk Rising of 1549*, Ipswich: Boydell Press, 1977, pp. 55–56.

② Stephen K. Land, *Kett's Rebellion: The Norfolk Rising of 1549*, Ipswich: Boydell Press, 1977, p. 58.

③ Frederic William Russell, *Kett's Rebellion in Norfolk*, London: Longman, 1856, p. 61.

第三，具有咨议功能。除了 24 个乡的代表组成咨议会以外，凯特还邀请了 3 位德高望重的市民加入他的小型咨议机构，他们其实是诺威奇城的统治精英，包括市长托马斯·科德、市议员托马斯·奥尔德里奇（Thomas Aldrich）（前市长）、罗伯特·沃森（Watson）。凯特的权力在这三人之上，而这三人的地位又在各代表之上。这个组织似乎是一个临时"委员会"，辅助凯特在重大事宜上决策。① 这个机构类似于英国国王的枢密院，是最高决策机构。可以看出，凯特的政府更像在模仿英国当时的政治体制。关于成立一个中央机构的初衷，很可能是在政权的掩护下"以国王特派专员的名义进行改革"，② 以期通过城市现有的权威来建立自己的合法性；同时还可以向这些有政治经验的人学习组建政府和管理政府的经验。关于诺威奇城这些精英是如何加入凯特政府的，索瑟顿说："他们被迫加入凯特的政府，并不是因为他们同意造反、赞成凯特，而是希望限制起义者过激的行为，通过影响达到让他们不进攻城市的目的。"③ 75 岁的奥尔德里奇是位受尊重的人，1525 年时他是诺威奇第二富有的人。他是城市统治精英中年龄最大的人，影响力也最大，他常常在科德和凯特之间斡旋。④ 由此可见他们之间微妙的对立斗争关系。上一章讨论过他们只是为了维持和平。当然，诺威奇的精英以这样的方式保全自己只能招来中央政府的怀疑。事实表明确实如此，爱德华六世认为诺威奇市和造反者串通一气。⑤ 7 月

---

① Stephen K. Land, *Kett's Rebellion: The Norfolk Rising of 1549*, Ipswich: Boydell Press, 1977, p. 58.

② Stephen K. Land, *Kett's Rebellion: The Norfolk Rising of 1549*, Ipswich: Boydell Press, 1977, p. 57.

③ 转引自: Joseph Clayton, *Robert Kett and the Norfolk Rising*, London: M. Secker, 1912, p. 83.

④ Frederic William Russell, *Kett's Rebellion in Norfolk*, London: Longman, 1856, p. 40.

⑤ Edward VI, Jonathan North, ed., *England's Boy King: the Diary of Edward VI, 1547 - 1553*, Welwyn Garden City: Ravenhall, 2005, pp. 31 - 32; Edward VI, W. K. Jordan, ed., *The Chronicle and Political Papers of King Edward VI*, New York: Cornell University Press, 1966, p. 15.

22日下午，凯特把自己的三名咨议员：科德、奥尔德里奇、沃森，和诺威奇一些有地位的市民关押在监狱里作为人质，以防市民同起义者决裂。凯特授命一些旧官员维持自己地盘内的秩序。① 有些同被关押的市议员向奥尔德里奇提议要求凯特释放科德，担心凯特的人在城市里造成更大破坏。维持当地的现有统治是城市上层利益所在。② 很可能因为凯特与诺威奇城市统治阶层关系的恶化造成凯特对起义军"政府"控制力下降，使起义军出现纪律涣散的现象，进而使起义走向失败。总之，这个咨议机构虽然只存在了两三个星期，却具有十分重要的作用。

当然，凯特还有其他助手。比如，一些教会的文人被抓来当秘书，起草文书和记录档案。他们用拉丁文撰写了一些法律条文，包括征集物资的"授权书"。③ 授权书用拉丁文来写目的是增加可信度和郑重程度。④ 因为当时恐怕只有教士会用拉丁文，这样一来可以防止造假。

(二) 军事和宗教

凯特的政府除了代议机关、法庭、咨议机构外，还关注军事和宗教两个方面的事情。

1. 军事上，建立了简单的军事单位。现有资料显示，起义军至少在有组织地训练军队。比如，一位名叫迈尔斯（Myles）的退伍火炮手担当起义军总教导员训练军队，并指挥起义军执行作战任务。⑤ 军事执行机构，即由所有参加起义的人来执行，所有参加起

---

① Frederic William Russell, *Kett's Rebellion in Norfolk*, London: Longman, 1856, p. 61.

② Stephen K. Land, *Kett's Rebellion: The Norfolk Rising of 1549*, Ipswich: Boydell Press, 1977, p. 57.

③ Stephen K. Land, *Kett's Rebellion: The Norfolk Rising of 1549*, Ipswich: Boydell Press, 1977, p. 56.

④ 原文是拉丁文，罗素使用了伍德（Wood）的英文翻译。Frederic William Russell, *Kett's Rebellion in Norfolk*, London: Longman, 1856, p. 47.

⑤ Frederic William Russell, *Kett's Rebellion in Norfolk*, London: Longman, 1856, pp. 36 - 37.

义的人都要参加这个机构,执行军事任务。至于作战、筹集物资,还有在山上维护秩序、看押犯人都属于这方面。前一章讨论过,凯特的起义军的军事素质不能与政府军相比,但是斗志高昂、作战勇猛,索瑟顿有不少这方面的描述。[1] 此外,起义军还有一定的军事安全纪律。比如,教士马修·帕克"下山时,遇到造反者,问他要传道证"。[2] 可见当时山上管理是比较严的,同时可以看出有针对宗教安全方面的考虑。

2. 宗教上,建立了临时性的宗教服务单位,定期举行宗教活动。可以确定,起义军的大营里有"政府"组织的宗教服务,并且他们选择的宗教教派是英国国教。起义军使用克兰麦(Cranmer)新祈祷书一天两次进行祈祷活动。一位诺威奇著名的福音派新教徒托马斯·科尼尔斯(Conyers)在科德市长的任命下担任起义军的教士。[3] 起义军政府能提供有组织的宗教服务,就已经说明了起义军内有战时宗教单位存在。毫无疑问,宗教服务对于起义军十分有益,有时也是必需的,因为宗教一来可以丰富起义者的精神生活,二来可以帮助起义领导者维护起义军内部稳定。此外,起义者完全接受新教的仪式,他们不但不反对爱德华时期以来的新祈祷书,而且还主动使用它,这样做同样是向中央政府展示起义军反贵族绅士而不反国王的政治倾向,无疑从侧面印证了凯特起义的性质不是宗教性的。

---

[1] Sotherton, *The Commoyson in Norfolk 1549*, Chapter 1, 转引自 Frederic William Russell, *Kett's Rebellion in Norfolk*, London: Longman, 1856, p. 80.

[2] Stephen K. Land, *Kett's Rebellion: The Norfolk Rising of 1549*, Ipswich: Boydell Press, 1977, p. 64.

[3] Jim Holstun, "Utopia Pre-Empted: Kett's Rebellion, Commoning, and the Hysterical Sublime", *Historical Materialism*, Vol. 16, No. 3, 2008, p. 9; 与新教有关见: Diarmaid MacCulloch, *Thomas Cranmer: a Life*, London: Yale University, 1996, pp. 432–438; Frederic William Russell, *Kett's Rebellion in Norfolk*, London: Longman, 1856, p. 38; Barrett L. Beer, *Rebellion and Riot: Popular Disorder in England during the Reign of Edward VI*, Kent: Kent State University Press, 2005, pp. 93–95.

二 起义军的活动

在莫斯德希思营地的一万多人是如何一起生活的？他们又有哪些活动？这方面的具体内容已经无从考证了，但是通过一些当时人的记述我们大概可以知道起义者的一些行为，从而窥探其活动性质。从有关资料来看，起义者除了参与后期的战争外，还有其他重要活动。索瑟顿有一个生动的概括："一些人负责劝诫贵族、绅士，以及他们的仆人和家丁；一些人负责收纳征集上来的物资，如面包、粮食、酒，包括所有烘焙的、酿制的食物；一些人受委派去拆圈地；一些人去招募新丁。"① 因此，起义军除战争外的主要活动内容可以概括为两方面：一是负责后勤补给；二是保卫安全、改造社会。

（一）后勤补给

后勤补给活动有三个特点。

第一，征集物资采取"授权制度"（warrant）。人们聚集起来就必须有足够的武器用来自卫，为此凯特建议起义者想办法找各种武器和弹药运到山上。更重要的是，人多吃饭问题就会非常迫切。为了获得物资有些起义者在郡里劫掠一些绅士。② 为了防止起义者不分是非劫掠百姓，起义军政府采取了"授权制"，即经由凯特或起义军政府授权许可后方可合法没收或征集物资。比如，凯特的拉丁文"授权书"这样写道：

> 我们是国王的朋友和代表，授权给所有那些以各种方式从各地把牲畜和类似的生活物资带到山上的人。对任何穷人和诚

---

① 转引自：Joseph Clayton, *Robert Kett and the Norfolk Rising*, London: M. Secker, 1912, p. 86。

② Nicholas Sotherton, Frederic William Russell, *Kett's Rebellion in Norfolk*, London: Longman, 1856, p. 60.

实的人不得采取任何武力和强迫,指挥那些认同国王权威和"公共福利"信仰的人。①

授权书用拉丁文来写具有防伪造的功能。如果有人拒绝凯特征集战争物资的"授权书",一经证实就会被判有罪,并被关押到营地里。②"授权制"执行的情况不明。兰德认为:凯特的授权书,"既有天真的一面,又有理想主义的一面"。因为起义后期凯特不能真正控制队伍,授权书很可能变成"一张用于掩盖抢劫的纸"。③其实,授权书是对社会不满的一种切实有效的反抗,有其存在的基础。当起义军在征集物资前出示授权书时,在一定意义上是给社会一个宣言,显示了起义军的政治倾向,代表着起义军政府的合法性。同时这种制度也是为起义军树立正面形象,得到广大人民的支持。不过我们也要注意,授权书的内容主要是找食物、找武器,并没有看到分土地之类的授权,这说明凯特的授权书是临时性的、保守的。

第二,主要征集食物。凯特的政府要能保证大量的人吃和住,就必须找到食物。起义军"几天时间就吃掉各种禽类无数、3000头小阉牛、2万只绵羊……鹿苑豁开,鹿儿四散。牲口随便杀吃"。④ 格林伍德有一个数据显示,"瓦克瑟姆(Waxham)的托马斯·伍德豪斯起义期间丢了2000只绵羊","索普的约翰·斯宾塞

---

① 原文是拉丁文,罗素使用了伍德(Wood)的英文翻译。Frederic William Russell, *Kett's Rebellion in Norfolk*, London: Longman, 1856, p. 47.
② Frederic William Russell, *Kett's Rebellion in Norfolk*, London: Longman, 1856, p. 61.
③ Stephen K. Land, *Kett's Rebellion: The Norfolk Rising of 1549*, Ipswich: Boydell Press, 1977, p. 60.
④ Nicholas Sotherton 转引自: Frederic William Russell, *Kett's Rebellion in Norfolk*, London: Longman, 1856, p. 69.

骑士丢了1600只绵羊"。① 一帮人还在郡里游荡，遇到田地里、牛棚里的牲口、家里的钱财、谷仓中的粮食都一并带回大营，一般情况下这些东西的主人都站在一旁看着起义者们拿东西。② 凯特的人并不是为了报私仇抢劫富人，而是当众展示授权书后再拿东西，或把绅士抓走。③ 索瑟顿说："有些绅士逃跑离开诺福克，他们的财产、牛群被造反者拿走，有胆量的财主则留下来，为造反者提供面包、肉和牛奶，以换取妻子、孩子和仆人的安全。"④ 当然存世的第一手资料都明显站在绅士阶层和维护统治者阶级利益的立场，他们大多描写凯特起义者的暴力和无序。到处找食物和武器，也许是凯特预料到最终会有一场大战，或持久的对抗。⑤ 总之，征集食物在满足了起义者的物质需求的同时，对诺福克农村城市社会却产生了消极影响。

第三，征集武器和招募新人。在凯特的建议下，起义军开始挖掘战壕、搜集武器弹药，包括各种弹丸、子弹和大量火药。起义军到诺威奇找弹药，同时也在旧帕斯顿霍尔（Old Paston Hall）、大雅茅斯和一些其他地方搜索。有时搜集来的物资也分给金斯林和其他地方的起义者，比如，弹药、枪支、粮食、牲口、钱财；绝大部分物资被运到了大营，当然不排除他们自己用掉一部分。⑥ 起义者除了去贵族绅士家抢武器外，更多的是利用自己的劳动工具作武器，比如农具，"拿着斧子、矛、刀和其他武器，一些人

---

① Greenwood, Rebel Petitions, 转引自：Jane Whittle, "Lords and Tenants in Kett's Rebellion 1549", *Past & Present*, Vol. 207, No. 1 (May 2010), p. 19。
② Frederic William Russell, *Kett's Rebellion in Norfolk*, London: Longman, 1856, p. 60.
③ Stephen K. Land, *Kett's Rebellion: The Norfolk Rising of 1549*, Ipswich: Boydell Press, 1977, p. 58.
④ Nicholas Sotherton 转引自：Frederic William Russell, *Kett's Rebellion in Norfolk*, London: Longman, 1856, p. 61.
⑤ Stephen K. Land, *Kett's Rebellion: The Norfolk Rising of 1549*, Ipswich: Boydell Press, 1977, p. 60.
⑥ Frederic William Russell, *Kett's Rebellion in Norfolk*, London: Longman, 1856, p. 60.

还拿着草叉"。① 招募起义军的方式方面，罗素有这样的一段描述：

> 有诺福克、萨福克和其他地区的人不断加入……燃起火焰，高跳的烽火、敲响荡漾的钟声……人们可以看到烽火……那些只有在宗教节日才用的乡村大钟，此时成了联系人们的工具。往日敲钟喜事多，现在成了召集他们加入这场勇敢的莫斯德希思集会的工具。流言传出流向四面八方，带回来的是各种人。②

可以看出，起义者使用烽火、钟声还有社会舆论等多种方式招募人，对扩大队伍起了很大作用。

（二）改造社会、保卫安全

这方面内容主要包括反圈地、反贵族绅士、反富人。

首先，反圈地是起义的主要内容，如前章所述，凯特从一开始起义就对所遇圈地进行拆除，到了诺威奇城也没有改变这种政策。诺威奇城市长科德等三人在咨议会期间，虽有话语权，但仍不能阻止起义者抓地主，毁圈地。③ 这方面内容不胜枚举，这里不再赘述。

其次，改造社会具体就是改造地主。起义者把绅士、地主抓到营地，监督囚禁他们。④ 这些贵族绅士包括前一章所讲的第一个被抓住的爵士罗杰·伍德豪斯（Sir Roger Woodhouse）。还有在凯特一到莫斯德希思山就已经押解过来的几个人，包括巡佐戈迪（Ser-

---

① Nicholas Sotherton 转引自：Frederic William Russell, *Kett's Rebellion in Norfolk*, London: Longman, 1856, p. 81。

② Frederic William Russell, *Kett's Rebellion in Norfolk*, London: Longman, 1856, p. 37。

③ Joseph Clayton, *Robert Kett and the Norfolk Rising*, London: M. Secker, 1912, p. 85。

④ Barrett L. Beer, *Rebellion and Riot: Popular Disorder in England during the Reign of Edward VI*, Kent: Kent State University Press, 2005, pp. 93 – 95.

geant Gawdy）、巡佐卡特林（Sergeant Catlyn）、阿普尔亚德（Appleyard）两兄弟。阿普尔亚德与弗劳尔迪有亲戚关系，也许是这个原因，凯特在怀蒙德汉姆起事之初就把他们也抓起来了。① 有宗教界人士早晚两次依照新仪式讲道，有福音派牧师给他们传道，也有人谴责他们的错行，这些显示他们虽有暴力行为，但绝不是一群没有道德无法无天的乌合之众。② 从起义者对贵族犯人的态度来看，没有起义者虐待囚犯的证据。值得注意的是，尽管对绅士恨之入骨，没有资料显示有被关押的俘虏被杀或被虐待，而只有在战场上才有绅士被杀。③ 没有资料显示除谢菲尔德④以外的其他贵族被杀。还有，凯特和他的人每天都要在橡树下议事，贵族绅士们就关押在他们的旁边，可以听见他们的谈话。每次凯特他们提到"囚犯"这类字眼时，这些贵族囚犯都会反驳说"好人"。⑤ 通过这个生动的描述，可以看出贵族囚犯似乎和起义者开玩笑，因此他们应该没有被虐待，或者没有受到严重的虐待。此外，关押绅士还有将他们当作人质的作用，可以增加谈判筹码。战争前似乎是羁押了尽可能多的当地绅士。尽管后来有一些跑了，但是足够用作战争的"挡箭牌"，在达辛代尔决战中就是如此。⑥ 但是不得不说，相比之下，沃里克对起义军俘虏的滥杀则显得无情得多。

总而言之，起义军的政府是对英国现有政府的改良，体现出起

---

① Stephen K. Land, *Kett's Rebellion: The Norfolk Rising of 1549*, Ipswich: Boydell Press, 1977, p. 48.
② Frederic William Russell, *Kett's Rebellion in Norfolk*, London: Longman, 1856, pp. 52–53.
③ Stephen K. Land, *Kett's Rebellion: The Norfolk Rising of 1549*, Ipswich: Boydell Press, 1977, p. 49.
④ Andy Wood, "Kett's rebellion", in C. Rawcliffe and R. Wilson (eds.), *Medieval Norwich*, London: Palgrave Macmillan, 2004, pp. 287–289.
⑤ Nicholas Sotherton 转引自：Frederic William Russell, *Kett's Rebellion in Norfolk*, London: Longman, 1856, p. 86.
⑥ Stephen K. Land, *Kett's Rebellion: The Norfolk Rising of 1549*, Ipswich: Boydell Press, 1977, p. 48.

义军对政治改革的希望，但是值得注意的是，起义军政府的合法性是靠旧政权的名义来维持的，改造政府的经验则是来自诺威奇旧政府的统治阶层。这些恰恰说明了凯特起义的保守性。同样，通过起义军的活动我们可以看出，起义军制定了获得食物、军火等物资的临时性授权政策，却不敢对土地制度和贵族绅士阶层进行深入和彻底的改造，也体现出其保守性。

第三节 起义的政治纲领

凯特等人起草了一份请愿书，其标题为"请求和要求"。该文件很有可能是凯特亲自写的，[①] 由凯特、诺威奇市长和诺福克郡33个百户乡中的24个乡的代表[②]共同签署，上书国王，"但国王避而不回"。[③] 这份文件是凯特起义的纲领，通过它我们可以看出凯特起义的性质。下面就其内容和特点展开讨论。

一 请愿的内容

这份请愿书列出了29条要求（或请求），[④] 主要是农村社会对政府的要求，大体上可以代表凯特在莫斯德希思公开采取的政策。其内容可以分为以下几类：一是土地问题；二是宗教问题；三是封建权利义务问题；四是租金价格。显而易见，这些问题大多与普通百姓的利益紧密相关，即土地使用权的问题、租金定价权的问题，以及封建政治、法律对土地财产的管理权力。

[①] Louisa Marion Kett & George Kett, *The Ketts of Norfolk, a Yeoman Family*, London: Mitchell Hughes and Clarke, 1921, p. 55.

[②] 24个代表的名字见：Frederic William Russell, *Kett's Rebellion in Norfolk*, London: Longman, 1856, pp. 203-204.

[③] Joseph Clayton, *Robert Kett and the Norfolk Rising*, London: M. Secker, 1912, p. 87.

[④] 见附录一。

(一) 土地问题

涉及土地问题的要求有 6 条，即第 1、3、4、11、21、29 条。凯特起义之初就以摧毁圈地开始，然而它的请愿书中只有一条要求提到了圈地运动，而且还是保护现有圈地的，就是第 1 条。它说为了更好地种植藏红花应该允许已经被圈的土地维持现状，之后不再允许圈占新的土地。藏红花种植业是一个重要的地方产业，是精纺毛纱生产所必需的。① 这可以解释凯特为什么不愿意毁掉那些种植了藏红花的被圈占土地。但是一个以反对圈地运动开始的起义，却首先要求政府在某些条件下保护圈地，并且在其余的条款中没有进一步明确提及圈地运动，而当时种植了藏红花的是富裕自耕农，显示出起义维护富裕农民的利益。我们还可以看出，凯特不反对圈地原则，而是反对圈地的不当行为。虽然第一条是唯一字面上提到圈地运动的条款，但是很多其他条款涉及和圈地运动实质相同的内容。比如，在公共土地上饲养大型牧群（第 29、3、11 条），将自由持有的土地转变成公簿持有土地（第 21 条），第 3 条的目的是不让庄园主使用公共土地，实则是在公共土地使用权问题上的斗争。第 11 条要求自由佃户和公簿租户享有相同的权利，其关键点是要求该条款同样适用于公共土地。第 29 条，领主、骑士或乡绅，任何年收入超过 40 英镑的人，不得在公共土地上饲养牛羊，除非为了满足自己家庭食用需要。这些条款中，第 29 条意义最为深远：实际上它对牛羊饲养的规模设置了上限，这一条就会"束缚住农业资本主义的翅膀"。② 其实相当于限制地主圈地，因为集约利用公共土地，即使不扩大实际使用面积，同样可能造成穷邻居们的生活困难。第 4 条的目的是限制教士阶层与贫农竞争拍卖少量的自由土

---

① Stephen K. Land, *Kett's Rebellion: The Norfolk Rising of 1549*, Ipswich: Boydell Press, 1977, p. 68.

② S. T. Bindoff, *Ket's Rebellion 1549*, London: Historical Association, 1949, p. 9.

地，显然是防止教士阶层变成地主再次聚集土地，直接损害小农利益。其效果同第11条一样。实际上，这几条都是以"合理圈地"为目的。但是，庄园领主可以将土地转化性质，先买入自由持有地，随后再通过控制庄园法庭和修改法庭记录，将这块土地转变为公簿持有地。封建庄园主有这个权利。通过这种方式，他们就可以适时创造出大量公簿持有地。在这一点上，如有必要领主可以再次通过庄园法庭对公簿地持有者施加压力逼迫他们答应圈地。因此，凯特提出第21条要求，禁止将自由持有地转变为公簿持有地。[①] 这些反对不当圈地的条款揭露了贵族绅士为了增加自己的土地而以牺牲平民为代价的一系列罪行。

（二）宗教问题

有6个条款十分明显地涉及神职人员身份问题，即第4、8、15、20、22条和第26条。其中第4条和第22条其实是涉及财产问题，旨在防止神职人员过度搜刮财富。第4条禁止教士持有土地，第22条禁止他们征收比惯例多的什一税，或惯例以外的税款。这两个条款还有一个目的是避免神职人员过于沉溺于世俗事务，防止"教士"在拥有土地之后，忽略了其自身的宗教任务。[②] 第8、15、20条和第26条请愿要求，是对神职人员进行改革，旨在确保每名牧师都是称职的合适人选，而且不允许他们使用特权参与世俗竞争从而获得好处。第15条和第26条反对赞助人、贵族、绅士控制神职人员的收入，因为一旦被控制，这些神职人员就会成为他们的奴隶而失去为教区服务的动力。这两条要求旨在确保神职人员不会因为担心丢掉工作而损害人们的宗教生活质量。第8条补充道："凡是（不能）对教区居民宣讲和解说圣经的（传教士们）或牧师们，

[①] Stephen K. Land, *Kett's Rebellion: The Norfolk Rising of 1549*, Ipswich: Boydell Press, 1977, p. 69.

[②] Frederic William Russell, *Kett's Rebellion in Norfolk*, London: Longman, 1856, p. 48.

应被撤去圣俸职。"说明教区需要的是称职的教士,不称职的可"由本教区教民,或本市镇有权授予牧师职的人或领主,另选他人充任"。罗素认为,这一点反映出起义军有怀念旧教的情怀。① 伍德认为,这一点反映了起义者希望"平民的自治"的愿望。② 此外,选本地人,反映了凯特的地方主义考虑。第 20 条是为了确保强制那些每年收入超过 10 英镑的神职人员资助教区学校。这 6 条统一起来看,具有整体性,目的是限制神职人员的物质财富,并促使他们履行在教区的基本职责。起义诉求是对萨默塞特宗教激进主义的回应。他们希望看到神职人员能够讲授知识、传道、专奉神职,远离土地投机买卖。③ 可见,凯特的追求是限制宗教在社会中的弊端,发扬其优点,使神职人员真正地为人民宗教生活服务。这些条款实际上要求的是福利问题。

但是从另一方面看,这 6 项条款仅仅涉及神职人员而不是教会或教义。没有迹象表明,诺福克郡的人民对宗教改革不满。亨利八世时期诺福克郡的清教徒因为反天主教的行为而被烧死的例子很多。这样的事件可以追溯到罗拉德教派的教义,强调教士应该传教,应该限制神职人员的财产数量。这几条在凯特的要求中都有所表现,如前节论述的在莫斯德希思的科尼尔斯仪式中用新的英国国教祈祷书,举行仪式,并形成惯例。这说明他们在很大程度上对当前宗教改革的步伐和方向感到满意。④

(三) 价格、租金问题

起义军似乎是受到了价格上涨的影响,因此在请愿书中多次提

---

① Frederic William Russell, *Kett's Rebellion in Norfolk*, London: Longman, 1856, p. 49.
② Andy Wood, *The 1549 Rebellions and the Making of Early Modern England*, Cambridge: Cambridge University Press, 2007, pp. 163 – 164.
③ Andy Wood, *Riot, Rebellion and Popular Politics in Early Modern England*, New York: Palgrave, 2002, p. 66.
④ Stephen K. Land, *Kett's Rebellion: The Norfolk Rising of 1549*, Ipswich: Boydell Press, 1977, p. 67.

到租金和价格度量问题,比如,请愿书中第5、6、13、14、7条。第14条抱怨租金上涨,这提醒我们,诉求中所有涉及经济的条款必须放到这一时期严重的通货膨胀的背景下来理解。除了第13、14、7条是有关租金和佃户义务的条款外,另外有两个条款,第5条和第6条,直接反对土地的高价格。罗素认为,关于把租金固定到一定范围,这个说法有错误,因为当时的租金是法律规定不能变的。① 第7条是要求全国执行统一的容量标准,要求全国实行固定的度量衡,以防止因度量问题出现缺斤短两的现象。只有公平的价格才能使他们"可以安静地享用他们的公共土地,以及公共土地上的收益"。(第13条)② 这条反映价格和土地的关系。这些要求显示出起义军对货币和经济的关心。同时我们看到,这些要求没有规定粮食的价格,也没有限制其他市民生活品的价格上涨,这显示凯特请愿书的局限性,凯特没有顾及非农业人口的感受,也说明没有贫困市民参与请愿书的起草。

(四) 政治问题

关于政治方面的内容最多,除上述内容外,其余的几条全部可以看作政治诉求。它们大部分是关于封建义务和权利、国家法律的问题。凯特起义中最具有革命色彩的要求就是第16条,它高呼自由是神圣的。罗素认为那个时代,还没有到"被束缚的人"获得自由的时代,许多年之后,"经历了千辛万苦、异常卓绝的斗争",在查理二世(Charles II)时期,一条法律才彻底废除农奴制使人都获得自由。③ 这一条看上去像是基督教理想的社会平均主义,为所有的人要自由。兰德争辩说,"这并不能说明社会平等",因为除了那

---

① Edw. III. Stat. 1, c. 1 – 4, 转引自: Frederic William Russell, *Kett's Rebellion in Norfolk*, London: Longman, 1856, p. 48.
② 见附录一,第13条。
③ 见 Note 7, Frederic William Russell, *Kett's Rebellion in Norfolk*, London: Longman, 1856, pp. 52 – 53.

些仍有农奴身份的人（那些每年都必须在特定的时间里为他们的领主进行劳动的人），"几乎所有的英国人都早已经获得了自由"。到16世纪中叶，那些仍被法律称为"维兰"（villeins）的人只占极少数。在整个诺福克郡也只有为数不多的几百个农奴，而且这些人也没有因为自己的身份而感到负担沉重，因为到16世纪中叶，法律已经不再赋予地主强迫维兰服封建劳役的权利。因此，该条款所主张的自由是理论上的法律地位，是除了极少数人其余的人都已经获得了的自由。[①] 但是，这一条在形式上仍有十分重要的意义。第16条不是对人的尊严的激进追求，而是反对那些早已实际被社会废弃了的封建法律的残留。宾多夫认为这一条是响应了1525年德国农民战争中的要求。[②] 麦卡洛克试图证明关于废除农奴制这一条只能说明有些个别地方仍存在农奴制，这方面具有特殊性。[③] 诺福克公爵一直以来倾向于在自己的庄园内使那些具有农奴血统的农民继续保有农奴身份。1546年诺福克公爵倒台之后，被抄没家产和土地。他的农奴向萨默塞特政府请愿要求获得自由身份。[④] 麦卡洛克认为凯特请愿中的废奴条款是原公爵家的庄园农奴们提出的。来自这些庄园的起义者数量非常多。在中世纪的诺福克郡仍然有一定数量的个人保留农奴身份（personal serfdom），这一点是确信无疑的。今天我们知道1549年起义后仍有14个庄园保有农奴，其中有5个之前曾是诺福克公爵的庄园。然而，只有为数不多的农奴以前是公爵

[①] Stephen K. Land, *Kett's Rebellion: The Norfolk Rising of 1549*, Ipswich: Boydell Press, 1977, p. 71.

[②] S. T. Bindoff, *Ket's Rebellion 1549*, London: Historical Association, 1949, p. 13.

[③] Anthony Fletcher; Diarmaid MacCulloch, *Tudor Rebellions*, 4th ed., London: Longman, 1997, p. 145; Ethan H. Shagan, *Popular Politics and the English Reformation*, Cambridge: Cambridge University Press, 2003, p. 284; Andy Wood, *The 1549 Rebellions and the Making of Early Modern England*, Cambridge: Cambridge University Press, 2007, p. 181–182.

[④] Diarmaid MacCulloch, "Kett's Rebellion in Context", *Past & Present*, No. 84 (Aug., 1979), pp. 55–56.

家的，说明关于农奴制废除的请愿在诺福克郡虽具有特殊性，却是当地较为普遍的诉求。① 因此，不能排除这一条请求具有相当的实用价值，而其象征意义则是次要的。

第13条请求废除庄园的民事法庭，因为通过庄园的民事法庭，地主可以利用法律，用各种方式来剥夺佃户，甚至小自由农的财产。第18条要求保护所有价值低于10英镑一年的土地所有者不被没收土地管理员和租地管理员征地。② 第2条和第9条是抗议封建义务带给贫农的压力，也体现了社会变革下，人民的反抗精神。凯特的请愿书中，关于土地所有权、使用和购买土地的有关条款占了最大的比重，显然这些是和起草者们有着直接的利害关系。另有三个条款从字面上看也与此相关：第25条要求任何一个庄园的领主不应作为另一个庄园的管理人，也就是说凡是有自己庄园的人不得参与其他庄园的管理，这一条是防止几个庄园集中到一个大地主手中。为了限制庄园主，阻止其加大对土地所有权的影响，第17条直接反对霸占独享水域。英国1215年《自由大宪章》第48条规定："每一州郡之……河岸及其守护人等……铲除一切陋规恶习，应由各个州郡推选武士十二人，于宣誓后立即驰赴各地详加调查，并于调查后四十日内予以全部彻底革除，务必使其永不再发生……"③ 那种限制在特定水域捕鱼的规定早在百年前就被认为是陋规恶习，所以凯特等人请求杜绝此类行径。第19条是关于渔民

---

① Jane Whittle, *The Development of Agrarian Capitalism: Land and Labour in Norfolk, 1440 – 1580*, Oxford: Oxford University Press, 2000, pp. 37 – 46.

② 在不动产方面，有两个人享有法律特权，他们是没收土地管理员（escheator）和租地管理员（feodary）。没收土地管理员是郡里负责管理由国王没收的土地的官员，租地管理员是负责管理租地的官员，是辖区法庭的代表，负责管理骑士因为服役而从国王那里受领的土地。这两种官员可以向任何土地所有者提出合法的要求，提出要求的方式多种多样。领主占租户便宜的另一种方式是强迫佃户承担那些领主自己应该承担的税费和开销。Stephen K. Land, *Kett's Rebellion: The Norfolk Rising of 1549*, Ipswich: Boydell Press, 1977, p. 69.

③ 英国《自由大宪章》：http://www.constitution.org/eng/magnacar.htm.

的权利。它要求国王放弃独享捕获"王室鱼类",如海豚、虎鲸和鲸鱼的权利,使渔民在不损害国王利益的情况下有权捕捞这些海洋生物。争取自己利益的同时不忘维护国王的权利,说明起义不反对国王,只反对贵族。还有两条,第 10 条和第 23 条,旨在保障小农的财产。养鸽和养兔是富人才能担负得起的奢侈嗜好,但是他们贫困的邻居却大为不满,因为鸽子和兔子祸害农民的庄稼。起义者对鸽房的憎恨已经表现在他们摧毁斯普罗斯顿(Sprowston)的科比特新修建的鸽房的事情上。这两个条款语调温和,一条禁止建新的鸽子房,但是不针对已经建成的,另一条允许饲养兔子,但是必须用篱笆圈住。不过我们要注意,不要因凯特温和的语言而忽视起义者对这种屋舍的极大厌恶。因为大量的鸽子、兔子会吃掉穷农民家很多粮食,而这种建鸽房兔舍的权利又体现出政治上的不平等。穷农民称:"这是'贼穴',庄园主可以在自己的庄园建鸽子房,而佃户就必须先经过庄园主同意才可以建。自由土地持有者就可以建。拆鸽舍并不是公众讨厌鸽子,而是为了惩罚绅士。然而,如果鸽子飞到我的土地上,我就把它们打死,鸽子的主人也不能找我索赔:因为我在我的土地上有权惩罚它们。"[①] 1458 年最大的一场圈地骚乱中,平民一次就杀死地主家 1000 只兔子。[②] 1549 年 7 月 12 日,凯特的起义军到达诺威奇城北,来到斯普罗斯顿,砸毁了一个乡绅的鸽舍。这展现了起义军的憎恶所在。[③] 穷人们砸鸽舍表明厌恶富人的消遣生活,具有反贵族的象征意义。这无疑反映出起义军的政治要求。第 12 条是为了防止"管事"(作为国王在郡的土地代理

[①] Burn's Justice of the Peace: Game, 转引自: Frederic William Russell, *Kett's Rebellion in Norfolk*, London: Longman, 1856, p. 50。

[②] Amanda Claire Jones, "*Commotion Time*": *the English Risings of 1549*, Ph. D. Thesis, University of Warwick, 2003, p. 33.

[③] Frederic William Russell, *Kett's Rebellion in Norfolk*, London: Longman, 1856, p. 36; Stephen K. Land, *Kett's Rebellion: The Norfolk Rising of 1549*, Ipswich: Boydell Press, 1977, pp. 47 – 48.

人）滥用职权。① 第 24 条旨在限制监护人为被监护人安排婚姻，这是因为监护人为了自身的钱财利益往往限制被监护人的婚姻。有趣的是，国王是所有已故贵族的子女的监护人，因而国王从这项法律中受益最多，然而第 24 条的请求不包括限制国王在这方面的权力。② 这一点同第 19 条一样可以看出凯特起义反贵族绅士而不反国王。

以上都涉及封建政治关系问题。法律方面，三条要求值得注意。其中之一，第 27 条请求成立委员会执行亨利七世制定的法律。这些不是要求改革现行法律，而是要求公正地执行现有法律。这表明，凯特的起义军大体上赞成都铎王朝的立法，只是对法律的执行不满。该诉求没有要求修改法律或者解决特定问题，它更强烈地关心法律能否公平正义地被执行，并保持不变。有几个条款，包含这一条，暗示法律官员玩忽职守，比如，法官、租地管理员和没收土地管理员的设置。③ 因此起义者的规划很大程度上与萨默塞特实际奉行的政策一致，起义者并不把自身看作煽动敌视政府者，而是把自己当作面对地方领主的阴谋将政府的意图付诸实践的代表。

二 请愿的性质

纵观这 29 条要求，有如下特点：

首先，请愿是对现实的控诉。请愿是大多数起义者所鸣的不平，是对乡绅的抱怨，充满了控诉的语气。它揭示郡内生活的人们所经历的各种悲惨遭遇，反映出当时社会暴乱的原因。这是凯特对

---

① Stephen K. Land, *Kett's Rebellion: The Norfolk Rising of 1549*, Ipswich: Boydell Press, 1977, p. 68.

② Stephen K. Land, *Kett's Rebellion: The Norfolk Rising of 1549*, Ipswich: Boydell Press, 1977, p. 70.

③ Stephen K. Land, *Kett's Rebellion: The Norfolk Rising of 1549*, Ipswich: Boydell Press, 1977, p. 71.

地主统治的郑重谴责，说明他希望社会改革。起义者非常清楚地指出需要实施及时而实用的改革，那种诺福克最迫切需要的改革。①第 28 条专门提到"有些官员曾经冒犯了陛下和您的平民，致使他们不得不举行此次请愿加以控诉"，就直接说明了这点。此外，我们看到其措辞充满了谴责："不公道的"（第 2 条）、"不得"（第 3、4、10、12、15、18、21、22、23、24、26、29 条）、"不应"（第 9 条）、"使大众受到损害"（第 23 条）；第 27 条，"这些好的法令，全是被您的治安推事们、郡长们、没收土地管理员们和您其他官员们隐匿不宣的"。一些条款涉及控诉租金上涨太快、不稳定，以及交租金的正义性："各种各样的领地应付款，按照法律应该由领主支付，领主却要求自由土地持有者支付；这些都使牧场、沼泽和公簿地的租金高于 1485 年的惯例水平；向公簿租地者强行征收不合理罚金，以及全部买进自由租地再高价出租。"庄园的领主不得担任另一个庄园领主的管家。"如果一个绅士的年收入超过 40 英镑就不允许他放养牛羊。"这些条款将真正有需求的乡绅和那些暴发户区分开来，而暴发户的自私正是百姓抱怨的主要原因。领主应该被禁止使用公用土地从而防止他们故意过量饲养，公用土地是留给佃农使用的。另外，控诉领主不能为了获取利益而出卖佃户的孩子的监护权，或者控制他们的婚姻。谴责圈地行为的仅一条："请勿损及那些已经种植了藏红花的地方，……但今后无论何人，不得再行圈地。"还有两个条款谴责贵族的消遣生活方式，要求骑士或乡绅等级以下的人，不得在自由租地或者公簿租地上饲养鸽子或者兔子，除非把它们圈起来，使它们不再是平民的烦恼。

正如宾多夫所指出的，这次起义的特别之处是起义者一改过去向国王请愿铲除奸臣的常规做法，直接从忠臣那里寻求协助，反对

---

① Joseph Clayton, *Robert Kett and the Norfolk Rising*, London: M. Secker, 1912, p. 87.

腐败、苛刻的地方官员。① 他们特别痛恨律师。此前一年律师约翰·弗劳尔迪正是以没收土地管理员的身份占尽先机。② 起义者要求没收土地管理员和租地管理员不得为任何人谋求任何职位。此外，请愿还提出一项激进的改革措施——将来的管事必须是每年由当地选出的"有良心的人"。不仅如此，请愿明确要求国王为他们做主惩治官员，"有些官员曾经冒犯了陛下和您的平民，致使他们不得不举行此次请愿加以控诉。应命令这些官员们拿出钱来，交给那些集合于此地的穷人"。他们还祈求国王从领主手中收回民事权限，即对村庄事务的管理。③ 凡此种种，说明请愿充满了对社会现实的控诉。

其次，请愿具有保守性。我们可以看出，这一系列的政治经济诉求暴露出了凯特主观上的政策愿望，具有保守性和地方性。尽管起义诉求中所提出的主要问题在英国几乎随处可见，但很多条款有明显的地方特色，涉及藏红花的种植、苇地和草地的租金、捕鱼的权利。有几个条款，根据已知的情况，有当地真实事件和人物的背景。其中曾两次提到的没收土地管理员确定无疑就是律师弗劳尔迪，而请愿中所提到的鸽舍无疑是在斯普罗斯顿（Sprowston）被毁的鸽舍。起义诉求的保守主义倾向在几个方面是显而易见的，尤其是其中4个条款中表达的强烈希望重回亨利七世统治期间的老路的愿望。起义诉求不是一个激进的文件，其总基调是：现有的法律应该执行，现行政策继续进行。同时，保守主义使凯特起义始终是一场地方斗争。起义者仍然认同国王的政府，说明凯特起义没有走"国民革命道路"的意图，而是打着"清君侧"的幌子。因此，将

---

① S. T. Bindoff, *Ket's Rebellion 1549*, London: Historical Association, 1949, p. 21.
② Stephen K. Land, *Kett's Rebellion: The Norfolk Rising of 1549*, Ipswich: Boydell Press, 1977, p. 70.
③ Julian Cornwall, *Revolt of the Peasantry, 1549*, London: Routledge & K. Paul, 1977, p. 144.

愤怒发泄在国王的官员、管理者身上是一种不得已的做法。他们认为，在特定的地方这些国王任命的官员阻碍了政府政策的执行。从这29个条款中能得到这样的结论：他们首要关心的是涉及那些温和的而且有足够经济实力的人的利益问题——土地价格、在公共用地上放牧牛羊群的权利、不用担心被放逐或者被收取不合理的费用和租金而耕种自己的土地的权利。此外，第28条中主张那些花时间在莫斯德希思进行谈判的起义者应该因自己的服务得到国王的薪酬。这都解释了为什么起义是地方性的起义，起义军为什么从未采取向首都继续前进的行动。起义者并不是反对萨默塞特公爵或者国王，而是反对那些违背国王旨意和滥用国王授予的权力的地方律师和领主们。请愿只能体现富裕自耕农的经济诉求，基本上没有满足贫农和城市贫民的愿望，更不可能提出废除封建土地所有制和废除封建等级制度的请求。这些条款代表的是那些在社会中已经有一席之地并且为数不少的人的利益，而不是那些没有地位和财产的流浪者和被迫害的穷人的利益。

最后，请愿富有理想主义色彩。凯特起草的请愿反映出起义者希望实现一种"小国寡民"的社会隔绝的状态。起义领导者们反复强调感到贵族有意与他们隔绝，阶级间有层心照不宣的"玻璃墙"，看似并不遥远却不能穿越。尽管与贵族最低一级的乡绅相比，富裕自耕农在财富和社会影响力方面并不差，但是在等级森严的封建社会里，他们也不可能进入乡绅所生活的社会。然而，为了宣泄这种压抑，第16条提出"不自由的人都应该得到自由"这样的要求。麦卡洛克指出，为了避免被隔绝，他们主动"寻求把领主和教士排除在他们的世界之外，他们希望重新夺回一个想象中的美好过去，那时社会阶层间密不透风，各司其职，彼此之间极少相互干涉"。"那种理想的社会是一个非常井然有序的世界，它整齐到足以极大满足起义者的愿望。"① 例如，他们要求地主不得向佃户收取自由租税和城堡保卫费（第2条和第9条），原来庄园主有权向他的农奴要求保护庄园，需农奴本人每年前去守卫几天，后来这种劳役转成城堡保卫费，② 他们要求领土不能把自己的牲口放到公地上牧养（第3和第11条）。废除中间领主的权利和废除私人法庭的司法权（第24条和第13条），要求限制国王授予贵族、绅士阶层的封建权力（第18条）。由此可知他们希望实现一个阶级隔离的社会，甚至希望不受封建统治的影响。其中的理想主义色彩浓厚。理想的社会应该井井有条，社会阶层混乱现象应该杜绝。比如，教士不能成为地主或官员而进入贵族、绅士阶层（第4条和第15条）或者贵族绅士也不能涉足宗教领域影响以神职为生计的人（第26条），领主不能到其他地主名下担当执法人员（第25条）。国王指派的官员应该执行自己的任务和保持独立性，派到地方应该避免担任地方职务（第12条）。在凯特和起义者们看来，国王应该为他们提供保护，保护平民百姓不受贵族绅士的过度压迫。国王应该成为贵族绅士和平民百姓之间的仲裁者。③ 麦卡洛克错误地认为，"起义者……强烈反对社会流动性，因为这些条款对各种社会流动性表现出极大不满"。④ 其实不然，本书认为起义者不反对流动，而是反对流动所带来的不稳定。例如，律师弗劳尔迪作为王室处置教产的代理人就是从律师新升为绅士的，而凯特本人拥有世代积累的财富和社会影响力，却不能晋升到乡绅阶层。由此可以推断，凯特请愿书中所反对的是不公平的社会流动。中世纪末期英国正在经历一个由旧社会到

---

① Diarmaid MacCulloch, "Kett's Rebellion in Context", *Past & Present*, No. 84（Aug., 1979）, p. 47.
② Frederic William Russell, *Kett's Rebellion in Norfolk*, London: Longman, 1856, p. 50.
③ Andy Wood, *Riot, Rebellion and Popular Politics in Early Modern England*, New York: Palgrave, 2002, p. 67.
④ Diarmaid MacCulloch, "Kett's Rebellion in Context", *Past & Present*, No. 84（Aug., 1979）, p. 47.

新社会的转折期，起义者无法预见将来的社会秩序，但明显可以感到变动中的社会与过去相比不尽人意之处很多。或许出于对新事物的恐惧，他们希望回到理想中有序而简单的过去。因此，请愿书强调的是社会有序，而非反对流动。总之，面对经济和社会的巨大变革，请愿书中所提出的退回到过去的要求实属理想主义的宣言。

综上所述，尽管这些条款表面上看有些零乱，但其中有很强的逻辑。从根本上说，在莫斯德希思营地起草的这些诉求表达出了强烈的愿望，即限制领主的权利，维护小农社会的独立性，限制经济的快速变化，阻止对公共资源的过度开发和重塑神职人员的价值观。

第四节　城乡起义者的职业和阶层构成

要了解凯特起义的性质，必须搞清楚起义都是由哪些人参与的，他们的身份是什么？整个起义存在哪些矛盾焦点，对立矛盾体有哪些？本节重点探讨这些问题。通过研究发现以下特点：起义者是来自城乡各阶层各职业的具有十分广泛社会面的人群。

一　职业和年龄构成

凯特起义的参与人员的成分一直没有定论，因为没有留下多少关于起义人员的详细记录。在起义期间除了凯特和他的总督，没有名单保留下来，之后也没有人愿意承认自己参加过起义。本书根据现有文献总结认为，起义参与者基本上属于社会下层，这些下层人民具有职业多样化和社会层次分布广的特点。他们既有来自城市的又有来自农村的，具体包括农民、农奴、流民、城市贫民（工人）、商人。

早期作家这样描述起义者：他们"这一群工人、农夫、屠夫、箍桶匠、茅屋匠、石灰匠、裁缝、泥瓦匠、碾磨工、布商、织布工、渔民、外科医生、皮匠、鞋匠聚集莫斯德希思来到改革橡树下"。① 可以看出，起义军中很多人是有一定手艺的工匠，他们既生活在农村又生活在城市，比如，桶匠、裁缝、泥瓦匠、商贩、织布工、布商、外科医生、皮匠、鞋匠等。这些人具有联络城市和农村的功能。兰德认为起义军成员很可能大部分是小农、商人、生意人。② 这也能说明，城市人口在起义军中占有一席之地。宾多夫认定了47名起义者的职业，包括7名农夫、7名屠夫、4名裁缝、2名劳工、2名皮匠、2名渔夫、2名碾磨工、2名箍桶匠、2名鞋匠、1名旅馆店主、1名砖瓦匠、1名面包师、1名船夫、1名帽匠、1名布商和1名捕鼠人等。这不完全是农民运动，也有城市因素，起义军招募了为数众多的诺威奇和大雅茅斯的社会下层人民，涉及诸多行业。③ 这些人中不少于7人是屠夫，约占总数的15%。麦卡洛克也注意到屠夫这个职业，他说这个职业"地理和社会接触面宽……发展出较高的政治觉悟，同时这个职业也便于秘密组织1549年的起义"。④ 许多屠夫同时有牧场主的身份，他们在乡间参与争夺稀缺牧场地和公地的社会斗争。这一点是在凯特的请愿中重点提到的。不过似乎宾多夫这样的统计将屠夫的比例抬高了不少。因为7名屠夫中有5名在诺威奇城里菜市场中有肉摊点，这些人可以算是小商人了。这可以从诺威奇市财政官的账目中查到，也见于罗素整

---

① 关于职业讨论见：Anon, *Kett's Rebellion in Norwich*, pp. 328 – 331, 转引自 Jim Holstun, "Utopia Pre – Empted: Kett's Rebellion, Commoning, and the Hysterical Sublime", *Historical Materialism*, Vol. 16, No. 3, 2008, p. 9.

② Stephen K. Land, *Kett's Rebellion: The Norfolk Rising of 1549*, Ipswich: Boydell Press, 1977, p. 59.

③ S. T. Bindoff, *Ket's Rebellion 1549*, London: Historical Association, 1949, p. 20.

④ Diarmaid MacCulloch, "Kett's Rebellion in Context", *Past & Present*, No. 84 (Aug., 1979), p. 49.

理的资料。① 应该注意的是，中世纪末期小商人虽然不断增多，但是仍不足以形成一个阶层，而用屠夫来称呼他们也不算准确。

惠特尔根据令状的档案②中赦罪人员名单，和诺福克季会法庭记录确定了起义者的职业。虽然只确认了39人，但仍能说明一些问题。表2—1将1532年至1543年诺福克季会法庭起诉书上显示的一般民众896人与39名起义者的职业作比较。③

表2—1　　　　诺福克起义者和非起义者之间的职业对比　　　　（%）

职业/地位	在起义者中的比例（共39人）	1532–1543，QSR档案（共896人）
约曼	5.1	8.4
农夫	38.4	32.4
劳工	7.7	29.2
制衣和制皮匠	17.9	10.8
铁匠和建筑工人	10.3	5.8
服务业人员	10.3	4.2
饲养动物者	2.6	2.2
水手和渔民	5.1	0.9
教士	2.6	3.7
绅士	0	2.2
总计	100.0	99.8

资料来源：*Calendar of Patent Rolls*，*Edward VI*，iii. Norfolk's Quarter Sessions Files：NRO C/S3/rolls 1–3 and 8. 转引自：Jane Whittle, "Lords and Tenants in Kett's Rebellion 1549", *Past & Present*, Vol. 207, No. 1 (May 2010), p. 26.

---

① Frederic William Russell, *Kett's Rebellion in Norfolk*, London: Longman, 1856, appendix I, pp. 184–185.
② 指 calendar of patent rolls。
③ 惠特尔根据令状的档案（calendar of patent rolls）和诺福克季会法族记录（Norfolk quarter sessions）采样的样本包括现存诺福克季会法庭档案中1532—1543年被诉有罪的人，不包括诺威奇城市人、塞特福德和金斯林的人。参见：Jane Whittle, *The Development of Agrarian Capitalism: Land and Labour in Norfolk*, 1440–1580, Oxford: Oxford University Press, 2000, pp. 234–237。

惠特尔得出结论,"农夫和工匠"在起义者中所占比例更大些。但是她关于当时城乡起义者的对比是远远不够的,大概是因为资料缺乏。其实,在这一时期圈地运动也同样引发城市骚乱。与之相对应,城市的经济问题——恰逢诺威奇的工业走下坡路——必然在周边的乡下引起反抗的共鸣。[1] 康沃尔提示说,劳动力越来越多,日益威胁社会安宁,"但是(统治阶段)把他们归为流浪汉和乞丐,人为地忽略他们的存在,并坚持说他们无产无业仅仅是由圈地和囤积居奇造成的"。[2] 可见城市问题也很严重。总之,大多数学者所认为的凯特起义是"一场农民起义",是值得怀疑的。资料显示,1549年诺福克起义是城乡平民联合的起义。无论是城市还是乡村都充满了反抗压迫的精神。

从年龄上看,起义者以中青年为主,而非青少年。进入诺威奇城的起义者在早期作家笔下被描写成"小子""村痞"。[3] 庄园文件显示许多起义者实际上年龄稍长,在其生活的社会中担负一定的责任,有一定的地位,并非一无所有。惠特尔根据庄园档案中起义者的继承人的年龄和第一次获得土地的日期推测起义者大致的年龄。综合考量这些年龄信息和他们的土地拥有情况,推断出37名起义者的基本情况。"他们有54%的人的年龄在40岁和50岁之间。11%的人超过50岁,35%的人在25岁和40岁之间。"[4] 这一点说明,起义者的主体可能由普通的人民群众构成,他们有稳定的生活,对社会改革怀有期望。在这一点上,本书不支持大多数起义者是趁机制造动乱的流民和地痞流氓的结论。

---

[1] S. T. Bindoff, *Ket's Rebellion 1549*, London: Historical Association, 1949, p. 20.

[2] Julian Cornwall, *Revolt of the Peasantry, 1549*, London: Routledge & K. Paul, 1977, p. 145.

[3] 伍德讨论了"小子"当时的含义,参见:Andy Wood, *The 1549 Rebellions and the Making of Early Modern England*, Cambridge: Cambridge University Press, 2007, pp. 166 – 167.

[4] Jane Whittle, "Lords and Tenants in Kett's Rebellion 1549", *Past & Present*, Vol. 207, No. 1 (May 2010), p. 26.

总之，凯特起义军中的人员职业构成多样，涵盖了城乡多种行业领域，起义者多为中青年。因此，起义具有十分广泛的社会基础。

二　社会阶层

起义者除了职业上呈现出城乡结合的多样性，在阶层上也表现出层次的多样性。起义者大体上分三个部分：一是富人，二是穷人，三是流民。

（一）富人

在起义者中与穷人形成鲜明差距的是富有的农民阶层，他们的社会地位仅次于绅士的最低层贵族——乡绅（gentry）。

农民无论贫富在一些问题上常常为生存产生尖锐的矛盾，最终他们找到共同的敌人——绅士阶层。在起义者的队伍中至少有两名小庄园主，凯特本人自不必言，他有几个庄园。名声不太大的艾尔舍姆（Aylsham）的约翰·威思（John Wythe）1550年没有得到议会的赦罪，1551年被捕，被定为叛乱罪并处以绞刑。[①] 他曾持有艾尔舍姆、布里克灵（Blickling）和霍文厄姆（Hevingham）三个庄园的土地，很可能是伯威克堂（Bolwick Hall）小庄园的佃户。约翰继承了父亲埃德蒙·威思（Edmund Wythe）的土地，这位父亲1513年被指控非法圈占了霍文厄姆庄园的公地。当时的纠纷还引发了骚乱，约翰·威思也被指控参与了圈地。[②] 史密斯顿（Smithdon）百户乡的码头庄园（Docking）的乔治·霍顿（George Houghton）

[①] Barrett L. Beer, *Rebellion and Riot: Popular Disorder in England during the Reign of Edward VI*, Kent: Kent State University Press, 2005, pp. 204–205.

[②] 比尔认为约翰在艾尔舍姆属富有自由持有农，Barrett L. Beer, *Rebellion and Riot: Popular Disorder in England during the Reign of Edward VI*, Kent: Kent State University Press, 2005, p. 205. 惠特尔还查到他在布里克灵有10.5英亩土地，Jane Whittle, "Lords and Tenants in Kett's Rebellion 1549", *Past & Present*, Vol. 207, No. 1 (May 2010), p. 25.

在起义失败后免遭惩罚,也同样是这样的身份,他属于那种在"约曼自耕农(yeomanry)和最低绅士之间"的阶层。乔治·霍顿的父亲罗杰,在1545年一件诉讼案中被控诉,因为他违反了1534年制定的限制羊群数量方面的法律。罗杰·霍顿拥有大量羊群,同时他也和这些庄园的乡绅关系密切,他能请尼古拉斯·莱斯特兰奇爵士(诺威奇城郡守)作为自己遗嘱的见证人。① 为什么这样出身的人加入起义队伍至今仍不是十分清楚。也许他们是一时激动模仿别人宣泄不满,或是像凯特一样,具有一些革命情怀。不管怎样,凯特加入起义军后的第一个行为是摧毁自己的圈地。② 而其他一些人都因为一些纠纷而加入起义队伍进而成为起义领导的,例如,贝利斯(Belys)、皮特(Peters)和森岛(Sendall),他们都是起义的分领导。他们也许都经历了类似凯特和弗劳尔迪之间的纠纷和怀蒙德汉姆那样的斗争才走上起义的道路。③ 富裕自耕农约翰·理奇(John Riches)、耶尔弗顿的波因特(Poynter of Yelverton)在小弗雷明汉庄园持有40英亩的土地,也加入了起义队伍。④

关于这些富裕自耕农最直接的资料就是在请愿书上签名的百户乡代表们的名字,他们是凯特"政府"里的"总督",⑤ 是起义的核心高层。这些人大部分来自当地富裕自耕农阶层,45人中有9人可以根据各种档案资料确定,其中包括怀蒙德汉姆的小庄园主——凯特兄弟二人。宾多夫在他的《1549年凯特起义》中提到三人,其中米特福德(Mitford)百户乡的威廉·豪林(Howlyng),是个富人;爱德蒙·贝利斯来自恩斯福德(Eynesford)百户乡,他是领主

---

① Jane Whittle, "Lords and Tenants in Kett's Rebellion 1549", *Past & Present*, Vol. 207, No. 1 (May 2010), p. 26.
② Frederic William Russell, *Kett's Rebellion in Norfolk*, London: Longman, 1856, pp. 27-28.
③ Frederic William Russell, *Kett's Rebellion in Norfolk*, London: Longman, 1856, pp. 26-27.
④ Jane Whittle, "Lords and Tenants in Kett's Rebellion 1549", *Past & Present*, Vol. 207, No. 1 (May 2010), p. 21.
⑤ Frederic William Russell, *Kett's Rebellion in Norfolk*, London: Longman, 1856, pp. 60-61.

莫利（Morley）在特怀福德（Twyford）的一名公簿持有农，而莫利在20年前曾向"星室法庭"起诉授予自己领地的领主，他曾通过民事法庭对抗领主。① 上行下效，可见封建社会关系已经出现危机。惠特尔在地方档案中也看到了其余4位代表，其中托马斯·克洛克（Clock）是海平（Happing）百户乡的代表，他很可能是富裕自耕农。② 此外，如前所述，城市中拥有一定实力的商人也有不少参与起义。总之，这些资料证明起义者中有为数众多的富人。

（二）城市和乡村的穷人

一方面，在16世纪的诺福克农村冲突严重，广为人知。地主圈地、提高租金、扩大鹿苑、增加羊群的蓄栏量，在农村造成长期的社会矛盾。③ 乡村贫民的利益直接受到影响，因此他们是这场起义的主要力量。从起义营地的人员构成来看，大概有两种人：1.有大量人希望实现自己的目标专程来支持起义，希望能够看到政府的改革，不达目的不会离开；2.一些穷人为了免费食物参加起义，他们原本的生活条件没有莫斯德希思山上好，起义队伍里吃喝不愁。惠特尔查阅了大量庄园档案撰写了专著，使得我们可以从起义者保有的土地数量这个指标了解他们的经济状况。参加起义的人包括小农（smallholders）、农夫（husbandmen）、富裕农民（larger farmer），在这里借用惠特尔统计的64名起义者的土地持有情况：其中主要的25人是小农，持有的土地不超过10英亩；有18人持有土地少于5英亩；15人的土地持有量在10英亩和30英亩之间；有6人的土地持有量在30英亩和45英亩之间，按当时的标准，这些人算是当地的精英了。这与16世纪的诺福克郡土地分配

---

① S. T. Bindoff, *Ket's Rebellion 1549*, London: Historical Association, 1949, pp. 19–20.

② Jane Whittle, "Lords and Tenants in Kett's Rebellion 1549", *Past & Present*, Vol. 207, No. 1 (May 2010), p. 21.

③ Andy Wood, "Kett's rebellion", in C. Rawcliffe and R. Wilson (eds.), *Medieval Norwich*, London: Palgrave Macmillan, 2004, p. 291.

的情况大致相符。① 从而可以看出，穷人起义者所占的比例最大。

关于穷人具体的姓名和情况的资料非常稀少，这里只能借助惠特尔在地方档案中找到的几个人的情况加以了解。比如，塔夫汉姆（Taverham）百户乡的代表威廉·彼得斯（Peters），他是个木匠，带领妻儿参加了1549年的起义。牺牲在莫斯德希思山上的人一样有普通的贫困农民。比如，穷人约翰·尼寇斯（Necolls），只持有几英亩土地，死后留下一个寡妇和他们三岁的孩子；中农约翰·海沃德（Heyward）从汤森家领有不到19英亩土地；约翰·海沃德的大儿子威廉也被认为死在布洛涅（Boulogne），很可能是被国王的军队所杀；来自亨斯特德（Henstead）百户乡的代表威廉·莫（Mowe），从小弗雷明汉（Little Framingham）庄园领有41英亩的土地，庄园档案记载他在起义失败后逃跑了；来自迪普游（Depwade）百户乡的代表西蒙·森岛（Simon Sendall），出现在方赛特1549年秋天的法庭档案中，他带头在公地的使用权上与地主发生纠纷。② 可以看出这些人都是出身较低的阶层，有农夫也有木匠。可见这样的人不在少数。

另一方面，历史学家倾向于把凯特起义看作一场农民起义，城市冲突似乎只起次要作用。③ 在传统的史学记载中，诺威奇城只起到被动参与镇压起义的作用。城市市民被描写成起义中求助无援的受害者。这种历史学观点人为地将社会矛盾阶层分成农村和城市，片面强调农村起义，掩盖了城市政府的腐朽独裁统治。实际上，如

---

① Jane Whittle, *The Development of Agrarian Capitalism: Land and Labour in Norfolk, 1440 – 1580*, Oxford: Oxford University Press, 2000, pp. 179 – 190.

② Jane Whittle, "Lords and Tenants in Kett's Rebellion 1549", *Past & Present*, Vol. 207, No. 1 (May 2010), p. 21.

③ 这些作品很多，从书名就可以看出，如：Julian Cornwall, *Revolt of the Peasantry, 1549*, London: Routledge & K. Paul, 1977。还有：Perez Zagorin, *Rebels and Rulers, 1500 – 1660*, Vol. 1, *Society, States, and Early Modern Revolution Agrarian and Urban Rebellions*, London: Cambridge University Press, 1982, pp. 208 – 214.

第一章所讨论的那样,诺威奇城内社会敌对关系深深地影响了1549年凯特起义的发展。城市穷人也是起义军的主要力量之一。虽然如今我们能看到的资料中没有参与起义者的具体姓名和其他信息但仍从以下原因可以判断城市穷人参与了起义。首先,城市存在鲜明阶级对立。早期的现代城市和农村一样也存在激烈的对抗。诺威奇城存在对公共资源的占用、对地方税的争议、反对国王的严苛税项等方面的问题。[1] 1525年时极少数的人口拥有大部分的城市土地和财富。[2] 在整个亨利八世和爱德华六世时期,物价的突然上涨使城市精英阶层预见到社会或将发生动乱。1526年谷物减产,造成城市统治阶层时刻警惕骚乱发生。"粮食绝收……圣诞节劝城市贫民……起来造富人的反。"当时冲突不断,城市统治者有时会惩罚闹事者和制造小型骚乱者。[3] 其次,城市公地争夺也同样惹恼了市民们,这使城市市民与农村平民在加入凯特起义的问题上有了共同语言。因为,莫斯德希思和索普的林地也是城市生活燃料和建筑材料的取材地,还可以放牧牲口。这种诺威奇城市贫民与上层社会复杂的社会矛盾往往会促使他们支持农村平民,从而导致城市社会下层人民与诺福克大地主家族直接对立。[4] 再次,从城市寡头的行为可以看出,市民中有不少人参加起义。诺威奇寡头对起义者采取用好酒好饭款待的诱降政策,在使者到来之前,诺威奇城统治者和起义者之

---

[1] Andy Wood, "Kett's rebellion", in C. Rawcliffe and R. Wilson (eds.), *Medieval Norwich*, London: Palgrave Macmillan, 2004, p. 292.

[2] Stephen K. Land, *Kett's Rebellion: The Norfolk Rising of 1549*, Ipswich: Boydell Press, 1977, p. 53.

[3] Andy Wood, "Kett's rebellion", in C. Rawcliffe and R. Wilson (eds.), *Medieval Norwich*, London: Palgrave Macmillan, 2004, pp. 292 – 294.

[4] Frederic William Russell, *Kett's Rebellion in Norfolk*, London: Longman, 1856, p. 31; Andy Wood, "Kett's rebellion", in C. Rawcliffe and R. Wilson (eds.), *Medieval Norwich*, London: Palgrave Macmillan, 2004, p. 293.

间保持和平。① 沃里克到来后，怀疑他们前阶段和起义军串谋，要求这些城市元老们"系上丝带，以示区别"，这样他们如果有叛乱行为可以一目了然。② 后来，在与沃里克的斗争中，起义军曾一度攻入城市北部，与王军形成对立，北部是穷人区，③ 穷人区容易攻占也说明很可能有大量贫穷市民参加了起义。"然而，市民们自觉维持着城市的秩序。""那些不服从王军管理的人呼唤凯特的到来。"无独有偶，诺桑普顿的军队被起义者们夜袭。这些都说明了起义者在城市里有广泛的群众基础。④ 凡此种种，证明城市贫民同样广泛地参加了起义，至于后来发生了变化则另当别论。

（三）流民

关于凯特起义中流民的真实情况一直没有确切说法，在众多早期著作中未见明确论述，但是可以肯定起义军中有流民存在。比如，起义的亲历者索瑟顿记录道："……他们如此勇猛，流民竖子（Vagabond boys，字面意思是没有裤子的人）在枪林弹雨中前行"，"大量衣衫褴褛的小子，绝望的流民……"⑤ 尽管长期以来乞丐流浪汉被认为是凯特的队伍的主要组成部分，⑥ 但至今，所能查到的确切资料十分有限。国内学者尹虹认为流民是16世纪中期的社会中存在的一个十分重要的群体。"流民是到处流浪，过着不稳定生

---

① Stephen K. Land, *Kett's Rebellion: the Norfolk Rising of 1549*, Ipswich: Boydell Press, 1977, p.51; Frederic William Russell, *Kett's Rebellion in Norfolk*, London: Longman, 1856, pp. 35 – 36.

② Andy Wood, "Kett's rebellion", in C. Rawcliffe and R. Wilson (eds.), *Medieval Norwich*, London: Palgrave Macmillan, 2004, p. 297.

③ Stephen K. Land, *Kett's Rebellion: The Norfolk Rising of 1549*, Ipswich: Boydell Press, 1977, pp. 118, 119.

④ Andy Wood, "Kett's rebellion", in C. Rawcliffe and R. Wilson (eds.), *Medieval Norwich*, London: Palgrave Macmillan, 2004, p. 298.

⑤ Sotherton, *The Commoyson in Norfolk 1549*, 转引自 Frederic William Russell, *Kett's Rebellion in Norfolk*, London: Longman, 1856, pp. 80 – 81.

⑥ Stephen K. Land, *Kett's Rebellion: The Norfolk Rising of 1549*, Ipswich: Boydell Press, 1977, p. 72.

活的无所事事的人。""流民属于穷人，但是似乎属于对社会有害的一类穷人。流民是指那些离开或者失去了土地和生活来源，流落他乡……居无定所……靠乞讨、卖艺，或偶尔打工、打劫、行骗偷窃为生的人。"[1] 兰德认为起义军成员的构成很可能大部分是小农、商人、生意人，[2] 因此在他的认识中没有流浪汉。他的理由是：即便是有经济衰退、物价上涨等一系列社会问题和"起义爆发几十年前开始的圈地使得乞丐的数量大大增加"，"很可能许多乞丐加入了凯特的队伍，但是起义诉求的条款很少与他们的权利相关"。[3] 惠特尔在其最新发表的论文中也没有谈及这个群体，她认为"起义者的主要构成人员拥有一定数量的财产，而不是贫穷的青少年"。[4] 我们可以通过英国当时社会中存在流民的问题做出推断。根据尹虹的研究，她认为16、17世纪，流民主要的特点是自西向北向东南方向流动，这在英国非常普遍。"东部英格兰地区，林地较多，也有不少牧场，这都是流民选择的理想环境……东部的诺福克和萨福克，除了有一些外来流民，还有大量本地流民。东英吉利地区一直吸引来自南方的流民，可能是……诺威奇是英格兰第二大城市和经济发展中心。萨福克也是最富庶的地区之一，重要的粮食产地，秋季那里需要大量的季节工。"[5] 这也可以从侧面说明凯特起义中有流民存在。

有证据证明起义军中有流民的存在。内维尔记述道，1549 年 7

---

[1] 尹虹：《16、17 世纪前期英国流民问题研究》，中国社会科学出版社 1993 年版，第 12 页。

[2] Stephen K. Land, *Kett's Rebellion: The Norfolk Rising of 1549*, Ipswich: Boydell Press, 1977, p. 59.

[3] Stephen K. Land, *Kett's Rebellion: The Norfolk Rising of 1549*, Ipswich: Boydell Press, 1977, p. 72.

[4] Jane Whittle, "Lords and Tenants in Kett's Rebellion 1549", *Past & Present*, Vol. 207, No. 1 (May 2010), p. 26.

[5] 尹虹：《16、17 世纪前期英国流民问题研究》，中国社会科学出版社 1993 年版，第 55 页。

月 22 日，凯特起义军进攻诺威奇，冲锋陷阵的是"没有胡子的乡下小青年（数量庞大），其余是些人渣、无比肮脏之辈"。索塞顿把他们形容成"衣衫褴褛、衣不裹体之人"，内维尔也认为起义者们"穿得很少"，在攻城时赤身裸体不堪入目。剑桥郡起义中同样有起义者们缺衣少穿。一名起义者提醒另一名起义者说，"你的马裤屁股那部分磨破了"。① 此外，当贵族绅士俘虏被押解到"改革橡树"下时，男孩和乡下小丑们围过来嘲笑他们，叫他们"叛徒"。伍德认为，无论是行动上还是政治上，这些光着屁股的"男孩"都是凯特起义中愤怒的、暴力的和危险的前锋。与之形成鲜明对比的是，那些有一定财产、在起义者咨议会中掌握一定权力的人往往尽力控制他们，却又常常无济于事。伍德进一步提醒人们注意：起义者中还包括一些贫困的未婚"男孩"，他们一般是尚未继承财产的，也包括没有机会继承财产的，他们处在十几二十几岁的年龄段，易于冲动，极其危险。② 即便他们有机会成为良民，在那时候仍处在人生中的"流民"阶段。因此，凯特起义中流民不在少数。

从人数上分析，也可以说明流民不在少数。凯特起义过程中聚集了 6000—20000 人，说法不一。惠特尔根据庄园资料做出评估，认为凯特起义大营不可能聚集 20000 人。③ 但是笔者认为，那些保守估计了起义人数的学者过于依赖庄园记录这类资料而忽略了一个常识，那就是庄园记录的局限性。庄园记录只记录那些参加了起义的有居所且仍保留健全的社会关系网的人。而那些早已失去生产生

---

① Cooper, *Annals of Cambridge*, II, p. 41, 转引自：Andy Wood, *The 1549 Rebellions and the Making of Early Modern England*, Cambridge: Cambridge University Press, 2007, p. 167.

② Andy Wood, *The 1549 Rebellions and the Making of Early Modern England*, Cambridge: Cambridge University Press, 2007, pp. 166 – 167.

③ Frederic William Russell, *Kett's Rebellion in Norfolk*, London: Longman, 1856, p. 221; Andy Wood, *The 1549 Rebellions and the Making of Early Modern England*, Cambridge: Cambridge University Press, 2007, p. 63.

活资料的人、流落在英国的农村城市的流民是不可能被记入庄园记录的。但是这些不能被记载的人不能仅凭庄园记录而一概否定。早期作家认为起义人数达到20000，本书认为这20000人中除了有记录的庄户和城市穷人外，大部分应该是流民。关于流民的数量，这里有个数据证明1569年时社会存在大量流民。"1569年在萨福克部署了一次起义，声称聚集了13000流民。"① 由此人们足以相信1549年英国处在艰难的经济危机和政治危机中，参与凯特起义的人数完全可能达到万人以上。因此，那些利用凯特起义请愿书来否认流民存在的理论是站不住脚的。惠特尔在保存着庄园档案的庄园中发现那些诺福克公爵以前所拥有的庄园，"9个中有6个都报告有起义者，而且这6个庄园的参加起义者人数甚多——共计19人"。② 如果依照她的算法，全郡700多个庄园，每个庄园出3人，差不多有2100人，再除以农民在起义中的比例，这个数字与莫斯德希思山上聚集的12000人③相比有较大差距，可以推断有很多人是没有身份的。因此，我们反过来推算，可以得出这样的结论：起义者中有相当比例的人是流民。

流民在起义中的地位值得分析。他们一般来到一个社区会被明显地与当地人区别开，这些人被认定为"陌生人"。尽管他们也会参与反对地主和保护公共权利的斗争中去，但是却不能忽略佃户和流民之间存在矛盾的可能。尽管没有多少资料，但是我们可以从1548年发生在诺斯奥（Northaw）的案例中得到一些启示。当时的公簿持有农（copyholders）同茅舍农（cottagers）发生了冲突，佃户们联合起来保护自己的利益，不仅针对地主，而且针对"陌生

---

① 尹虹：《16、17世纪前期英国流民问题研究》，中国社会科学出版社1993年版，第52页。
② Jane Whittle, "Lords and Tenants in Kett's Rebellion 1549", *Past & Present*, Vol. 207, No. 1 (May 2010), p. 31.
③ 有三种说法：20000人、8000人、12000人。Andy Wood, *The 1549 Rebellions and the Making of Early Modern England*, Cambridge: Cambridge University Press, 2007, p. 63.

人"和"外人"。1548年诺斯奥、切森特和北米姆斯庄园佃户和居民主张根据传统他们才有权使用诺斯奥公地。他们维护的是早已居住在这里的有合法租佃权的人的利益。这种解释似乎理所应当。① 因此在一场维护公共土地使用权利的斗争中,"陌生人"和"非佃户"往往被排除在外,所以他们没有权利提出要求。"对(流民)这一阶级的矛盾情绪在一个世纪之后使得平均主义者们非常苦恼,令他们在是否将仆人和乞丐当作是正式公民上产生分歧。"② 凯特的请愿没有抗议当时新近颁布的严酷的《惩治流浪法》。流民在一场由当地人和有产阶级发动的起义中只能扮演配角,他们作为附属的角色使他们的政治诉求无法在一个富裕自耕农阶级领导的起义中得到表达。这是由流民的性质决定的,他们属于社会的"有害穷人"。很有可能起义领导者为了在政治上与他们划清界限,不至于让政府抓住把柄,说他们是社会的败类和流氓、暴民。但是在流民加入他们的队伍时又表现出有限的欢迎态度,这说明流民可能是被凯特为首的富裕自耕农阶层利用,而不能真正地成为起义的"参与者"。因此,在凯特的请愿书中没有体现作为"陌生人"的流民的利益,这是再正常不过的事情了。然而我们不能因为这一点就否认流民参加起义的可能性。一方面,那些佃户领袖和平民利用了流民人数多、易发动的特点,在需要的时候同流民结合;另一方面,流民的斗争目的不明确、与当地人之间的关系复杂、责任性不强等,导致流民的斗争性不坚定。一旦遇到大困难流民很可能就会选择逃命,这也许解释了为什么在凯特起义死亡纪录中几乎没有流民,也可以解释为什么起义军很快集散。总之,流民也是凯特起义中不可忽视的一支力量。

---

① Amanda Claire Jones, *"Commotion Time": the English Risings of 1549*, Ph. D. Thesis, University of Warwick, 2003, p. 46.
② Julian Cornwall, *Revolt of the Peasantry, 1549*, London: Routledge & K. Paul, 1977, p. 145.

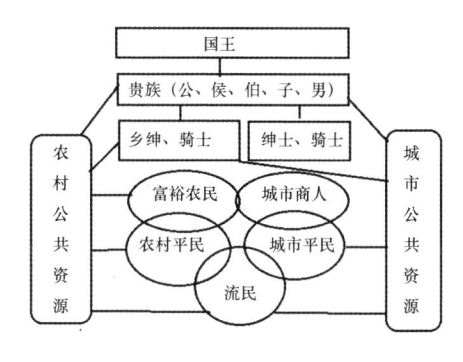

图 2—1　阶级结构

第五节　凯特起义与 1548—1549 年社会动荡的关系

如果不考察凯特起义与其他起义之间的关系，就不可能全面认识凯特起义的性质。通过研究可以发现 1549 年的凯特起义不是孤立的，它是那个时代最为典型的、发展最为成熟、表现最为突出的一场起义。凯特起义是 1548—1549 年英国全社会抗议运动的一个重要组成部分，是当时社会动荡表现的冰山一角。一方面，凯特起义在区域上属于诺福克郡、东安格利亚的最大的起义，与西南部起义形成掎角之势相互呼应；另一方面，1548—1549 年英国全社会人民抗议运动此起彼伏，从全国形形色色的反圈地骚乱，到各地各层次的抗议运动，都说明凯特起义与 1549 年英国社会的抗议斗争具有一致性。

本节将分析凯特起义与诺福克其他骚乱和抗议、东安格利亚和西部起义的共同特点和联系，并全面介绍全英国的抗议活动，通过分析这一时期英国人民大众政治运动的整体性和普遍性来讨论凯特起义的特点和性质。

一 凯特起义具有广泛性和代表性

凯特起义是诺福克郡的主要起义。凯特等人曾试图扩大起义规模,[①] 并且得到了来自南邻萨福克人的支援,而且萨福克郡人民在凯特起义的同时也进行了类似的起义。从地理上讲,东安格利亚各地都有起义发生,可以视为一场东安格利亚起义。不过,我们不能忽略凯特起义是1549年规模最大的一次起义,其惨烈程度以及其所具有的清晰的政治和经济要求等都是许多其他小起义无法相比的。也正是这些原因导致当时英国政府不得不雇用外籍雇佣兵来镇压这场起义。[②] 但是,如果不了解其他起义,那么就无法全面认识1549年英国的民众抗议活动。只有在系统地分析这些"骚乱"之后才能完整地理解英国1549年"动荡年代"的社会危机与人民参与政治的问题。1549年英国南部郡、东部郡、泰晤士河谷、赫特福德郡、塞克斯和伦敦以及中部和北部地区都有抗议活动发生。

(一)东安格利亚起义具有代表性,凯特起义属于东安格利亚起义的一部分

1549年的凯特起义,并非只局限在怀蒙德汉姆和诺威奇城,不是说就除了这两个地点没有其他地点发生起义。事实上,随着史料

[①] Stephen K. Land, *Kett's Rebellion: The Norfolk Rising of 1549*, Ipswich: Boydell Press, 1977, p. 100.

[②] 那种将"凯特起义"等同于"诺福克起义"的说法在20世纪70年代末就已经过时了。在麦卡洛克的影响下,英国1548—1549年的社会矛盾斗争研究得以更加深入,历史学者对1548—1549年发生在除东部以外的地区,如西南地区、中部和南部的社会动乱的规模、性质进行了研究,发现在这些地区的起义具有相当重要的价值之后,2003年琼斯、2010年惠特尔分别写作文章更深入全面地揭示了全英国和诺福克郡内抗议活动的情况。Diarmaid MacCulloch, "Kett's Rebellion in Context", *Past & Present*, No. 84 (Aug., 1979), pp. 36 – 59; Jane Whittle, "Lords and Tenants in Kett's Rebellion 1549", *Past & Present*, Vol. 207, No. 1 (May 2010), pp. 3 – 52; Amanda Claire Jones, "*Commotion Time*": *the English Risings of 1549*, Ph. D. Thesis, University of Warwick, 2003.

被不断挖掘，史学家证明凯特起义与本郡同时期存在的大大小小的起义之间有着或联系或独立的复杂关系。有些小起义团体主动加入了凯特的队伍，有的团体在自己无法维持时被迫选择加入凯特的队伍，有的则始终没有加入凯特的队伍。关于凯特起义最著名的论文是1979年麦卡洛克发表的《时代背景下的凯特起义》，他利用威敏斯特中央法庭档案，证明凯特领导的进军诺威奇城和扎营莫斯德希思山的运动，是东安格利亚起义的一部分。2010年，惠特尔在她的论文中系统地分析了诺福克郡起义的分布情况。1549年夏天在诺福克和萨福克驻扎着6个不同的起义营地。①

首先，凯特的起义军汇集了诺福克郡其他一些独立的起义队伍。资料显示，一些起义者曾在赖辛堡聚集，当地绅士努力镇压，很快打散了这些抗议示威的人群。后来那里的抗议者在沃顿重新集合，12天后，在布兰登—费里（Brandon Ferry）和塞特福德（Thetford）驻留了一段时间，随后在凯特的呼吁下来到了莫斯德希思山与之会师。② 当凯特和其他起义者开始联合并席卷了诺福克郡时，坦斯特德（Tunstead）的治安官带头起义，在国王的名义下领导坦斯特德其他两个邻近镇上的人民集结，并将队伍带到凯特的营地。他为了确定凯特那里能容纳多少人，曾派人送信给凯特询问情况，以召集足够的人投营。他举着条幅和旗子，带领上百人马加入起义者大营，凯特和其他起义者则击鼓欢迎他们来投靠，表达感谢之情。③ 根据霍林斯赫德（Holinshed）的描述，这些起义者之后聚集在沃顿（Watton）有两个星期之久，同样也在塞特福德和布兰登—费里之间的道路上走走停停，没有离开沃顿9英里之外，最终

---

① Diarmaid MacCulloch, "Kett's Rebellion in Context", *Past & Present*, No. 84 (Aug., 1979), p. 39.
② Frederic William Russell, *Kett's Rebellion in Norfolk*, London: Longman, 1856, p. 41.
③ Greenwood, "Rebel Petitions", pp. 305 – 306. 转引自：Jane Whittle, "Lords and Tenants in Kett's Rebellion 1549", *Past & Present*, Vol. 207, No. 1 (May 2010), p. 12.

他们加入了莫斯德希思的大营。① 这些相互独立的起义队伍虽然最终加入了凯特的队伍,但仍能说明诺福克抗议运动具有普遍性。

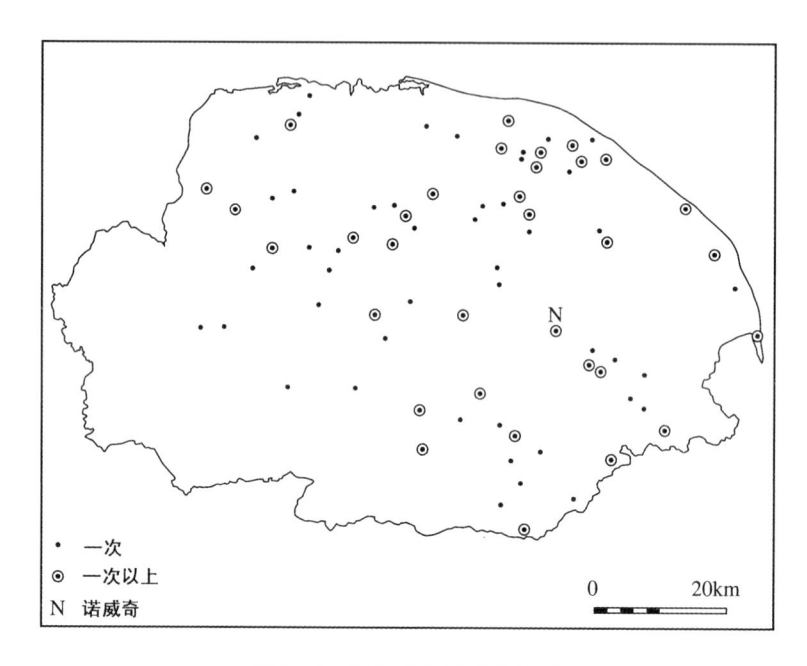

图 2—2　诺福克起义分布情况

其次,诺福克存在完全独立于凯特的起义队伍。关于这个问题存在争论,宾多夫认为没有资料能证明诺福克的起义有两个中心,即一个位于伯纳姆—林恩—东迪勒姆(Burnham - Lynn - East Dereham)的三角地带,另一个位于以阿特尔伯勒—怀蒙德汉姆—诺威奇为中轴的周边地带。② 但是后来的学者找到资料并证明,诺福克存在着始终独立于凯特队伍的起义行动。麦卡洛克认为在凯特起义中没有太多诺福克西南部的代表是因为西南部的起义者在其他地区

---

① Holinshed, Chronicles, 1029, 转引自: Jane Whittle, "Lords and Tenants in Kett's Rebellion 1549", *Past & Present*, Vol. 207, No. 1 (May 2010), p. 13.
② S. T. Bindoff, *Ket's Rebellion 1549*, London: Historical Association, 1949, pp. 17 – 18.

建立了营地,而没有去莫斯德希思山。① 惠特尔的文章指出,诺福克西部的起义者确实去了莫斯德希思山,但是诺福克西部也的确存在独立的起义策源地,有独立的大营。② 早在起义开始不久,金斯林城外赖辛堡(Castle Rising)就有一支起义队伍扎营,但是很快就被当地绅士镇压。③ 布洛姆菲尔德(Blomefield)的书中也透露沃顿以东的欣厄姆(Hingham)也有起义。当地的乡绅艾德蒙·尼维特(Sir Edmund Knyvet)在日记中写道:"夜乃出,戡乱贼之营地",在一场小战斗之后起义者被击散了。这些起义者"则走,投乱首凯特营地而去"。④ 很有可能在沃顿的营地被击散后一些人留在欣厄姆。欣厄姆的莱斯特兰奇(Le Strange)家谱记载了尼古拉斯·莱斯特兰奇(Nicholas Le Strange),也就是后来的诺福克萨福克两郡郡守在7月15日曾经一度和"道纳姆(Downham)营"的起义者有所接触。⑤ 麦卡洛克推断这个营地驻扎在道纳姆市场。⑥ 道纳姆有一个教区,在诺福克和萨福克的边境线上,布兰登(Brandon)以东,很有可能是起义者控制了布兰登—费里后在那里扎营。而后,8月初,当萨福克起义者被镇压时,起义者的一个首领在布兰登被处死,说明那里应该是一个起义中心。⑦ 总之,凯特的起义队伍只是众多诺福克起义队伍中的一支,诺福克起义具有广泛性。莫斯德希思营地的队伍是由其他地方的人先集结成小队伍,

---

① Diarmaid MacCulloch, "Kett's Rebellion in Context", *Past & Present*, No. 84 (Aug., 1979), p. 53.

② Jane Whittle, "Lords and Tenants in Kett's Rebellion 1549", *Past & Present*, Vol. 207, No. 1 (May 2010), p. 13.

③ Frederic William Russell, *Kett's Rebellion in Norfolk*, London: Longman, 1856, p. 40.

④ Frederic William Russell, *Kett's Rebellion in Norfolk*, London: Longman, 1856, p. 167.

⑤ Frederic William Russell, *Kett's Rebellion in Norfolk*, London: Longman, 1856, p. 41.

⑥ Diarmaid MacCulloch, "Kett's Rebellion in Context", *Past & Present*, No. 84 (Aug., 1979), p. 40.

⑦ Diarmaid MacCulloch, "Kett's Rebellion in Context", *Past & Present*, No. 84 (Aug., 1979), p. 44.

再加入凯特的营地形成的,所以才可能在很短时间内迅速聚集了上万人。与此同时,诺福克郡存在着另外一些起义队伍,没有加入凯特的起义军,自始至终独立地开展抗议活动。

再次,在东安格利亚,除了诺福克还有萨福克也发生了抗议运动。麦卡洛克在他的文章《时代背景下的凯特起义》中,第一次突破传统叙述方式,将萨福克同诺福克结合起来分析,向人们展现了一个东安格利亚起义的全景画面。地理上,这两个郡同属于东安格利亚,经济结构上有相似性,由于萨福克的起义很快被镇压,首领被招安,处置相对简单,所以没有像诺福克起义那样造成严重的后果,留下深远的影响。W. K. 乔丹写道:"(萨福克的)爵士安东尼·温菲尔德(Sir Anthony Wingfield)连同其他乡绅……轻松地镇压了五月和七月发生的小骚乱。"① 1549 年春节,在萨福克郡西部较远的一个村庄加泽尔利(Gazeley)和加文汉姆(Cavenham)有一群农民聚众,因为两个地主圈地捣毁了他们的庄稼地,他们上书请求国王在这件事上为民做主。领头的人是罗伯特·贝尔(Robert Bell),他们在 5 月 28 日起事,惊动了贵族托马斯·温特沃斯(Thomas, Lord Wentworth)②,他远征到郡边境,抓了五人送到伦敦塔,结果审判认定贝尔犯有叛国罪,在 12 月 2 日将其处死。这一时期被当时一个萨福克绅士总结为"营地时间"(the camping time)。③ 加泽尔利的贝尔起义说明了当时萨福克起义形势也已经具有了相当的规模,受到当地上层的高度重视,起义者还被抓到了伦敦,可见其严重程度。此外,从起义者一方来看,他们建立了营

---

① W. K. Jordan, *Edward VI: the Young King: the Protectorship of the Duke of Somerset*, London: George Allen & Unwin Ltd., 1968, p. 446.

② 他的领地有萨福克郡首府伊普斯维奇西北不远处的内特尔斯特德,他的家族在萨福克举足轻重。

③ Diarmaid MacCulloch, "Kett's Rebellion in Context", *Past & Present*, No. 84 (Aug., 1979), p. 38.

地，而且不止一个，也说明了起义具有普遍性。7月8日前后，危机在整个东安格利亚爆发。这场动乱具有一个鲜明的特点就是传播速度非常快。从萨福克郡的一些法庭档案中可以发现一些记录。在萨福克郡首府伊普斯维奇（Ipswich），该城的小法庭在1549年7月9日到9月3日这段日子里，停止开庭，而正常情况下它会每周开庭。因为7月14日有人在城外扎了营，并开始代替"政府"受理伊普斯维奇市民和周边人民的案件。副主教在7月13日到9月6日之间没有主持过任何遗嘱公证。在萨福克郡南部的布鲁斯（Bures），起义者的"法庭"将一所房子的完全所有权授予其居住人——一位老妇人。

最后，萨福克同诺福克起义具有整体性和相似性。在诺福克的西北地区，道纳姆市场7月5日就建立起了一个营地，起义者们先是袭击了14英里外的赖辛堡，未果，才转而来到道纳姆。① 尽管在大雅茅斯、剑桥等地的起义以失败告终，② 起义者在东安格利亚各地建立的营地还是形成了一个四边形，即诺福克东部的诺威奇城和西部的道纳姆市场，萨福克郡东南的伊普斯维奇、中部的伯里·圣·埃德蒙兹（Bury St. Edmunds）。③ 萨福克与诺福克一样社会矛盾尖锐。一些今天可以看到的材料显示，萨福克的社会矛盾长期表现为一些地方性法律纠纷。伯里（Bury）起义领导者伯里队长，曾把乔治·斯温伯恩（George Swinbourne）的地产划入自己继子的名下，然后再以监护人的名义把地产控制在自己手中。在伊普斯维奇有两个人向起义者首领状告当地主乡绅篡改庄园土地记录。在梅尔

---

① Frederic William Russell, *Kett's Rebellion in Norfolk*, London: Longman, 1856, p. 40.
② Frederic William Russell, *Kett's Rebellion in Norfolk*, London: Longman, 1856, p. 46; W. K. Jordan, *Edward VI: the Young King: the Protectorship of the Duke of Somerset*, London: George Allen & Unwin Ltd., 1968, p. 449.
③ Diarmaid MacCulloch, "Kett's Rebellion in Context", *Past & Present*, No. 84 (Aug., 1979), p. 40.

顿营地托马斯·诺丁汉（Thomas Nottingham），一个来自奥尔德堡（Aldeburg）的商人，要求弗朗西斯·叶尔米（Mr. Francis Jermy）赔偿他所侵占的自己家祖上传下来的土地。① 就规模和起义形式来说，萨福克起义和诺福克凯特起义具有惊人的相似性。资料显示萨福克东部有1000人起义，后来又聚集了更多，他们吃掉了32只羊、4000只兔子和9匹马。②

图2—3 1549年东安格利亚起义形势图

资料来源：Diarmaid MacCulloch, "Kett's Rebellion in Context", *Past & Present*, No. 84 (Aug., 1979), p. 45.

---

① Diarmaid MacCulloch, "Kett's Rebellion in Context", *Past & Present*, No. 84 (Aug., 1979), p. 45.
② Diarmaid MacCulloch, "Kett's Rebellion in Context", *Past & Present*, No. 84 (Aug., 1979), p. 41.

凡此种种，很清楚地显示了凯特所领导的诺福克起义具有典型性，连同萨福克起义一起构成了东安格利亚地区的起义。就东安格利亚地区来说，这场起义具有广泛性和普遍性。

（二）西部起义与凯特起义的共性

除东部起义外，英国其他地区也有规模相当的起义。几乎是在凯特起义的同一时期英国的西部也发生了一次规模巨大的起义，其影响范围深远而广泛。西部起义从1549年6月10日开始，起义者主要是农民，包括自耕农，但乡绅、教士、市民也参加了，起义者持有各式武器，有10000—20000人。首领是个乡绅，名叫洪福雷·阿隆德尔（Humphrey Arundel）。从表面上看，西部起义源于民众对宗教信仰和仪式不满。康沃尔地区有凯尔特人的传统，信仰地方圣人，宗教改革对其影响重大。亨利八世的宗教改革不彻底，爱德华六世的宗教改革才真正触及了人们的宗教生活[1]，爱德华六世的宗教改革激进，解散了祈唱堂，引发了人们对政府深深的不信任。

西部起义无疑是因新祈祷书而起的。爱德华六世推行的新祈祷书是用英文写的。而康沃尔大部分人是凯尔特人，他们不懂英语，希望仍使用拉丁文祈祷书。最早在中部德文郡的一个小村庄新教教士因强行推广英文祈祷书举行仪式而被村民杀死，从而引发了一场影响巨大的起义。很快，人们聚集起来反对新祈祷书，起义军开向德文郡首府埃克塞特，在埃克塞特抓了几个乡绅，建起大营，围城近6个星期未能得手。起义军首领是几个小乡绅（lesser gentlement），包括洪福雷·阿隆德尔，其余的是一些农民和商人。起义者成分相对复杂，既有教士又有绅士，还有大量平民。他们的要求

---

[1] S. T. Bindoff, *Ket's Rebellion 1549*, London：Historical Association, 1949, p. 10.

是停止宗教改革，回到亨利八世时的状态。同时德文郡也普遍反对议会通过的养羊税，所以表面上看西部起义不是农业问题引起的，但是这场起义形式上是天主教运动，较富于群众性特征，更坚决反对圈地，① 因此具有同东部起义一样的经济诉求。当诺福克全面爆发动乱的时候，德文和康沃尔的起义也在给萨默塞特施压，此时枢密院决定对康沃尔进行武力镇压。② 萨默塞特先是派了一小支部队，任命约翰·罗素勋爵（Lord John Russell）为主帅讨伐西部，6月底到达起义郡。③ 后来派了德、意籍雇佣兵加起来有几百人之多，从8月4日开始进行了三天的战斗。由于起义军行动范围小，埃克塞特的防守时间长，消耗巨大，补给不足，不敌王军，起义最终被扑灭，埃克塞特解围。④ 根据爱德华六世的日记，我们知道这一战就有900余人被杀，加上此前德文郡所杀的起义军600人，⑤ 死亡人数似乎已经超过东部起义的死亡人数。但是，就单次起义规模来看，凯特起义人数最多，死亡人数也最多，所以凯特起义的规模无疑要大于德文和康沃尔的起义。7月初，诺福克和西部起义给伦敦布上一层阴云，这个时刻两个地区的起义在伦敦被互相联系起来。⑥ 恩格斯指出："如果说这许多次阶级斗争在当时是在宗教的标志下进行的，如果说各阶级的利益、需要和要求都还隐蔽在宗教外衣之

---

① Joyce Youings, "the Western Rebellion of 1549", in Ronald H. Fritze, ed., *Historical Dictionary of Tudor England*, *1485 – 1603*, Westport: Greenwood Press, 1991, pp. 540 – 541.

② W. K. Jordan, *Edward VI: the Young King: the Protectorship of the Duke of Somerset*, London: George Allen & Unwin Ltd., 1968, p. 444.

③ Andy Wood, *Riot, Rebellion and Popular Politics in Early Modern England*, New York: Palgrave, 2002, p. 57.

④ Joyce Youings, "the Western Rebellion of 1549", in Ronald H. Fritze, ed., *Historical Dictionary of Tudor England*, *1485 – 1603*, Westport: Greenwood Press, 1991, pp. 540 – 541.

⑤ Edward VI, W. K. Jordan, ed., *The Chronicle and Political Papers of King Edward VI*, New York: Cornell University Press, 1966, p. 14.

⑥ W. K. Jordan, *Edward VI: the Young King: the Protectorship of the Duke of Somerset*, London: George Allen & Unwin Ltd., 1968, p. 445.

下，那末这并没有改变事情的实质……"① 兰德认为，西部起义是宗教性质的，一开始就要到伦敦，影响国家战略，属国家层面的政治。但是诺福克起义是地方性的纠纷。凯特起义人数多但也没有形成全国性的大起义，而是地方性起义，其实这就是由起义的战略决定的。②

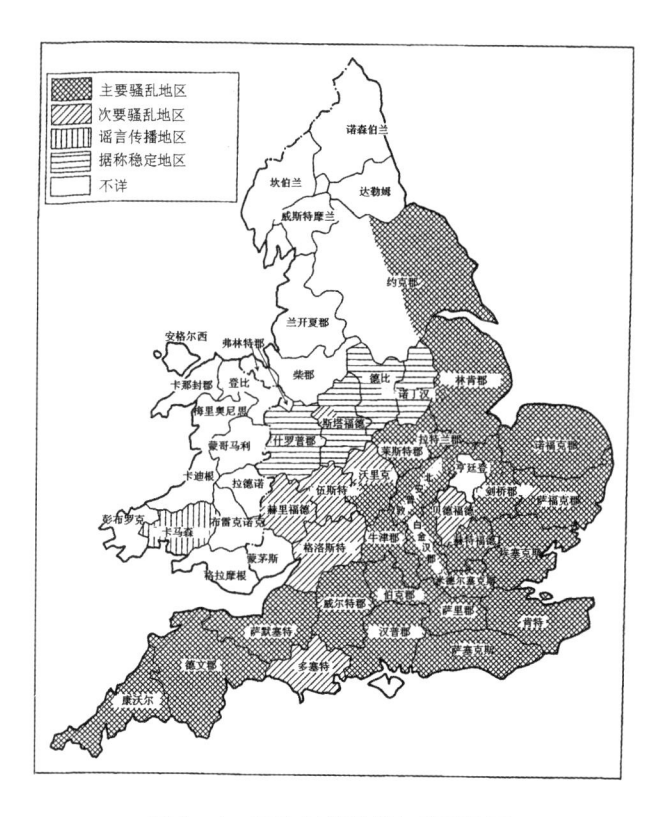

图 2—4 1549 年英格兰起义形势图

资料来源：Amanda Claire Jones, "*Commotion Time*": *the English Risings of 1549*, Ph. D. Thesis, University of Warwick, 2003, p. 1–2.

---

① ［德］马克思、恩格斯：《马克思恩格斯全集》（第七卷），人民出版社 1959 年版，第 400 页。

② Stephen K. Land, *Kett's Rebellion: The Norfolk Rising of 1549*, Ipswich: Boydell Press, 1977, p. 62.

总之，西部起义是一场规模巨大，在宗教的外壳下进行的具有极其广泛群众基础的大众抗议活动，同东部起义形成此起彼伏之势，极大地牵制了王军的兵力，为大规模起义提供了可能。虽两者战略不同，但具有相同的目标，即在国家层面上改变现行政治的面貌。因此，结合整个社会动荡的背景来看，西部起义同东部起义一样具有广泛性和普遍性。

二 全英国社会动荡的普遍性

东部起义和西部起义好比1549年社会动荡之大海上的两座冰山，然而如果放眼于1548—1549年全英国社会，就会发现当时社会抗议运动具有普遍性和广泛性。1548—1549年英格兰全境爆发了无数次社会抗议活动，这些大大小小的活动共同使1549年成为"动乱年代"。从赫特福德郡的诺斯奥（Northaw，Hertfordshire）在1548年发生叛乱开始，到英格兰南部、东部的不满情绪滋生爆发，再到泰晤士河谷（Thames Valley）各郡，以及中部地区和北部地区陆续出现抗议，[①] 这些地区发生的无数次中小型的地方性的动乱构成了一幅1549年英国社会全面抗议的画面。爱德华六世在日记中记录了当时英国的抗议形势：

> 人民纷纷起义，首发于威尔特郡（Wiltshire），威廉·赫伯特爵士（Sir William Herbert）镇压之、荡涤之、屠戮之，后来起事于萨塞克斯（Sussex）、汉普郡、格洛斯特郡（Gloucestershire）、萨福克郡、沃里克郡（Warwickshire）、埃塞克斯（Essex）、赫特福德郡、莱斯特郡（Leicestershire）一部分地区，以及伍斯特郡（Worcestershire）和拉特兰郡（Rutland-

---

[①] John Hales, *Defence*, in E. Lamond (ed.), *A Discourse on the Commonweal of This Realm of England*, Cambridge: Cambridge University Press, 1893, p. lviii.

shire)。起义者常可以被虔诚说教所安抚,有时被他们中间忠诚之人说服,或被贵族说服。此外,由于派遣了圈地调查委员会下去拆除圈地,他们就没再起义。之后又发生了牛津郡(Oxfordshire)、德文郡(Devonshire)、诺福克郡和约克郡(Yorkshire)的起义。①

从南方的肯特郡(Kent)和汉普郡(Hampshire),到中部地区,北到约克郡等,社会动乱席卷了25个县。这是英格兰人民普遍抗议、表达不满的结果,可以说1549年是一个激流勇进的年代,是"社会大动荡的时代"(a time of popular commotion)。②

这两年的"社会动荡"按时间可以划分为4个阶段:1548年、1549年春、1549年夏和1549年秋。③动乱年代的亲身经历者圈地调查委员会的成员之一约翰·黑尔斯(John Hales)④描述,1548年他看到起义首先在赫特福德郡的诺斯奥和切森特(Cheshunt)两地爆发,1549年"最早发生起义的地方是萨默塞特(Somerset),后发展到格洛斯特郡、威尔特郡、汉普郡、萨塞克斯郡、萨里郡

---

① Edward VI; Jonathan North, ed. *England's Boy King: the Diary of Edward VI*, 1547-1553, Welwyn Garden City: Ravenhall, 2005. pp. 31-32; Edward VI; W. K. Jordan, ed. *The Chronicle and Political Papers of King Edward VI*, New York: Cornell University Press, 1966, pp. 12-13.

② Barrett L. Beer, *Rebellion and Riot: Popular Disorder in England During the Reign of Edward VI*, Kent: Kent State University Press, 2005, p. 140.

③ Julian Cornwall, *Revolt of the Peasantry, 1549*, London: Routledge & K. Paul, 1977, pp. 8-11, 40, 68-69, 88-89, 126-130, 142, 153, 188; Anthony Fletcher, Diarmaid MacCulloch, *Tudor Rebellions*, 4th ed., London: Longman, 1997, pp. 64-67; W. K. Jordan, *Edward VI: the Young King: the Protectorship of the Duke of Somerset*, London: George Allen & Unwin Ltd., 1968, pp. 439-453; Stephen K. Land, *Kett's Rebellion: The Norfolk Rising of 1549*, Ipswich: Boydell Press, 1977, pp. 26-29.

④ 约翰·黑尔斯(John Hales)是1548—1549年圈地调查委员会的成员,走访了多个城市和郡,甚至遭遇了许多圈地骚乱。他在他的记录 *Defence*(《辩护》)中为我们提供了一个较为真实可信的"动乱年代"的全景画面,具有较高的参考价值。《辩护》由三篇文章组成,最早印刷于1581年。1893年被拉蒙德(E. Lamond)编辑到他的《论英国本土的公共福利》*A Discourse on the Commonweal of This Realm of England*)一书中。

(Surrey)、伍斯特郡（Worcestershire）、埃塞克斯郡、赫特福德郡以及其他地区"。白金汉郡（Buckinghamshire）发生圈地骚乱，以及北安普敦郡（Northamptonshire）也发生了社会不稳定现象。[1] 1549年4月在中部郡和东南部郡有小型骚乱发生。5月中旬萨默塞特郡弗罗姆（Frome）就有规模较大的骚乱发生。5月末，形势似乎更加严峻，威廉·赫伯特（Sir William Herbert）处理威尔顿（Wilton）社会不稳定问题时反而使人民的抗议情绪在萨默塞特郡和威尔特郡快速传播扩散。肯特郡、埃塞克斯郡、萨福克郡、汉普郡、萨塞克斯郡、萨里郡、格洛斯特郡、伍斯特郡、斯塔福德郡（Staffordshire）、林肯郡（Lincoinshire）和拉特兰郡（Rutland）都出现了骚乱者扎营的现象。[2]

尽管发展迅猛，但是1549年春季的社会骚乱还是很快被镇压了下去。政府整改圈地的许诺带来了暂时的安宁。1549年6月，（汉普郡）奇切斯特（Chichester）、奥迪厄姆（Odiham），以及（萨里郡）威特利公园（Witley Park）等地爆发零星圈地骚乱。同时在博德明（Bodmin）和三浦福德（Sampford）、考特尼（Courtenay）也发生了动乱事件。7月，社会陷入新的动荡，"7月7日之后的几个星期以惊人的速度爆发了大规模的群众起义"。7月1日应萨默塞特公爵召集，地方贵族到伦敦附近的温莎开会，这样给地方留下了统治真空，于是这些地区都被这场起义席卷。诺福克起义7月8日开始于怀蒙德汉姆，第二天就发展到了诺威奇城。

不仅在农村，城市里也同样有反圈地运动。7月10日，就在剑桥城里发生了"反圈地骚乱"，上百人在剑桥外摧毁了城市周边的圈地，随后又来到不远的巴恩韦尔（Barnwell）庄园捣毁那里的圈

---

[1] John Hales, *Defence*, in E. Lamond (ed.), *A Discourse on the Commonweal of This Realm of England*, Cambridge: Cambridge University Press, 1893, p. lviii.

[2] Amanda Claire Jones, "*Commotion Time*": *the English Risings of 1549*, Ph. D. Thesis, University of Warwick, 2003, p. 4.

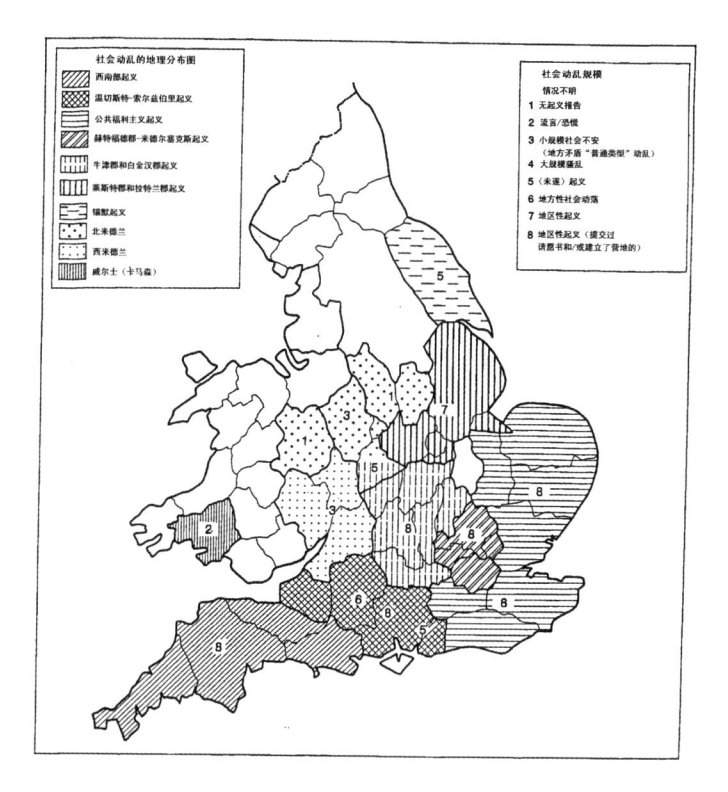

图 2—5　社会动乱地理分布与规模

资料来源：Amanda Claire Jones, "Commotion Time": the English Risings of 1549, Ph. D. Thesis, University of Warwick, 2003, p. 326 – 327.

地。这场骚乱很快被镇压，有几个带头的人被绞死。[①]"泰晤士河谷和京畿诸郡，也包括北方和远在东安格利亚的地区都未能躲过。"历史学家将社会动荡按层次分为几种，在埃塞克斯郡和剑桥郡发生的是骚乱（roit）；约克郡、肯特郡、萨塞克斯郡、汉普郡、米德尔塞克斯郡和赫特福德郡发生的是小起义（lesser risings）；剑桥郡和白金汉郡发生的是起义（rebellion）。[②] 在英国的腹地，诺福克郡、

[①] W. K. Jordan, Edward VI: the Young King: the Protectorship of the Duke of Somerset, London: George Allen & Unwin Ltd., 1968, p. 449.

[②] Greenwood, "Study of the Rebel Petitions", p. 11. 转引自 Amanda Claire Jones, "Commotion Time": the English Risings of 1549, Ph. D. Thesis, University of Warwick, 2003, p. 5.

萨福克郡、埃塞克斯郡、肯特郡、萨塞克斯郡、汉普郡、德文郡、赫特福德郡和牛津郡，到处是起义者的帐篷，7月和8月被戏称为"露营时间"（camping time），这些地区处于"平民大聚会"的控制之下。① 在这次社会动荡中各地起义者起草了大约16份请愿书，其规模和数量可谓"前无古人，后无来者"。1549年秋天，在莱斯特郡、拉特兰郡、林肯郡、萨默塞特郡仍不时有骚乱发生，一直持续到1552年白金汉郡的动荡。② 这说明1549年前后的社会动荡有较为广泛和深远的影响，起义有爆发的社会基础。

综上所述，通过对全国起义形势的全面描述，可以看出1548—1549年社会矛盾冲突不断，骚乱此起彼伏，全国进入一种群起斗争的状态。16世纪中叶英国人民大众以广泛的社会抗议活动的形式参与国家政治，在1549年达到高潮。凯特起义正是在这种情况下发生的，其性质同整个社会动荡状态息息相关，它是一场普遍的人民抗议活动。

小　结

本章通过综合分析凯特的身份、起义军政府、起义纲领、起义军构成以及1549年社会动乱和凯特起义之间的关系，论证起义的性质。

凯特在社会阶层上是富裕自耕农，家庭富有，具有资本主义工场主和地主性质，接近乡绅阶层。凯特起义的原因是痛恨弗劳尔迪为代表的新贵阶层、同情人民、对宗教改革和国家法律不满意，从

---

① Diarmaid MacCulloch, *Thomas Cranmer: A Life*, London: Yale University, 1996, p.432.
② 汉普郡、赫特福德郡、牛津部、萨默塞特郡、埃塞克斯郡和肯特郡6郡平民起草了6份请愿书，西部起义者起草了6份请愿书，诺福克郡和萨福克郡平民起草了4份请愿书，仅有6份请愿书存世。Amanda Claire Jones, *"Commotion Time": the English Risings of 1549*, Ph. D. Thesis, University of Warwick, 2003, p.5.

这点上看这场起义具有革命性。凯特起义军所成立的政府具备革命政府的基本功能，但其正当性是建立在旧政权的基础上的，表明了凯特起义的妥协性。凯特起义的政治纲领所表达出的理想国家是富裕自耕农性质的社会，起义军试图建立一个互不干涉、相对稳定的农业社会，请愿中甚至有保护圈地的要求。这个政治诉求是一个十分温和的富裕自耕农的要求。在他的政治纲领中看不到维护流浪汉和城市贫民的利益。因此，这个纲领是保守的、片面的。凯特起义军的成分职业分布广，包括工人、农民、商人、无业者；阶层多样，包括乡村富裕自耕农、农村—城市平民、流浪者。这说明凯特起义是由广大劳动人民参与的、具有广泛群众基础的起义，富有群众革命性。从凯特起义在全国社会动荡中的地位来看，它具有代表性，反映出爱德华六世时期社会普遍的矛盾斗争和社会危机。因此，凯特起义一方面体现了下层起义者的革命性，另一方面又暴露了富裕自耕农保守的本质。尽管起义的纲领是保守性的，但是就其参与者的构成而言，凯特起义具有城乡平民联盟的性质，可以说是一场社会下层人民的起义——无论农民还是市民。

综上所论，凯特起义是由富裕自耕农领导的、城乡社会下层劳动人民广泛参与的、目的不在于推翻政府而在于反对社会不公的、具有社会普遍性和代表性的起义。

第三章

爱德华六世时期的社会危机

前一章讨论了起义军在其政治纲领中表达的对土地、价格、宗教和政治权利四个方面的改革请求。这反映出爱德华六世时期的主要社会矛盾和社会危机。1549年7月7日，就在凯特起义的前一天，威廉·佩吉特（Sir William Paget）写信给当时的护国公萨默塞特批评他的政策引发了英国的四重危机：政府政策危机、社会关系危机、宗教信仰危机、大众政治危机。[①] 凯特起义作为1548—1549年英国社会矛盾激化的表现，具有普遍性和代表性。英国的社会危机有着深层的原因，它是土地制度变革危机、宗教改革危机、价格上涨和社会政策引发的一系列问题叠加构成的。下面本章就这几个方面展开分析。

第一节 土地制度变革危机

1548—1549年社会危机出现的主要原因是经济变革导致土地制度变革，土地制度的变革引发社会矛盾冲突，造成社会危机。土地制度和生产方式的长期变革导致深刻的社会变化，积累了一系列的

[①] Andy Wood, *The 1549 Rebellions and the Making of Early Modern England*, Cambridge: Cambridge University Press, 2007, p. 21.

社会矛盾。当矛盾不可调和时，必然引发一系列的危机和社会动荡。

一　圈地运动造成经济、社会危机

16世纪对英国社会冲击最大的是土地制度和生产方式发生了变化。16世纪的英格兰是一个农业国，土地在社会中占有极其重要的地位，当时十分之九的人以土地为生，剩余的十分之一也和土地保持着联系。① 那时几乎没有纯粹的城市人口，乡村范围内出现的小城镇，要受到乡村的管理，其居民也不算市民，而是村民，少数村民往往在小城镇有自己的地块。另外，城镇里羊毛纺织和其他行业的工人也仍旧靠种一小块地来增加收入。② 土地制度和生产方式的变化波及社会的方方面面，变化过程中产生的矛盾和冲突必然外化为社会动荡和危机。许多社会动荡直接由土地问题引发。

（一）圈地问题的由来

随着商品经济的发展，16世纪英国的土地制度发生了深刻的变化，其主要特征是由敞田变成圈地。敞田制是中世纪典型的土地制度，是16世纪以前普遍的土地耕作方式。村庄周围的敞田被分成长条状再分配给村民耕作。通常是三圃轮作，三分之一的土地用以春播，三分之一秋播，三分之一休耕。草地作为牧场同样被分成条状给村民使用，耕地在粮食收割之后其残株可用于公共放牧。村庄不管怎样安排耕地，都有公用地，通常是一块草地或林地，村民在上面牧养牲畜或鹅，或者按比例分配木柴。③ 公用地或荒地不再划分，但是为了确保牧场能够满足村民集体的需求，有时限制每个

---

① G. R. Elton, *England under the Tudors* (2nd ed.), London: Methuen & Co. Ltd., 1974, p. 229.

② Peter H. Ramsey, *Tudor Economic Problems*, London: Gollancz, 1963, p. 11.

③ G. R. Elton, *England under the Tudors* (2nd ed.), London: Methuen & Co. Ltd., 1974, p. 232.

村民在上面放牧的牛羊数量。随着经济发展、人口增长、以羊毛纺织业为代表的工业和对外贸易的发展,土地制度也发生了相应的变革,原有的敞田制走向瓦解,新的土地制度——圈地,开始取代敞田制。圈地指用栅栏、树篱等(有时因地势挖沟壕)将一块敞地圈围起来,这块敞地或是耕地,或是草地,或是公共放牧场。圈地的目的是限制,更多的是禁止在这块地上的公共放牧权。[1]

人口增长和畜牧业的发展引发圈地。其一,圈地可以提高土地生产率,从而满足人口增长带来的粮食需要。合并条田可以增加单位面积的产出,增加收入。人口增长使得对农产品供应的需求增大,出于发展农业提高土地的产出率的需要,最初,佃户购买临近自己租地的条形田,同自己原有的条形田合并。庄园领主在利益的驱动下也在领地上寻找圈地来源,[2] 在得到大多数人同意的情况下,庄园主会将条形田重新分配,变成整块地。被圈占的土地归个人独自耕种,不像原来那样根据公共计划耕种和在一年中的某个时期敞开用于公共放牧。如此一来,庄园领主通过固定租金额得到稳定收益,而对于个人来说,这种圈地提高了生产效益。[3] 英国在1549年起义前已经经历了一百多年的圈地,基本上没有太大的问题,且收到了较好的经济效益。[4] 为了耕种而圈地适应了人口增长的需求。其二,畜牧业发展需要圈地用于放牧。羊毛出口业和毛纺织业刺激了畜牧业的发展。16世纪上半叶,市场对羊毛的需求激增,而随着人口增长市场对羊肉的需求也不断增加。在英格兰广阔的草场上羊很容易养殖,牧羊业对劳动力需求很小,产生的回报率极高,因

---

[1] Joan Thirsk, *Tudor Enclosures*, London: Historical Association, 1965, p. 2.
[2] G. R. Elton, *England under the Tudors* (2nd ed.), London: Methuen & Co. Ltd., 1974, p. 233.
[3] G. R. Elton, *England under the Tudors* (2nd ed.), London: Methuen & Co. Ltd., 1974, p. 233.
[4] Stephen K. Land, *Kett's Rebellion: The Norfolk Rising of 1549*, Ipswich: Boydell Press, 1977, p. 7.

此牧羊业有了发展。① 为了在土地上获得高额利润，地主进行圈地变耕地为牧场。随着英国羊毛出口业和毛纺织业不断发展，羊毛价格不断上涨，牧羊业成为获利丰厚的行业。牧羊业需要有更大的单位面积，从而获得高额利润，原来散布的条形田已经不能满足牧羊业的发展，因此原有的耕地被圈占用于放牧，变成了牧场。当圈占耕地依然不能满足地主对利润的追逐时，他们就圈占或直接侵占公用地和荒地，用栅栏把公用地和荒地围起来，剥夺平民对其的使用权，禁止村民把牛羊赶进用于放牧的公用地或者荒地。②

从圈地的形式来看主要有三种：一是合并条形田；二是圈占耕地变为草地；三是圈占公用地和荒地以及侵占公用地。③ 其中合并条形田有助于耕种效率的提高，是"好圈地"。"好圈地"是从经济效率方面考察的，指农民把自家地围起来，无论放牧还是耕种都有利于保护自己的财产，可以对圈起来的土地增加农业投入，提高生产力。一旦"好圈地"影响和侵占到他人的经济利益和土地时，就会引发社会矛盾，尤其是邻里间的矛盾，这种矛盾会升级成为地方社会问题，牵涉不公正的庄园法庭审判时，问题会变得更加突出，进而导致人民的严重不满。在实际的圈地过程中，圈占耕地引发了大量的失业，造成羊和人之间的矛盾。④ 后两种圈地形式对社会稳定产生影响和危害是"坏圈地"。"坏圈地"直接导致社会矛盾冲突。

（二）圈地导致社会危机。

16世纪英国圈地涉及范围较广。实行敞田制的英格兰中部各

---

① G. R. Elton, *England under the Tudors* (2nd ed.), London: Methuen & Co. Ltd., 1974, p. 230.

② G. R. Elton, *England under the Tudors* (2nd ed.), London: Methuen & Co. Ltd., 1974, p. 231.

③ G. R. Elton, *England under the Tudors* (2nd ed.), London: Methuen & Co. Ltd., 1974, p. 232.

④ Peter H. Ramsey, *Tudor Economic Problems*, London: Gollancz, 1963, p. 20.

郡，从英格兰东部的莱斯特郡和沃里克郡向南到约克郡、林肯郡、东安格利亚和京畿诸郡（Home Counties）是进行圈地的主要地区。[1] 研究都铎问题的两位史学家拉姆齐和埃尔顿都对16世纪都铎圈地的程度进行了估计。根据拉姆齐的说法，圈地严重的郡有不少于3%的土地被圈占。[2] 这和埃尔顿的估计大致相当，即圈地郡耕地的30%（如北安普敦郡或莱斯特郡）或者整个郡的3%或4%的土地被圈占。[3] 可以说，当时圈地的情况并不严重，但是数据并不足以反映当时社会所受的冲击。比如，在莱斯特郡有三分之一的村庄受到圈地的影响，然而即便只有两三个村庄被完全圈占，对全郡社会的冲击也是非常大的。在流动性不强的社会，微小的经济扰动都会导致严重的后果。[4]

首先，圈地导致大批无地农民的产生，社会贫困人口增加，引发社会矛盾和问题。贵族地主通过暴力手段将佃户从土地上驱逐出去，或者是在租期未到的情况下强行退租，剥夺农民赖以生存的土地等生产资料，毁坏房屋，导致大批农民无家可归。失去土地的农民有的成为雇佣工人，有的则找不到新的工作，只能加入流民的队伍，被迫流浪、乞讨，甚至偷窃。圈地表面上看就是土地交易，为农业和放牧进行圈地，租金上涨，而实际上地主贵族为了驱逐佃农采取设置罚款和改变租赁规则的方法侵占土地已大行其道。[5] 那个时代的一个名为J. M. 考珀（Cowper）的笔者在他反映农业问题的小册子中写道："英国城镇和乡村数量众多，在五万以上，假设从

---

[1] G. R. Elton, *England under the Tudors* (2nd ed.), London: Methuen & Co. Ltd., 1974, p. 232.
[2] Peter H. Ramsey, *Tudor Economic Problems*, London: Gollancz, 1963, p. 40.
[3] G. R. Elton, *England under the Tudors* (2nd ed.), London: Methuen & Co. Ltd., 1974, p. 232.
[4] Peter H. Ramsey, *Tudor Economic Problems*, London: Gollancz, 1963, p. 40.
[5] G. R. Elton, *England under the Tudors* (2nd ed.), London: Methuen & Co. Ltd., 1974, p. 237.

亨利七世第一年开始每个镇或乡村有一部耕犁被毁,那么就有五万多部耕犁已经被毁。而如果每一部耕犁可以养活大约六口人,即丈夫、妻子和另外四口人,五万耕犁被毁就意味着有 30 万人没吃没喝没衣穿,被抛向社会。他们一无所有,只能流浪乞讨,一些人不愿乞讨还会偷窃进而被绞死。"[1] 当然,这只是估计的数字,实际上由于当时英格兰各个地区的自然条件和经济状况不同,圈地也不均衡。北部各郡人口稀少,且存在大量可用的荒地,因而没有专门进行圈地的必要。[2] 关于圈地造成的后果,护国公萨默塞特 1548 年 6 月在宣布的关于农业政策的法案中,有一段生动的描述:

> 全国各处土地和耕地被圈占,很多人被迫走向赤贫,不得不离开他们出生的地方,在痛苦和不幸中到他乡谋生。10 年、20 年之前一些地方生活着 100—200 名笃信基督的人,他们在那里安家落户、养儿育女、效忠国王、保卫国土,如今那里除了羊群和牛群一无所有。只要辛勤劳作,原来一块耕地不仅能养活几家人,还出产禽、猪等供应市场,现在却落入一两个贪婪之人手中,只供一个贫穷的牧羊人居住,因此乡村荒芜、屋舍破败、教区变少、国力衰微、信奉基督的人们被一些如野兽般贪婪的人吞噬,被羊群和牛群驱赶出自己的家园。[3]

其次,圈地运动进一步激化了转型期社会矛盾。圈地导致新的社会经济秩序产生,农业资本主义在一些地区出现,社会阶级进一步分化,阶级矛盾加深。在圈地过程中,一些富裕的自耕农和追求

---

[1] C. H. Williams, ed., *English Historical Documents 1485 – 1558*, New York: Routledge, 1996, p. 948.
[2] Joan Thirsk, *Tudor Enclosures*, London: Historical Association, 1965, p. 4.
[3] Stephen K. Land, *Kett's Rebellion: The Norfolk Rising of 1549*, Ipswich: Boydell Press, 1977, p. 14.

利益的贵族绅士成为农业资本家。[1] 他们利用手中的土地，大肆剥削农民。通过租赁持有土地的富裕农民比例有所增长；具有原始资本主义性质的生产方式有所增加。土地已经成为利润的源泉，而不再单纯代表政治基础和社会地位。16世纪英国开始消灭农民（至少在南部），社会正在形成新的典型社会结构——以地主、佃农、无地劳动者为主。[2] 因此，许多耕地转为放牧地。英格兰中部地区很多块耕地在16世纪早期被变为草场，结果很多村庄彻底消亡。[3] 羊毛业的巨大利润促使财力雄厚的地主通过暴力手段驱逐佃户，强迫农民退租，在契约期满之前便把土地收回。这样做是因为地主想达到圈占敞地的目的就必须获得土地的所有权，而不仅仅是租赁。或者是通过购买的方式买下自由持有农的全部土地持有权，将敞地的大块条田合并、竖起篱笆、挖掘壕沟以便和其他土地区别开来，只有这样才能彻底改变土地用途，把土地变为牧场。这种圈地使人口减少，导致平民的生活极度困难，遭到传教士和一些学界精英的猛烈抨击，也遭到政府的反对，这种形式的圈地在16世纪上半叶十分盛行。[4] 总之，圈地，尤其是"坏圈地"的出现，引发的社会矛盾十分尖锐。农民对圈地地主深恶痛绝，他们中酝酿着一股针对地主阶级的反抗情绪。

二 公地使用不当同样会引发社会矛盾

并非只有直接圈占土地才会引发矛盾。实际上，在不圈占土地

---

[1] Andy Wood, *The 1549 Rebellions and the Making of Early Modern England*, Cambridge: Cambridge University Press, 2007, p. 14.

[2] G. R. Elton, *England under the Tudors* (2nd ed.), London: Methuen & Co. Ltd., 1974, p. 237.

[3] G. R. Elton, *England under the Tudors* (2nd ed.), London: Methuen & Co. Ltd., 1974, p. 231.

[4] G. R. Elton, *England under the Tudors* (2nd ed.), London: Methuen & Co. Ltd., 1974, p. 232.

的情况下，如果过度使用公地，也可能造成与圈占土地相当的后果，引发社会矛盾。这种土地集约利用甚至比直接圈占更容易引发社会矛盾。

公地对地主们的穷邻居的生活是至关重要的，他们可以在公用地上找木头作燃料或维修住宅和牲口棚，大块木料或曲木是建筑农家小屋必需的材料；蕨类、石南、灯芯草可以用来做茅屋的屋顶；柳树的死枝可以编筐、编篱笆，柳条篱笆抹上泥巴就是墙，有些荒地上有采石场，百姓盖房用的石块石板也都是从这种地方获取的。柴火作为日常生活的燃料也是必不可少的，公地使贫民能就近取材，荒原和石漠有荆豆属的灌木，林地有死树，有些地区甚至还能找到露天的煤。矛盾斗争的焦点是公地使用权的归属。事实上，16世纪开始出现限制佃户使用公地和牧场。[①] 有足够大的地方放牧自己的牲口，对于小农户维持自己生活来说是完全必要的。1533年约克郡布兰斯比（Bransby）的两名农夫向皇室法庭抱怨他们曾经有权到城外公地上放牧，或在收割后的公地上放牧，而庄园主则"飞扬跋扈，横行乡里"，圈占了公地上可耕种土地多达400英亩。之后佃户就不能再到那里去放牛了。结果是原来他们有十五六架耕犁，现在只能留下六架。[②] 萨默塞特郡的伯纳姆，那里的公簿持有农抱怨庄园主圈占公地，致使他们几家佃户无法维持原有的耕地。[③]

以诺福克郡为例，其公地的使用不当就对社会产生了巨大影响。圈占或者侵占公用地在16世纪很普遍，尤其是在诺福克，人

---

① Enclosure Movement (New York, 1967), pp. 38–39，转引自：Roger B. Manning, *Village Revolts: Social Protest and Popular Disturbances in England 1509–1640*, Oxford: Oxford University Press, 1988, p. 20.

② Richard Henry Tawney, *The Agrarian Problem in the Sixteenth Century*, London: Longman, Green and Co., 1912, pp. 239–241; Roger B. Manning, *Village Revolts: Social Protest and Popular Disturbances in England 1509–1640*, Oxford: Oxford University Press, 1988, p. 20.

③ Roger B. Manning, *Village Revolts: Social Protest and Popular Disturbances in England 1509–1640*, Oxford: Oxford University Press, 1988, p. 20.

羊矛盾尤为尖锐。当地居民常常对地主在公用地上过度放牧不满，由此不可避免地引发社会矛盾。在诺福克郡，新兴的地主滥用当地的牧肥权利（foldcourse rights）传统，① 在公用地上过度放牧，甚至利用牧肥羊群优先的规定，在佃户的土地上放牧。这是诺福克特有的牧肥制造成的。牧肥权利主要是指地主和佃户合作在田地、草地和庄园的公用土地上牧羊（不是牛）的权利。贫瘠的土地需要定期通过依次在每一块土地上夜间放养羊群（其粪便被认为是最好的肥料）来施肥。而牧羊的权利专属于地主及其租户。由于这种权利可以出租，结果，一个人可以实际不持有多少土地而放养一大群羊。这就给某些人提供了可乘之机。1520年长斯卡索普的村民在皇室法庭中抱怨说，亨利·弗莫（Fermour）爵士在一块牧肥地上放牧了800只羊，而他实际上拥有不超过5英亩的土地。诺福克羊和耕地之间的平衡很微妙，如果庄园主不节制地行使自己的牧肥权利，社会平衡就会被打破。因为，诺福克人口相对稠密，对土地的需求很强烈，由于土壤还算肥沃，足够靠种植谷物来糊口，但是再养羊就不够了。牧肥制迫使农民耕种让位于养羊，养羊者借机扩大利益，一年四季在土地上牧羊，从而将牧肥地变成了永久牧场。而牧羊者的过度放牧，损害了佃户在公用地上的权利。尽管公用地上的草料不肥，但是佃户还是希望他们能够加以利用，这样可以增加收入。当两名绅士，领主约翰·皮戈特（John Pygott）和约翰·佛兰斯汉（John Frencham）在斯达代特（Straddett）公用地上过度放牧1300只羊时，12户平民的生活陷入困境；养羊主接连不断地在大邓纳姆（Great Dunham）领地上牧养了800只羊，而不是规定的740只。② 在北部和西部佃户的日子更不好过，那里草料不肥，牧

---

① foldcourse是指附有牧地积肥权的土地，本文此处翻译成"牧肥地"。"牧肥权利"是指庄园主有权让自家的羊到公用地上放牧。见 Webster's Third New International Dictionary of the English Language, Unabridged, Springfield: G. & C. Merriam, 1961, p. 882.

② Julian Cornwall, Revolt of the Peasantry, 1549, London: Routledge & K. Paul, 1977, p. 15.

肥制却很普遍。在合法的外衣下，过度利用牧肥制可以驱逐多余的佃农，因而比公开的圈地更能招致憎恨。这也是导致1549年诺福克社会紧张的原因之一。而在雷纳姆的一户大养羊主汤森家族（Townshends of Raynham），这家人是爱利用法律的新绅士，与另一个老乡绅家庭汉斯坦敦的莱斯特兰奇家族（Le Stranges of Hunstanton）有相似之处，他们都从畜牧业获利颇丰。在1540年到1545年之间，莱斯特兰奇家族农业收入中很大一部分出自牧羊业，其中包括育肥牲口，一年的收入大概为173英镑，略少于租佃收入292英镑。汤森家1551年的租佃年收入为623英镑，而1547年、1548年在养羊业上的收入达到143英镑。① 托马斯·汤森在诺福克西部有4000只羊，② 他家和莱斯特兰奇家都是靠侵占牧肥地和其他放牧地给自己的羊增加收入的，这势必要和他们的佃户们争夺土地的使用权。1549年在诺福克东边距离诺威奇城比较近的5个庄园，汤森家的佃户也参加了凯特的起义队伍。莱斯特兰奇家的庄园集中在诺福克西北部，那里尽管起义者人数不多，但是当地仍发生了一定程度的反圈地骚乱，尼古拉斯·莱斯特兰奇爵士和罗杰·汤森爵士都因为害怕被抓而逃离了家园。③

曼宁认为，关于圈地运动和圈地骚乱之间的关系存在着悖论。一方面，16世纪全英格兰被圈占土地只有2%左右，而17世纪有四分之一的可耕土地和公共荒地被圈占；另一方面，建篱笆和挖壕沟的圈地现象在1549年之前已经存在了很长一段时间，为什么偏偏到了1530年到1549年这段时间反圈地运动突然频繁？学者们往往简单地把出现"放倒篱笆"的行为归因于"圈地"，用这个词把人口减少、耕地荒废、圈占和侵蚀公共荒地或滥用公共牧场、霸占

---

① Jane Whittle, "Lords and Tenants in Kett's Rebellion 1549", *Past & Present*, Vol. 207, No. 1 (May 2010), p. 32.

② Peter H. Ramsey, *Tudor Economic Problems*, London: Gollancz, 1963, p. 42.

③ Frederic William Russell, *Kett's Rebellion in Norfolk*, London: Longman, 1856, p. 211.

公地的公共使用权利和所有权等问题统一起来。而实际上"放倒篱笆"这种行为只不过是农业地区人们表达不满的具有象征意义的一种传统方式。而反圈地运动数量的激增并不代表圈地矛盾激增。相反，是16世纪人口持续增长和经济快速变化造成了1549年反圈地现象激增，尤其以快速变化的经济环境为主因。[1]

总之，公地使用不当会引发社会矛盾，它增大了贫富差距，是造成社会危机的主要原因。

三 1548—1549年社会矛盾主要围绕公地使用权和所属权展开

1548—1549年社会骚乱的最大特点就是反圈地骚乱，即因圈地问题引发的骚乱甚至起义不在少数。凯特起义最为典型，但诸如此类的例子不胜枚举。

1548年赫特福德郡发生了圈地骚乱。圣灵降临节到来的前两周，有传言说圈地调查委员会要到赫特福德郡的诺斯奥（Northaw）和切斯汉特（Cheshunt）教区，目的是授予诺斯奥庄园的庄园主威廉·卡文迪什（William Cavendish）在"诺斯奥大荒地"（Northaw Great Waste）上圈占一部分土地的权利。于是许多当地和周边村子里的平民聚集起来不惜一切代价保卫他们在公地上的放牧权。5月21日卡文迪什位于诺斯奥的宅邸前聚集了500名手持武器的村民，因为他们坚信上面派下来的调查委员就在房子里。下午人群在此地安营扎寨，并将房子用篱笆圈起来，威胁说，如果卡文迪什不出来见他们，就要放火烧房子。这天晚些时候抗议者来到卡文迪什屋外的兔舍进行破坏，宰了1000只兔子，并用火药摧毁了兔洞。第二天60人在切森特两名总管的带领下，又一次进入卡文迪什的兔舍，乱枪打死了300只兔子。5月23日，当调查委员来到诺斯奥的公地

---

[1] Roger B. Manning, *Village Revolts: Social Protest and Popular Disturbances in England 1509–1640*, Oxford: Oxford University Press, 1988, p. 33.

上时，这场动乱达到高潮。700名手持武器的抗议者来到委员面前，还有送信人被派往米德尔塞克斯和埃塞克斯这样远的地方求援。委员们见状落荒而逃。5月25日、26日事态进一步发展，起义者在卡文迪什家抗议，而且还放跑了他的六匹马，杀了更多的兔子。① 从这场起义来看，圈地调查委员会委员、卡文迪什、庄园宅邸、兔舍的兔子，等等，凡是和圈地相关、侵害平民利益的人或物都成了起义者的目标，人们把不满和愤怒发泄在他们身上，以此反抗社会的不公。

1549年8月，萨塞克斯郡温切斯特（Winchester）的约翰·加纳姆（John Garnham）和萨塞克斯郡的一位叫作弗林特（Flynt）的人密谋发动起义暗杀索尔兹伯里的（Salisbury）市长和威廉·赫伯特爵士（Sir William Herbert）。② 这两个人都有圈占公用地的行为。

1549年7月，坎特伯雷也爆发了大规模的反圈地起义。同盟领主（Lord Warden of the Cinque Ports）切尼（Cheyney）占用了肯特郡的大量公地，迫使平民无处放牛，被迫卖掉家畜。500多名村民武装向位于谢佩（Sheppey）的鹿苑进发，推倒篱笆，把他们的牛赶到牧场上要求归还被圈地者占用的公用土地。③ 1549年在埃塞克斯郡的伯克斯利鹿苑（Boxley Park）爆发的起义就将托马斯·瓦特（Sir Thomas Wyatt）爵士作为目标，他为了方便大规模牧羊而圈占了伯克斯利鹿苑。④ 1549年的圣奥尔本斯起义中，起义者将矛头指向理查德·李（Sir Richard Lee），李之所以成为起义者的目标是因

---

① Amanda Claire Jones, "*Commotion Time*": *the English Risings of 1549*, Ph. D. Thesis, University of Warwick, 2003, pp. 33 – 34.

② Amanda Claire Jones, "*Commotion Time*": *the English Risings of 1549*, Ph. D. Thesis, University of Warwick, 2003, p. 126.

③ Amanda Claire Jones, "*Commotion Time*": *the English Risings of 1549*, Ph. D. Thesis, University of Warwick, 2003, p. 170.

④ Amanda Claire Jones, "*Commotion Time*": *the English Risings of 1549*, Ph. D. Thesis, University of Warwick, 2003, p. 169.

为亨利八世1544年授予他庄园和修道院财产，而且他在1548年作了圈地调查委员会委员，而后又圈占了伯克斯利公园。[①] 1549年5月和6月，萨里郡爆发起义。沃里克伯爵（Earl of Warwick）圈地狩猎，侵犯了邻居的公地使用权利，成为众矢之的。一个名叫克里斯托弗（Christopher）的人在鹿苑里种了燕麦，以此抗议失去在公地上放牧的权利。[②] 而在剑桥郡，起义的规模更大。先是1549年7月10日，600人在巴恩韦尔拆毁地主管家史密斯的围栏。而后，起义者提交了请愿书，反对圈地。起义者将矛头直接指向非法圈地者，包括瑞柯德·亨德（Mr Recorder Hynde），他在剑桥公地上过度放牧；起义者斗争的目标包括剑桥现任市长、两位前任市长和一位地方议员、地主管家史密斯，还包括涉及圈地的剑桥郡的四所学院。起义者拆毁了在公用土地上划分新建圈地的篱笆桩。平民们最终夺回了使用公用地的权利。[③] 以上基本都是反对圈占和滥用公地的起义。

综上所述，圈地从根本上说带来了社会的变革，触动了社会的根基，成为引发1549年社会大动乱的最主要原因。由圈地引发的不满是1549年席卷英格兰的抗议、骚乱和起义的心理原因。人民通过各种方式反对圈地，主张自己的权利。

第二节　宗教改革危机

都铎时期的宗教改革是导致社会危机的另一个主要原因。从中

[①] Bindoff, *House of Commons*, pp. 5, 11 – 13；转引自：Amanda Claire Jones, "*Commotion Time*": *the English Risings of 1549*, Ph. D. Thesis, University of Warwick, 2003, p. 243.

[②] Amanda Claire Jones, "*Commotion Time*": *the English Risings of 1549*, Ph. D. Thesis, University of Warwick, 2003, p. 136.

[③] Amanda Claire Jones, "*Commotion Time*": *the English Risings of 1549*, Ph. D. Thesis, University of Warwick, 2003, pp. 144 – 146.

长期的历史时段上看，亨利八世和爱德华六世时期进行的宗教改革引发了都铎王朝中期的信仰危机，同时也引发了一系列的经济社会问题，导致社会危机。因宗教问题直接引发起义的现象在1548—1549年并不是很多，但整体来看，宗教改革和起义之间存在千丝万缕的联系。一些资料证明，即便是东安格利亚这样的新教地区，没有反对宗教改革的社会基础，宗教改革也深深地影响了当地社会的发展。从凯特的请愿书中可以看出许多关于宗教的要求，因为宗教改革严重影响了人们的宗教生活。下面就亨利八世和爱德华六世两个时期的宗教改革讨论其对社会的影响。

一 亨利八世时期的宗教改革

亨利八世从1529年开始颁布一系列的法案进行宗教改革，逐步使英国王权摆脱了罗马教权的桎梏，国王成为英国国教的首脑，并将教会的财产转移到自己名下。

1529年11月，议会通过法令，减少教会财富并削弱其权力。1531年，亨利八世又颁布法令对因尊敬教皇而侵犯国王统治权而构成蔑视王权罪的人，只有认罪悔过并缴纳巨额赎罪金才可免受处罚。1532年，议会再次通过了一项法案，规定必须经国王批准教会立法才可生效。同年，还颁布法令禁止教职人员将首年的年俸上缴罗马教皇，而是改缴英国国库，并在1534年迫使教会通过该法案。1533年，亨利八世禁止英国教、俗人员向罗马教廷上诉，并取消教皇法庭的最高司法权和教皇任命英国主教及其他神职人员的权力。1534年英国议会通过《至尊法案》，规定国王是英国教会唯一的首脑，拥有处理教会事务的一切权力，[①] 这项法案标志着英国教会与罗马教廷彻底决裂，确立了国王在英国的至高权威。1535年克伦威

---

① C. H. Williams ed., *English Historical Documents 1485–1558*, New York: Routledge, 1996, pp. 727–760.

尔委派专人清查教会财产，编制成"教产清册"（Valor Ecclesiasticus），并派专使调查修道院。从1536年到1539年，亨利八世通过颁布一系列法案，解散了英国所有小规模的修道院。[①] 1536年解散年收入在200英镑以下的小修道院，共有300多座修道院被解散。[②] 克伦威尔成立了专门的增收法院（Court of Augmentations）处理从修道院地产中获取的岁入。1539年议会再次颁布法令，解散所有修道院，没收其教产，收归国王所有。1537年到1540年，大约有158座修道院和30座女修道院被解散。亨利八世解散修道院对爱德华六世时期社会的直接影响集中表现在经济和社会层面，而没有深入触及信仰。解散修道院对社会造成的负面影响主要有三方面。

（一）解散修道院没收了大量的地产和财产，教产分配不均引发社会矛盾和危机

解散修道院前教会财富占全英格兰财富的五分之一，地产占三分之一。[③] 据估计，16世纪30年代中期修道院的总收入为13万—20万英镑，是英格兰教会收入的一半。[④] 而到1540年代，增收法院从解散修道院中获得的收入已多达25万英镑。据统计，英格兰和威尔士共有约650座各类修道院被解散。[⑤] 修道院解散后，教产被重新分配，教产分配不均引发利益之争，进而引起社会动乱。凯特起义就是一例，第一章我们简单介绍过凯特起义的一个背景条件是凯特家族和弗劳尔迪家族之间的宿仇。这桩宿仇就是怀蒙德汉姆

---

① G. R. Elton, *The Reformation 1520 – 1559* (The New Cambrige Modern History, Second Edition), Cambridge University Press, 1990, p. 16.

② Leo F. Solt, *Church and State in Early Modern England 1509 – 1640*, Oxford: Oxford University Press, 1990, p. 32.

③ G. R. Elton, *England under the Tudors* (2nd ed.), London: Methuen & Co. Ltd., 1974, p. 141.

④ Ken Powell, Chris Cook, *English Historical Facts 1485 – 1603*, London: Macmillan, 1977, p. 101.

⑤ Geoffrey Moorhouse, *The Last Office: 1539 and the Dissolution of a Monastery*, London: Weidenfeld & Nicolson, 2008, p. xvii.

镇的小修道院解散后，教产分配不均引发的。这座修道院——圣玛丽和圣托马斯礼拜堂（The Priory of St. Mary and St. Thomas），始建于1107年，原本叫圣玛丽和圣奥尔本礼拜堂（Priory of St. Mary and St. Alban），1130年建成，有一名院长和十二名僧侣。1172年坎特伯雷大主教圣托马斯·贝克特（St. Thomas à Becket）[①] 殉教，当地的大家族和修道院僧侣为了纪念他，将圣玛丽名字后加上圣托马斯来命名修道院。[②] 1220年圣托马斯的遗体迁入新坟墓，举国都为此庆祝。怀蒙德汉姆保留了这一纪念日为自己的传统节日，每年7月6日人们来镇上的修道院庆祝圣人的"移家节"（The Festivals of Translation）。尽管在亨利八世时期圣托马斯遭到反攻倒算，许多英国乡村仍尊奉他为圣人，关于他生平的戏也一直在上演。[③] 怀蒙德汉姆修道院一直人气旺盛，直到亨利八世全国修道院解散运动时遭到致命打击，1539年僧侣被遣散，修道院的厅堂屋舍按计划也要被拆除。教民们上书请愿，希望国王同意他们留下与教区教堂相连的建筑，也包括修道院的唱诗堂、圣玛丽和圣托马斯礼拜堂，教民们愿意集资，全款向国家购买修道院建筑上那些已经出让的铅顶、大钟和一些值钱的部件。国王批准了请愿要求，但是约翰·弗劳尔迪很可能是看上了修道院拆下来的材料，迫不及待地将其据为己有，也可能是不清楚国王到底同意留给教民们多少建筑，最终还是拆了

[①] 圣托马斯·贝克特（1118年12月21日？—1170年12月29日），坎特伯雷主教，因教俗之争被亨利二世的四名骑士刺杀，罗马教皇宣布他是殉道者，追认为圣人。贝克特死后被葬在坎特伯雷大教堂。各地的教民不断涌来朝圣，增加了教堂的收入，使大教堂得以扩建，1220年贝克特的遗体从"东地穴"（Eastern Crypt）迁到新建的"圣三一礼拜堂"（Trinity Chapel），教民们将圣托马斯的"迁家日"定为节日，每年纪念。这座坟一直保存了三百多年。到1538年，英王亨利八世与罗马教廷决裂，解散各地修道院，命令将圣托马斯的尸骨掘出审判，审判后认定贝克特犯了通敌罪。他的尸骨被当众焚烧，他的墓地也被捣毁，亨利八世还命令不许再提他的名字，然而英国国教却认为圣托马斯是圣人并崇敬他，民间仍保留着纪念他的风俗。

[②] Stephen K. Land, *Kett's Rebellion: The Norfolk Rising of 1549*, Ipswich: Boydell Press, 1977, p. 20.

[③] Joseph Clayton, *Robert Kett and the Norfolk Rising*, London: M. Secker, 1912, p. 50.

这些教民们请愿保留的屋堂。① 由于弗劳尔迪精通法律，在争夺教产中占了便宜。② 这座小修道院的教产分配不当给那里的社会埋下了矛盾和仇恨的种子，一旦有机会就会爆发。7月12日，凯特的起义军到达诺威奇城北的斯普罗斯顿（Sprowston），砸毁了一个乡绅的鸽舍，也说明了起义军对教产处置的不公怀有愤恨之情。因为这座房子两年前是座小教堂——圣玛丽马德莱娜（Magdalen），被贵族绅士用来养鸽子，鸽子吃穷人地里的庄稼。③ 这些都可以说明解散修道院地产处置不当，引发了尖锐的社会矛盾。

（二）解散修道院扩大贫富差距，造成社会矛盾升级

解散修道院后地产买卖盛行，一些贵族地主借机大肆买卖地产，抬高地价，或提高地租，圈占土地放牧，造成社会矛盾升级。修道院被解散后，出于财政需求，同时为了谋求政治支持，王室通过转卖或赠送使大批地产转移到新贵族和工商业资产阶级手中，这些新兴势力借机大肆发财致富，进而成为宗教改革的既得利益集团。社会贫富差距加大，为矛盾冲突埋下隐患。到1547年，对修道院的土地进行的买卖有1552笔，作为礼物赠予的有41笔，作为礼物换取其他土地的有28笔，66%的修道院土地被国王转让给个人，④ 全国约五分之一的土地收益落入新贵手中。⑤ 这些人比原来的僧侣严酷得多，他们在利益驱动下大搞圈地养羊获利，大幅度提

---

① Stephen K. Land, *Kett's Rebellion: The Norfolk Rising of 1549*, Ipswich: Boydell Press, 1977, pp. 22 – 23.

② Julian Cornwall, *Revolt of the Peasantry, 1549*, London: Routledge & K. Paul, 1977, p. 138.

③ Frederic William Russell, *Kett's Rebellion in Norfolk*, London: Longman, 1856, p. 36; Stephen K. Land, *Kett's Rebellion: The Norfolk Rising of 1549*, Ipswich: Boydell Press, 1977, pp. 47 – 48.

④ Ken Powell, Chris Cook, *English Historical Facts 1485 – 1603*, London: Macmillan, 1977, p. 105.

⑤ G. R. Elton, *The Reformation 1520 – 1559* (The New Cambrige Modern History, Second Edition), Cambridge University Press, 1990, p. 27.

高地租，暴力驱逐原来土地上的佃户，造成大批农民流离失所，被迫靠出卖劳动为生或者流浪街头，社会秩序动荡不安。[1] 例如，1549年赫特福德郡的提顿汉格（Tyttenhanger）骚乱和圣奥尔本斯（St. Albans）起义就是解散修道院后贵族占有修道院土地并大肆圈地引发的社会矛盾激化的表现。提顿汉格骚乱发生的确切时间和规模已无从查证，但是至少我们知道有来自圣奥尔本斯和北米姆斯（North Mimms）的六人参加，他们推倒了位于瑞吉（Ridge）教区内提顿汉格公园的篱笆。提顿汉格公园北邻北米姆斯，土地延伸到圣彼得（St. Peter）的教区，直到圣奥尔本斯边界。这次骚乱的斗争对象是托马斯·波普（Sir Thomas Pope），他在1547年受赐修道院的教产，即提顿汉格的庄园和公园及养兔场，成为当地最富有的人，由此招致当地人的怨恨。而他新近在位于提顿汉格鹿苑周边约400英亩的科尔尼（Colney）荒地上圈了一块地用来养兔子，并享有全部收益。他在公用地上圈地养兔子的行为使平民对他由来已久的不满终于在1549年爆发。[2] 同年在圣奥尔本斯爆发的起义也是因平民对解散修道院后贵族的贪婪积怨已久。1549年7月，起义者在圣奥尔本斯附近集结，威胁要"豁开一些圈地，尤其是骑士理查德·李（Sir Richard Lee）的鹿苑"。[3] 李之所以成为起义者的攻击目标，是因为当地百姓早就对他心存不满。1544年亨利八世赐予他赫克斯顿和纽兰德—斯奎勒斯（Newland-Squillers）的庄园以及索普维尔（Sopwell）女修道院和圣奥尔本斯修道院的教产，当地老百

---

[1] G. W. Powers, *Oxford Annuals of English History*, No. IV. *England and the Reformation (A. D. 1485—1603)*, London, 1897, pp. 63 - 64.

[2] Amanda Claire Jones, "*Commotion Time*": *the English Risings of 1549*, Ph. D. Thesis, University of Warwick, 2003, pp. 241 - 243.

[3] 咨议会给圣奥尔本斯的起义者的一封信，所署日期是7月11日，这是已知的关于赫特福德郡起义的唯一证据。这封信被沙干转载在Ethan H. Shagan, "Protector Somerset and the 1549 Rebellions: New Sources and New Perspectives", *English Historical Review*, Vol. 114, No. 455 (Feb 1999), p. 61 (letter 7).

姓认为他是新兴的朝臣,在损害当地居民利益的情况下获得国王的赏赐。李在圣奥尔本斯及其周边有大量土地,而索普维尔鹿苑位于他的土地的中心地带。他计划在索普维尔宅邸(Sopwell Hall)建两个围场,一个用于养兔子,一个养鹿,这激起了当地居民的强烈不爱满,人们心中的积怨最终爆发。①

(三)解散修道院使社会贫困问题加重

解散修道院在一定程度上剥夺了依附于修道院的神职人员、仆从和当地平民的生活来源,加重了社会贫困问题。根据史料记载,在1530年,英国有修道士11000人,修女1600人,修道院825座。②修道院被解散后,这些人的生活都受到了不同程度的影响。首先,解散修道院直接产生贫困人口。虽然政府对修道院的神职人员用年金的形式进行了一定的补偿,但是有些人得到的年金不足以维持生活。道格拉斯认为,根据增收法院的名单,大多数被逐出修道院的神职人员都得到了政府的慷慨补偿,到1547年政府支付的年金总额已经很大,而且在爱德华六世期间也没有减少到计划应减少的数量。③而宗教史学者索特(Solt)认为,托钵僧未得到任何年金,修女得到的年金很少,大多数僧侣的年金不足6英镑。④与农业雇工年工资相比,未成年的童工的年工资为20—30先令,女工为2镑10先令至3镑,而大多数男工的年工资是3—7镑。⑤原修道院人员得到的平均年金大约相当于一个普通农业劳动力的收

---

① Amanda Claire Jones, "*Commotion Time*": *the English Risings of 1549*, Ph. D. Thesis, University of Warwick, 2003, pp. 244 – 245.

② Ken Powell, Chris Cook, *English Historical Facts 1485 – 1603*, London: Macmillan, 1977, p. 307.

③ C. H. Williams ed., *English Historical Documents 1485 – 1558*, New York: Routledge, 1996, p. 54.

④ Leo F. Solt, *Church and State in Early Modern England 1509 – 1640*, Oxford: Oxford University Press, 1990, p. 32.

⑤ Joan Thrisk, *The Agrarian History of England and Wales*, Vol. IV, 1500 – 1640, Cambridge University Press, 1967, p. 436.

入，而且还要受物价不断上涨的影响，他们的生活并不富裕。而年金更少的修女和没有年金的托钵僧处境则更艰难，如果找不到新工作的话，他们多数会陷入贫困，生活的艰难可想而知。其次，解散修道院使依靠修道院为生的平民失去了生活来源，贫困人口增加。修道院不仅通过祈祷和其他宗教活动给平民精神上的慰藉，而且还雇用大量的仆从、佃农和工匠。此外，修道院还给疲倦的旅行者提供庇护所、给受压迫者提供避难所，还有一部分贫民需要依靠修道院的救济生活。因此，大量平民依附于修道院勉强度日。[①] 修道院被解散后，贫民再也得不到修道院的救济，几乎被推上了绝路。在罗伯特·凯特被审判时，他为自己的起义行为辩护，明确地提到了这一点。1549年11月，罗伯特·凯特和威廉·凯特兄弟二人被带往王座法院（King's Bench）接受审讯。他们被指控犯有叛国罪。在为自己辩护时，罗伯特·凯特这样描述人民遭受的不公：

> 英格兰人民被贵族等压迫者残酷剥削。人民饱受压迫，被践踏、蹂躏，权利被剥夺，公用地被圈占，成千上万人流离失所，解散修道院后穷人便再没有办法得到不定期的救济，正在饥寒交迫中死去。[②]

此外，宗教改革对人们宗教信仰产生巨大冲击。以凯特起义为例，凯特家族的后人认为，农业革命和公共土地被圈占是起义的起因，拆除怀蒙德汉姆修道院增加了人们的反抗情绪。[③] 求恩巡礼中

[①] Geoffrey Moorhouse, *The Last Office: 1539 and the Dissolution of a Monastery*, London: Weidenfeld & Nicolson, 2008, pp. xvii – xviii.

[②] 转引自：Andy Wood, *The 1549 Rebellions and the Making of Early Modern England*, Cambridge: Cambridge University Press, 2007, p. 94.

[③] 这方面讨论参看克莱顿对于凯特的评价。Joseph Clayton, *Robert Kett and the Norfolk Rising*, London: M. Secker, 1912, pp. 53 – 57.

东部约克郡起义的领导者罗伯特·阿斯克（Robert Aske）曾说过，解散修道院和对宗教改革的恐惧本身就足以引发起义，因为它们涉及社会的各个群体，而社会的不公，如圈地，只影响几个不同的阶级。① 由此可见，解散修道院对英国的社会经济变化产生了深刻影响，导致多方面的矛盾加剧甚至激化。

二　爱德华六世时期的宗教改革

尽管亨利八世时期的宗教改革有深刻的影响，但并未真正地触及宗教教义和仪式，亨利八世在1547年1月去世时把这个任务留给了辅佐幼王爱德华六世的大臣们。② 1547年，爱德华六世颁布法令解散祈唱堂。③ 爱德华六世时期宗教改革对社会冲击最大方面莫过于解散祈唱堂和颁布新祈祷书。这严重地影响了人民的宗教生活，激起了人民强烈反对。

（一）解散祈唱堂引发教民强烈反对

1547年，爱德华六世即位后，萨默塞特政府的第一届议会通过的最重要法案就是《解散祈唱堂法》（Act for the Dissolution of Chantries），该法案明确规定解散英格兰和威尔士所有的祈唱堂（Chantry）（包括那些受社团、行会和教友团体支持的祈唱堂）、神学院（除位于牛津郡和剑桥郡的神学院）、小教堂，其财产移交给国王。④ 早在1545年，亨利八世时就曾颁布过法案解散部分祈唱堂，以增加税收用于支持其与法国和苏格兰的战争，当时的法

---

① 转引自 Leo F. Solt, *Church and State in Early Modern England 1509–1640*, Oxford: Oxford University Press, 1990, p. 33.

② S. T. Bindoff, *Ket's Rebellion 1549*, London: Historical Association, 1949, p. 10.

③ Ethan H. Shagan, *Popular Politics and the English Reformation*, Cambridge: Cambridge University Press, 2003, p. 236.

④ 祈唱堂，包括那些社团（corporations）、行会（guilds）和教友团体（fraternities），见 Leo F. Solt, *Church and State in Early Modern England 1509–1640*, Oxford: Oxford University Press, 1990, p. 48.

案并未公然抨击祈唱堂，而爱德华六世则采取新教立场，将矛头直指祈唱堂。[①] 改革方面与亨利八世一直采取的渐进主义策略不同，爱德华六世无疑是在推动一场深刻的宗教革命。亨利八世即使是在最激进的政策中对宗教的教义和仪式依然保持温和态度，没有从根本上改变，爱德华六世的萨默塞特政府则公然批判祈唱堂的宗教仪式，理由是他们为死者进行的祈祷是迷信活动。法案导言这样写道：

> 耶稣的受难使他们（教众）得到真正的彻底的救赎，而他们（祈唱堂的教士）视而不见，却捏造和幻想炼狱涤罪如此荒谬的信条，并为死者作弥撒赎罪，基督教中的许多迷信和错误已经深入到人们的头脑和观念中。举行30天追思弥撒是极其不妥的，而祈唱堂支持上述愚昧无知的信条，使这些错误的信仰得以延续。[②]

爱德华六世开除了所有为逝者祈祷者的教籍，禁止所有按照天主教的世界观为死者进行仪式和用以涤罪的祈唱堂、协会、教友会、神学院、自由教堂、讣告仪式、烛光仪式、祈祷名单等。从成千上万牧师身上没收了圣餐杯、圣体容器、法衣和其他天主教弥撒用的随身用具。[③]

解散祈唱堂之所以对人们产生重要影响是由当时祈唱堂在宗教信仰中的重要地位和作用决定的。中世纪后期的神学认为，耶稣在十字架上受难为教徒赎罪，人们出生时通过受洗礼来洗掉原罪的污

[①] A. G. Dickens, *The English Reformation*, London: Collins, 1967, p. 285.
[②] C. H. Williams ed., *English Historical Documents 1485–1558*, New York: Routledge, 1996, p. 775.
[③] Ethan H. Shagan, *Popular Politics and the English Reformation*, Cambridge: Cambridge University Press, 2003, p. 236.

点，从而使人类能够通过教堂和圣礼得到救赎。然而人们此后所犯下的可赎的小罪和犯罪的倾向并不能被洗礼净化，因此基督教徒需要靠忏悔、靠赎罪来净化灵魂，进而苦修。对大多数人而言死后必须先在炼狱赎罪，而后才能进入天堂。人们在炼狱中受折磨的时间由他们的罪行和他们苦修的程度决定。[①] 有罪的人自然想缩短其停留在炼狱中的时间，这就是"代祷"产生丰厚利益的基础。这些人可以付钱给牧师，让牧师在他们死后进行祈祷以救赎他们。根据这种理论，减少死后所受的苦难成为活着的人的首要目标，他们活着时千方百计想着如何缩短在炼狱中涤罪的时间。因而，祈祷尤其是为逝者祈祷成为中世纪修道院制度存在的原因和笃信宗教的人们从中得到满足的主要方式。为数众多的世俗之人在遗嘱中留言希望通过祈祷助他们的灵魂早日涤清罪过。代祷在天主教宗教生活中处于中心地位。代祷的普及程度表现在教区的代祷名单上。每个教堂都有本教区的死亡人员名单，每年朗读一遍，为他们的灵魂祈祷。有些教区的名单长达几百页，包含数千个亡者的人名，可追溯到几个世纪前。[②] 而为了死后让牧师为自己作弥撒或祈祷，生者不惜将大量的钱财捐给牧师。这就是祈唱堂产生和存在的基础和目的。可见，解散祈唱堂和解散修道院不同，解散修道院触及的是英国天主教的外围，而解散祈唱堂触及的是传统宗教仍在跳动的心脏。

　　解散祈唱堂对热衷于在生前为死后世界做准备的人们来说无疑是严重打击，很多人在精神上一时不知所从，产生了信仰危机。16世纪祈唱堂在社会中普遍存在，其数量不可低估。1546—1548年间，据克伦威尔的专员计算，全国有1189所至少有一名全职牧师的代祷机构。大的代祷机构包括祈唱堂、行会、自由教堂、学院、

[①] Ethan H. Shagan, *Popular Politics and the English Reformation*, Cambridge: Cambridge University Press, 2003, p.237.

[②] Ethan H. Shagan, *Popular Politics and the English Reformation*, Cambridge: Cambridge University Press, 2003, p.240.

有偿服务机构和医院，占整个英国教区的23%。[1] 而《解散祈唱堂法》颁布后，总共约有3000座祈唱堂、神学院和小教堂被解散，估价大概65万英镑教产被没收。[2] 然而，祈唱堂被解散后并未爆发大规模的起义，这主要是因为解散祈唱堂没收的财产仅为修道院被没收财产的1/4，而且祈唱堂在地理分布上更为广泛，因此其对英格兰人民的影响更为分散，但是解散祈唱堂也遭到了平民的暴力对抗。沙干认为，尽管这种暴力对抗数量不多，但其重要性却远大于其数量。[3] 当时的萨默塞特政府深陷苏格兰和法国的战争，无力派遣大规模的军事力量镇压解散祈唱堂引起的骚乱。而20多年前的求恩巡礼已经让政府和人民都意识到了大众抗议能够有效削弱政府触及大众利益的政策。因此，这些抗议活动往往为大范围的起义埋下种子。一般而言，解散祈唱堂本身不会导致暴力，但是当解散祈唱堂更加彻底地触及地方宗教时，暴力就成为一种可能。最明显的例子发生在康沃尔，当时克伦威尔的前助手国教副主教（Archdeacon）威廉·博迪（William Body）负责执行宗教变革。1548年4月5日，博迪调查了祈唱堂，并拆除了利萨德（Lizard）半岛上的教堂里的神像，而他在圣枝主日（Palm Sunday，复活节前的星期日）刚刚取消了蜡烛仪式，并在一周前耶稣受难日时禁止民众爬向十字架。博迪一系列的措施引发了民众不满，激烈的冲突终于爆发，一名祈唱堂牧师和两名自耕农带领一群人在博迪的住所袭击了他，并用私刑将他处死。[4] 随后一场小规模的地方性起义爆发，到4月7

---

[1] Ethan H. Shagan, *Popular Politics and the English Reformation*, Cambridge: Cambridge University Press, 2003, p.239.

[2] Leo F. Solt, *Church and State in Early Modern England 1509-1640*, Oxford: Oxford University Press, 1990, p.49.

[3] Ethan H. Shagan, *Popular Politics and the English Reformation*, Cambridge: Cambridge University Press, 2003, p.247.

[4] Ethan H. Shagan, *Popular Politics and the English Reformation*, Cambridge: Cambridge University Press, 2003, p.248.

日聚集在赫尔斯顿（Helston）的人群达到 3000 人，起义的领导者要求恢复亨利八世时期的宗教。地方绅士从德文郡和康沃尔东部组织了一支军队，起义军见状解散。5 月 17 日，国王宣布大赦但是不赦免起义的领导者；29 名领导者被判死刑，其中 10 人随后被执行死刑。① 同样，此类冲突事件也发生在约克郡的锡默（Seamer），即 1549 年的锡默起义。起义的领导者是东海斯勒顿（East Heslerton）的自耕农威廉·翁布勒（Ombler）、锡默的教区教士托马斯·戴尔（Dale）和翁布勒的侄子、戴尔的邻居史蒂文森（Stevenson）。起义人数从最初的几人扩大到 700 多人，先是锡默、温特汉姆（Wintringham）及周围几个教区的平民起来造反，然后他们到达斯塔克斯顿（Staxton），点亮灯塔，召集了大量支持者。② 聚集的人群把一个解散祈唱堂专员和他的妻子、另一个解散祈唱堂专员的仆人和约克市的前市长用私刑处死，"剥光他们的衣服，拿走他们的钱包，（把）他们赤裸裸地抛尸荒野，任凭乌鸦啄食"。③ 锡默起义有一个特点，它是一场直接反对政府解散祈唱堂政策的起义，尽管起义的原因包括平民的多种不满，但最大的不满就是这一区域内的大量祈唱堂被解散，包括锡默城堡（Seamer Castle）中的两个祈唱堂。因为，教民在失去了祈唱堂后要走一英里多的路才能到教堂过宗教生活。④ 起义者计划和德文郡和康沃尔的起义军联合。1549 年 8 月 21 日，约克郡的起义军在政府宣布赦免他们的罪行后解散，尽管如此，还是有 15 名起义者在韦克菲尔德（Wakefield）被绞死，另有

---

① Andy Wood, *The 1549 Rebellions and the Making of Early Modern England*, Cambridge：Cambridge University Press, 2007, p. 41.

② Amanda Claire Jones, "*Commotion Time*"：*the English Risings of 1549*, Ph. D. Thesis, University of Warwick, 2003, pp. 294 – 298.

③ 转引自 Andy Wood, *The 1549 Rebellions and the Making of Early Modern England*, Cambridge：Cambridge University Press, 2007, p. 169.

④ Ethan H. Shagan, *Popular Politics and the English Reformation*, Cambridge：Cambridge University Press, 2003, p. 248.

8人在锡默被处死。① 这场起义涉及人数众多，持续数周，并意在和同时期的东安格利亚及西南部起义联合，反映了平民对政府解散祈唱堂等行为的极大不满。再者，爱德华政府由于财政紧张，解散祈唱堂所获得的财产大部分很快被卖掉，促进了土地的流动，造成经济、社会影响。② 事实上大多数财产在王室接手之前就被贪婪的牧师和大臣们侵吞，他们通过赠予、购买或者非法挪用占有了祈唱堂的很大一部分财产。③ 因此不可避免地造成平民对国家政策的不满和社会不稳定。

（二）宗教仪式改革和颁布《爱德华祈祷书》导致教民反抗

爱德华六世时期推进宗教改革的另一项措施是颁布新的《祈祷书》，进行宗教仪式改革，这也进一步激化了社会矛盾，导致大规模起义。1549年萨默塞特政府颁布《祈祷书》，这是英国国教第一部完全用英语写成的圣餐礼仪祈祷书，目的是用圣餐礼（Holy Communion）替代弥撒，由此废除仪式的献祭特色。1549年新祈祷书送达各教区，命令从1549年6月9日开始由英国专用。④ 新祈祷书尽管语言温和，在推进精神改造方面却是激进的。新的圣餐仪式在英国西南部的牛津郡、白金汉郡和汉普郡激起骚乱和反抗。⑤ 1549年6月德文郡爆发起义，并蔓延到西南部的很多地区。西部起义的领导者主张他们重点反对爱德华六世第一次议会通过的宗教改革，包括使用新的祈祷书。起义者在他们的保守宣言中提倡恢复亨

---

① Andy Wood, *The 1549 Rebellions and the Making of Early Modern England*, Cambridge: Cambridge University Press, 2007, pp. 54–55.

② A. G. Dickens, *The English Reformation*, London: Collins, 1967, p. 286.

③ C. H. Williams ed., *English Historical Documents 1485–1558*, New York: Routledge, 1996, p. 53.

④ C. H. Williams ed., *English Historical Documents 1485–1558*, New York: Routledge, 1996, pp. 63–64.

⑤ Ethan H. Shagan, *Popular Politics and the English Reformation*, Cambridge: Cambridge University Press, 2003, p. 282.

利八世时期的六条信纲，恢复为在炼狱中涤罪的灵魂进行个人弥撒，恢复与圣餐仪式为一体的拉丁弥撒及一些旧仪式，包括使用圣像（images）、圣灰（ashes）和圣叶（palms）。宣言还要求停止使用大圣经（Great Bible），因为神职人员再也不能用大圣经区分异教徒了；撤销新的圣餐仪式，因为英国西南部以凯尔特人为主，只有很少的康沃尔人能理解用英语进行的纪念耶稣基督的活动。起义者还要求用没收的祈唱堂和小修道院（abbey）土地在每个郡新建两座小修道院（abbey）。起义最终被镇压，1550年1月有4名起义者被绞死。①

总之，从中长期社会变革来看，宗教改革使社会产生了一系列的经济、社会、信仰问题。宗教信仰危机是1548—1549年社会危机产生的又一个重要因素，有时往往是决定性的。

第三节　物价上涨、人口和贫困问题造成社会危机

严重的社会危机和经济危机削弱了国家的统治力，促使平民不满，社会不稳定。一些问题直接由政府导致，而另一些问题则不受人的意志控制。除了圈地运动和宗教改革之外，导致1548—1549年社会危机的原因还有物价上涨、贫困问题、人口增长和对外贸易低增长几个方面。从短期因素来看，特价上涨导致大量穷人破产，凯特在其政治纲领中明确提出对物价上涨的不满。而严酷的社会政策又加重了都铎时期的社会危机。

一　物价上涨

物价上涨是除圈地运动之外引发社会动荡的另一个经济因素。

---

① Leo F. Solt, *Church and State in Early Modern England 1509–1640*, Oxford University Press, 1990, p. 50.

15 世纪末到 16 世纪初西欧各国对海外地区进行殖民掠夺，西欧的商业和国际贸易空前发展，大量金银流入欧洲，使物价迅猛上涨，引起了欧洲历史上著名的"价格革命"。

根据费尔普斯·布朗·霍普金斯（Phelps Brown – Hopkins）消费指数的数据，爱德华六世在位第一年，物价比 1540 年高 46%。1548 年稍有下降，然而在 1549 年又进入上行通道。1549 年凯特起义时期物价比 1548 年高 11%。通过鲍登（Bowden）农产品价格指数来看，1548 年到 1549 年的通货膨胀率更高。"价格革命"给都铎的统治带来了一系列严重的问题。当时的统治阶层不能理解通货膨胀现象——即使其显而易见——也不能察觉问题所在。政府在军事扩张和对外战争中的花销远大于其财政收入，不可避免地面临严重的金融危机。政府的财政收入增长无法平衡快速增长的通货膨胀，因为有产阶级同样面临通货膨胀的压力，所以无法接受更高的税率。于是，亨利八世采取了短期的补救措施，铸币贬值，这一政策也被护国公萨默塞特运用。铸币贬值在三方面进行：新铸币面值不变的情况下减重、减少含金银量和增加旧铸币面值。1551 年铸币贬值政策结束时，市场上的货币供应量增加了两倍，而且供应的货币几乎全为银币。铸币改造不但没有减轻通货膨胀带来的财政压力，反而恶化了财政问题。铸币改造虽然增加了市场的货币供应，但市场需求并没有增加，无论是农业还是工业产值都没有多少增长。据估计，英国政府在 1542 年到 1551 年间因铸币改造所获收益高达 127 万英镑。货币大贬值是政府为避免财政不足而采取的"紧急财政手段"，却是对英国人民赤裸裸的抢劫。[1] 价格革命对英国社会经济方方面面都产生了深刻的影响，并最终导致社会下层人民的

---

[1] Barrett L. Beer, *Rebellion and Riot: Popular Disorder in England During the Reign of Edward VI*, Kent: Kent State University Press, 2005, p. 19; E. H. Phelps Brown and S. V. Hopkins, " Seven Centuries of the Prices of Consumables: Compared with Builder's Wage Rates" in Peter H. Ramsey, ed., *The Price Revolution in Sixteenth – Century England*, (London. 1971), p. 27 – 30.

生活困难，尤其靠工资生活的穷人。物价上涨导致贫富差距加大，直接引发了人民不满，导致社会危机。

（一）都铎中期物价上涨问题尤为突出

第一，16世纪中叶物价上涨速度远大于工资上涨速度。16世纪初期，已经持续了150年左右的物价稳定开始让路于物价逐步增长。从1500年到1540年，物价上升了50%，而后的20年间翻了一倍还多。[①] 此后价格曲线趋于平缓，但是到16世纪末物价已经是100年前的约5.5倍。[②] 关于16世纪价格指数的数据，到目前为止，由 E. H. 菲尔普斯·布朗（E. H. Phelps Brown）和希拉·V. 霍普金斯（Sheila V. Hopkins）于1956年编纂的最权威。[③] 它以南部英格兰的家庭生活消费品为基础，主要是食品，也包括一些加工品，如纺织品。费尔普斯·布朗·霍普金斯的价格指数的基本点是1451—1475年的指数，这是长期稳定物价的结束期。指数100指这一时期家庭菜篮子的平均价格。直到1510年都铎通货膨胀开始，指数继续徘徊在100的水平，1521年价格指数急剧上升到约167，直到16世纪40年代才保持相对稳定，一直围绕150波动。在1540年代末急剧上升到200，1555年达到270，1556年达到370，1557年达到409。达到顶峰之后在1558年明显下降为230，此后保持稳定增长。[④] 而工资的增长并未和物价的波动同步，图3—1是1500—1560年价格指数和工资增长率的曲线图，从中可以看出物价的波动和工资增长率并不一致，物价的涨幅在1549年前后远远高于工资的增长率。

[①] G. R. Elton, *England under the Tudors* (2nd ed.), London: Methuen & Co. Ltd., 1974, p. 224.

[②] G. R. Elton, *England under the Tudors* (2nd ed.), London: Methuen & Co. Ltd., 1974, pp. 224-225; John Clapham, *Concise Economic History of Great Britain, From the Earliest Times to 1750*, Cambridge University Press, 1963, pp. 186-187.

[③] Peter H. Ramsey, *Tudor Economic Problems*, London: Gollancz, 1963, p. 115.

[④] Peter H. Ramsey, *Tudor Economic Problems*, London: Gollancz, 1963, p. 116.

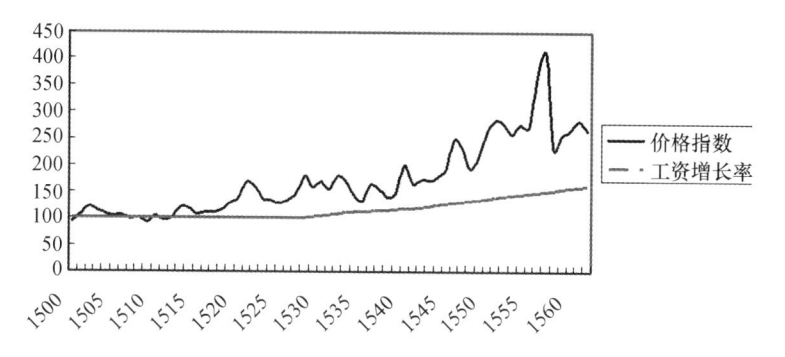

图 3—1　1500—1560 年价格指数和工资增长率

资料来源：据 Peter H. Ramsey, *The Price Revolution in Sixteenth - Century England*, Bungay: Methuen & Co Ltd., 1971 第 24 页图和第 38 页数据绘制。

第二，粮食价格大幅上涨。对于羊毛业发达的都铎英国来说，如果全社会物价上涨，那么粮食价格的上涨影响最大，无论是粮食的消费者还是生产者都会感到价格上涨所带来的经济压力。[①] 以最重要的粮食小麦的价格上涨为例。小麦价格在 16 世纪逐年上涨，年度波动越来越剧烈。表 3—1 是 1501 年到 1558 年间小麦价格的算术平均值和离差的对比，通常离差越大，问题就越严重。从表 3—1 中可见，1541 年到 1550 年间离差最大，说明当时的问题非常严重。

表 3—1　　　　小麦价格（先令/夸脱）离差和算数平均值

十年期	1501—10	1511—20	1521—30	1531—40	1541—50	1551—58
算数平均值	6.04	7.40	8.07	8.31	11.38	9.98
离差	1.3932	1.6093	2.3941	1.7493	4.0162	3.3176

资料来源：Peter H. Ramsey, *The Price Revolution in Sixteenth - Century England*, Bungay: Methuen & Co Ltd., 1971, p.79.

[①] G. R. Elton, *England under the Tudors* (2nd ed.), London: Methuen & Co. Ltd., 1974, p.226.

第三，地价、地租和罚金上涨速度快。关于诺福克和全英国地租价格变化的资料较少，但是我们仍能从一些记载中窥见一斑。拉姆齐的作品中提供了关于威尔特郡的数据，根据赫伯特（Herbert）和西摩（Seymour）的地产记载，地租上涨非常明显。在一个世纪的时间里赫伯特庄园每英亩土地的租金上涨至原来的5倍，而西摩的地产租金几乎上涨至原来的9倍。其他地区的租金也是同样在上涨。至于罚金，罚金一般比租金更不稳定，因此可能比租金涨幅更大。① 关于土地价格，史学家惠特尔通过计算发现，1520—1529年非技术农业工人需要95天的劳动报酬就可以买一英亩土地，而1540—1559年则需要327天。②

总之，16世纪中叶英国出现了物价上涨现象，有上涨幅度过快，影响范围广的特点。尤其体现在地租和罚金这些与社会最底层人民密切相关的方面。

（二）价格上涨影响了社会稳定导致社会危机产生

欧洲的价格革命对16世纪的英国上至国王、下至平民的社会各个阶层产生了重大影响，引发了社会、经济等方面的诸多矛盾和巨变。但是价格上涨的最终受害者是靠工资生活的社会下层人民。

首先，国王治理国家成本加大，逐级向下摊派，最终由平民承担。在都铎时期的英格兰，发生了几次严重的通货膨胀。第一次严重的通货膨胀发生在亨利八世期间。亨利八世在战争中消耗了亨利七世积攒的巨额财富，为了解决政府面临的严重财政危机，英国政府在1544年到1551年对铸币进行了一系列的改造，改变铸币的重量和成色（铸币中贵金属的比例），小面值的银币被改铸成面值更

---

① Peter H. Ramsey, *Tudor Economic Problems*, London: Gollancz, 1963, p. 42.
② 惠特尔利用霍文厄姆（Hevingham）庄园记录，发现一英亩土地1529—1543年价格是48先令8便士，到1544—1558年涨到114先令4便士。见 Jane Whittle, *The Development of Agrarian Capitalism: Land and Labour in Norfolk, 1440–1580*, Oxford: Oxford University Press, 2000, pp. 112, 242–244.

大的银币，把每块硬币的含银量减少至亨利七世时的六分之一。这一系列措施使国王从中获利丰厚。[①] 平民不可避免地受到了影响，当农民用卖农产品的钱购买必需品时，发现新铸币购买力大大下降，这相当于实际收入减少。[②] 价格上涨最明显的后果就是其引发的食物短缺直接影响了英格兰国内稳定，而且国家还要增加开支用于补给军队。[③]

其次，贵族地主利益受到影响，向佃农索取更多。物价和成本的上涨打破了贵族地主先前所维持的收支平衡。物价的上涨使靠收取固定地租的地主很难维持他们原有的生活水平，迫使他们不得不改变原来固定的地租，并通过提高罚金来确保自身的利益。而佃农则按照原来的地租持有土地，并在处于物价上涨期的市场上出卖农产品。物价上涨使土地所有者口袋里的钱落入佃户手中。最终造成按固定价格出租土地的地主试图从土地上获得更多收益以维持自己的生活水平。[④] 他们所采取的方式就是提高租金和罚金。

再次，租佃关系紧张，佃农阶层加速分化。从某种意义上说，地主试图调整地租以适应上涨的物价并获得不断增长的农业收益，并非不合理。但是长期享受低租金的佃户面对支出的增加和被驱逐的威胁，必然强烈反对。而高额的租金和罚金有时也只不过是地主驱逐佃户的手段。地主和佃户之间的矛盾凸显并且升级。面对高额的地租和罚金，一些小农别无选择，只好离开赖以生存的土地，成

---

① Peter H. Ramsey, *The Price Revolution in Sixteenth - Century England*, Bungay: Methuen & Co Ltd., 1971, p. 94.

② Julian Cornwall, *Revolt of the Peasantry, 1549*, London: Routledge & K. Paul, 1977, p. 20.

③ Peter H. Ramsey, *The Price Revolution in Sixteenth - Century England*, Bungay: Methuen & Co Ltd., 1971, pp. 93 - 94.

④ G. R. Elton, *England under the Tudors* (2nd ed.), London: Methuen & Co. Ltd., 1974, p. 233.

为雇佣工人或者加入流民的队伍。① 还有，大多数生产者是小农，他们仅在市场上出售少量农产品。由于缺乏资金，他们不得不靠借贷维持耕种，而他们种出来的农产品却越来越不值钱，以至于连租金都付不起。② 最后也只能被迫离开土地。贵族阶层在利益的驱动下加速土地买卖，而土地的反复易手侵害了靠土地为生的农民的利益，造成两者之间的矛盾深化。物价上涨助长了投资的热情，而土地既是社会地位的象征，又是可靠的投资手段，土地买卖促进了地产的重新分配。佃农阶层在物价上涨的过程中加速分化成为富裕农民和无地农民。物价上涨对靠工资生存的人来说是场灾难，城镇靠工资生活的人很多，这一点不难理解，对于农业地区来说，庄园制经济的瓦解产生了越来越多的农业雇工。惠尔特也认为，16世纪中叶土地的流动性大大增加，大块土地被分割后流入土地市场，这意味着无地的人和拥有小块土地的人被逼出市场。③

最后，物价上涨使得城镇居民的生活水平下降，导致贫困人口增加。16世纪，平民经历着生活水平严重下降。城镇的发展使更多人从自给自足的农村走向依赖市场供给粮食的城镇，物价上涨使他们的实际工资减少，他们不得不削减其他方面的开支，优先购买食物等必需品，这又成为食品价格上涨的推动力。正如比尔所指出的那样，15世纪约克郡的贫农的生活水平远高于他们生活在亨利八世统治下的孙子们。16世纪中叶实际工资和物价间的鸿沟开始拉大，并于1597达到顶峰。"从1540年代到1550年代，城镇劳工的实际工资下降了50%，使得劳工们食物中肉类比重下降，谷物比重上升。"霍斯金斯（W. G. Hoskins）估计劳动人民的收入用在饮食方面的比例高达80%到90%，有三分之一的人口生活在贫困线

---

① Peter H. Ramsey, *Tudor Economic Problems*, London: Gollancz, 1963, p. 43.
② Julian Cornwall, *Revolt of the Peasantry*, *1549*, London: Routledge & K. Paul, 1977, p. 20.
③ Jane Whittle, *The Development of Agrarian Capitalism*: *Land and Labour in Norfolk*, *1440 – 1580*, Oxford: Oxford University Press, 2000, pp. 102, 107, 110, 152, 167, 175, 190.

以下。① 当他们入不敷出时，只能忍饥挨饿，或者加入流浪、乞讨的队伍，成为威胁社会稳定的因素。而城镇的雇佣工人，他们有些既没有房子也没有土地，工资以货币方式支付。他们受物价上涨的打击更大。② 伍德也注意到物价上涨是造成起义的原因之一。1549年的物价比1548年上涨11%，而1550年代物价比1530年代上涨了95%。③ 谷物和肉类的价格上涨，实际工资的减少，使大佃户可以以较高价格卖掉自己的农产品，以较少的工资雇佣工人。④

总之，价格上涨影响到了各个阶级的利益，而处在社会上层的阶级为了维护自己的既得利益势必做出对自己有利的调整，最终使佃农阶层分化，产生一小部分从物价上涨中获益的富裕佃户，也同时产生了更多的无地贫农。这些无地贫农转化成靠工资生活的农业或手工业雇工，其生活直接受到物价上涨危害。价格上涨的影响经过转嫁，使那些靠工资维持生活的人，无论是乡村的还是城镇的，成为终极受害者。

通过以上分析，可以看出，价格上涨问题在16世纪中叶尤其突出，对社会产生了巨大的影响。而当时的人们并不理解物价上涨的真正原因，只是按照常识和表象把物价的上涨归咎于提高土地租金和罚金的地主、圈地主、牧羊人，甚至羊，这在一定程度上激化了社会矛盾。⑤ 当时人们通常认为价格应该稳定，除非在食物短缺时期。因而在粮食相对充裕时期价格上涨，人们很自然会认为是一

---

① Barrett L. Beer, *Rebellion and Riot: Popular Disorder in England During the Reign of Edward VI*, Kent: Kent State University Press, 2005, pp. 19, 21.

② Peter H. Ramsey, *The Price Revolution in Sixteenth-Century England*, Bungay: Methuen & Co Ltd., 1971, p. 67.

③ Andy Wood, *The 1549 Rebellions and the Making of Early Modern England*, Cambridge: Cambridge University Press, 2007, p. 30.

④ Jane Whittle, *The Development of Agrarian Capitalism: Land and Labour in Norfolk, 1440-1580*, Oxford: Oxford University Press, 2000, pp. 242-243.

⑤ Julian Cornwall, *Revolt of the Peasantry, 1549*, London: Routledge & K. Paul, 1977, p. 18.

些道德败坏的人从中作祟。这种观点受中世纪"公平的价格"的法律原则和社会习惯影响。该原则表明每件东西都有自身合理的价格，符合由自然法则确定的抽象价值，包含原材料的真实价值、劳动力价值、生产产品所花费的时间等。而这种公平的价格在任何地方都是相同的，除非该商品短缺。那个时代还认为金钱的价值代表金属的内在价值（即它的公平价格），进而价格应该保持稳定，除非有人用不正当的甚至是亵渎神明的方式干扰自然秩序。[1] 因此，这种法则促使不知所措的人想要给价格上涨找到替罪羊，并禁止少数人的非法和自私行为。正是由于上述原因，佃户把地主、商人、牧羊人甚至是羊或者任何作为阻止或损害其权利的人作为斗争的目标。所以，造成小农和大佃户的佃户以及雇佣工人与大佃户之间产生直接矛盾。农业结构中的社会关系受到价格上涨和工资固定矛盾的冲击。[2] 社会关系紧张，极易使矛盾升级。总之，物价上涨影响了各个阶层，激化了社会矛盾，产生了大量贫困人口，危及社会稳定。

一言以蔽之，物价上涨是导致1549年平民对社会不满的一方面原因，增加了社会危机的风险。

二 贫困问题、人口增长和对外贸易衰减

人口增长、对外贸易的衰减和贫困问题加重了爱德华六世时期的社会危机。

（一）贫困问题

都铎时期贫困问题十分严重，而政府对穷人残酷的政策将社会底层人民"逼上梁山"。庄园经济的瓦解、宗教改革、价格革命使

---

[1] G. R. Elton, *England under the Tudors* (2nd ed.), London: Methuen & Co. Ltd., 1974, p. 225.

[2] Jane Whittle, "Lords and Tenants in Kett's Rebellion 1549", *Past & Present*, Vol. 207, No. 1 (May 2010), p. 40.

英国的农民数量越来越少,失去土地的农民只好进入资本主义雇佣市场。为了活命,他们不得不进入生产羊毛制品的手工工场和其他产品的手工工场,成为资本家的廉价劳动力。为了使被驱逐的农民很快地安置下来,英国国王在颁布限制圈地法令的同时,也限制流浪者,目的是让那些从家园中被赶出来的农民去接受工资低廉的工作。然而,严刑峻法并不能解决农村失地农民的流浪问题,许多破产农民还是参加了起义。

在凯特起义前一百多年的时间里,英国政府颁布过一系列针对流民的法律来惩治流浪乞讨者和限制救济贫民。大约从15世纪20年代开始,英国流民数量大增,并成为威胁社会稳定的因素。[1] 哈里逊将处于社会最底层的贫民分为三类,第一类是由于疾病缠身或身体羸弱而没有劳动能力的穷人,如孤儿、老人,及残疾人;第二类穷人是因为遭遇不幸而变穷的,如受伤的兵士、破产的房主和地主,还有被病痛折磨的人;第三类则是由于自身的懒惰变为穷人的,这些人放荡成性、无药可救,如流浪者、行骗者、娼妓以及叛乱者。[2] 这三类人中大多数都没有生产资料,无家可归,无事可做,只能靠流浪乞讨为生。1531年亨利八世颁布法令对乞丐和流浪者进行惩处,法令的导言中提道:"长期以来英国乞丐和流浪者的数量与日俱增,他们是窃贼、杀人犯等,他们是万恶之源、无所事事、十恶不赦、罪大恶极,引起上帝极大不满,使人民不安,国家动荡。尽管国王和诸位先王已经制定了各种法律,流浪者和乞丐却不减反增。"[3] 可见流民问题已经深深困扰英格兰。

---

[1] Whitney R. D. Jones, *The Tudor Commonwealth 1529 – 1559*, London: Athlone Press, 1970, p. 117.

[2] William Harrison, *The Description of England: the Classic Contemporary Account of Tudor Social Life*, New York: Dover P. Inc, 1994, pp. 179 – 181.

[3] C. H. Williams ed., *English Historical Documents 1485 – 1558*, New York: Routledge, 1996, p. 1025.

中世纪末期流民增长主要由封建社会向资本主义社会转型期人口结构性增长造成的。都铎时期的流民更多是由经济原因造成的，社会转型期生产关系和生产力之间的矛盾凸现，流民以被剥夺了生产资料、无工可做、无家可归而被迫流浪者居多。此外，当时人口较以前有较大幅度增长，贫民的数量也大量增加，解散修道院及其他慈善性的宗教机构进一步增加了贫民数量。[1]

都铎政府为了稳定社会秩序，采取了控制流民的措施。到1549年，都铎政府共颁布了四部和流浪乞讨者相关的法律，其政策以惩罚为主，有时甚至施以重刑。政府在1495年颁布《反流浪乞讨法》（An Act against Vagabonds and Beggars）关注流民问题，并从1536年开始颁布一系列法律救济贫民，将慈善、提供工作和惩罚相结合的措施制度化。[2]

亨利七世时期（1495年）颁布的《反流浪乞讨法》，对流浪者和乞讨者采取惩罚措施。对于流浪者，法律规定给被抓住的流浪者戴上脚枷，关押三天三夜后再放回家，关押期间只给他们面包和水。[3] 如果流浪者第二次在相同的城镇被抓就要戴枷六天。[4] 对于乞丐，法律规定：没有劳动力不能工作的各种乞丐只能在指定的地方行乞，即他最近所住的地区或者出生的地区，不得到规定地区外去行乞，如果被发现违反规定，就要受到和流浪者一样的惩罚。[5] 亨利八世时期，1531年颁布了《惩治乞丐和流浪者法》（An Act

---

[1] Paul Slack, *The English Poor Law, 1531 – 1782*, Cambridge: Cambridge University Press, 1995, p. 113.

[2] G. R. Elton, *England under the Tudors* (2nd ed.), London: Methuen & Co. Ltd., 1974, p. 260.

[3] Paul Slack, *The English Poor Law, 1531 – 1782*, Cambridge: Cambridge University Press, 1995, p. 115.

[4] C. H. Williams ed., *English Historical Documents 1485 – 1558*, New York: Routledge, 1996, p. 1023.

[5] Penry Williams, *The Tudor Regime*, Clarendon Press: Oxford University Press, 1979, p. 196.

Concerning Punishment of Beggars and Vagabonds），这项法律简化了对流浪者的惩罚，严格界定了"定居"的概念，法律规定流浪者先是被鞭笞，而后被遣返回他的出生地或者过去居住过至少三年的地方，到1598年改为至少居住过一年的地方。并进一步规定，没有劳动能力的乞丐可以被当地政府授权行乞。①

1531的法律规定，凡被迫靠行乞为生的年老、贫困和没有劳动能力的人，可以持乞食特许证行乞，但是不得到规定地区以外的地方乞讨，否则将被送到治安法官那里，戴上枷锁，关押两天两夜，只给面包和水，然后要发誓立即返回规定行乞地。对于那些有劳动能力却靠流浪为生的人，不管是男是女，只要被抓住就要就近送到治安法官那里，然后赤身被绑在马车后面游街示众，被鞭笞直到全身流血，并被要求发誓回到出生地或者受罚前三年居住的地方进行劳动；在受罚之后他们身上被印上受罚地、受罚时间的印章，证明他们曾受过惩罚，并在返回途中据此乞讨，如果拒不执行他们将再次被抓并被鞭笞，如此反复直到他们不再乞讨而是靠劳动为生。②由此可见这项法律的残酷程度。1536年的法律又加大了惩罚的力度，对于没有工作的流民，不论性别，第一次被捕要受到鞭笞惩罚，第二次则加倍鞭笞，第三次则会被判重罪处以绞刑。③

1547年爱德华六世即位的第一年又颁布了都铎王朝历史上最为严酷的法律《惩治流浪和济贫法》（An Act for the Punishment of Vagabonds and for the Relief of the Poor and Impotent Persons 1547），对流浪者和乞丐的惩罚达到了前所未有的程度。该法律首先废除旧法。新法规定：（1）凡是有劳动能力但是三天及其以上不劳动的人，就

---

① Paul Slack, *Poverty and Policy in Tudor and Stuart England*, London; New York: Longman, 1988, p. 118.
② C. H. Williams ed., *English Historical Documents 1485–1558*, New York: Routledge, 1996, pp. 1025–1027.
③ Joseph Clayton, *Robert Kett and the Norfolk Rising*, London: M. Secker, 1912, p. 32.

是流浪者。(2) 健康的流浪者被抓住如有两个证人证实或者自己承认，就立即要用烙铁在其胸上印一个"V"字，表示是流浪者，并给人做两年奴隶。主人只给他们一点面包和少许水，并用链条拴住他们，鞭打迫使他们劳动或者给他们做恶劣的工作；如果未经主人允许离开的时间超过十四天，就要受到鞭笞惩罚，如果有人证明其是出逃，就会在其额头或者脸颊上烙上一个字母 S（意为"奴隶"），终生为奴，再次出逃将被处以死刑。(3) 5—13岁的流浪儿童要被强行招募做仆人或学徒，男性做到24岁，女性到20岁，如果中途出逃则被罚当奴隶。①

都铎时期惩治流浪和乞讨的法律并非一味严苛，也表现出人性化的色彩。1536年开始，法律首次增加了帮助和减少流民的措施，规定不能仅靠社会自愿的慈善救济贫民，强壮的有劳动能力的流浪者和乞丐应该靠自己的双手不断劳动来谋生；对于乞讨或游手好闲的5—13岁的儿童则要送到农场劳动或学习手艺以便成年之后能自食其力。② 维护法律和秩序无疑是制定法律的根本动机。一方面，政府的政策从单纯的严厉惩罚到要求社区、教区等帮助流民找工作或者使他们有一技之长，说明政府的社会责任感在不断增强；另一方面，这些法律的实施往往依靠地方政府、教区、商人或者雇主，利益驱动和阶级性势必导致执行过程中对法律的歪曲或执行不到位。所以，尽管有良好的立法初衷，但是当其人性的一面不能得到贯彻时，往往可能使问题更加严重。

通过以上分析可以看出都铎时期惩治流浪和乞讨的法律经过几次修改，虽然从1536年开始稍微增加了救济的色彩，但是从整体上看，惩罚措施越来越严酷。这从侧面说明了流民问题越来越严

---

① C. H. Williams ed., *English Historical Documents 1485 – 1558*, New York: Routledge, 1996, pp. 1028 – 1029.

② C. H. Williams ed., *English Historical Documents 1485 – 1558*, New York: Routledge, 1996, pp. 1028 – 1029.

重，到爱德华六世时期达到最为尖锐的程度。根据拉姆齐的描述，当时乞丐和流民寄生于城镇，并在农村大量云集，威胁着社会的治安。① 流民问题一直是困扰政府的问题，威胁着社会的稳定。

此外，关于流民和雇佣工人的界限是模糊的，简·惠特尔（Jane Whittle）证明在16世纪中叶，东安格利亚地区存在少量靠工资为生的年轻的男性群体，他们为了找工作往往在村庄间流动，这些流动农业工人是农村经济必不可少的组成部分，但同时他们也是农村治理的不安定因素。值得注意的是这些无地的靠工资为生的雇工，往往被他们富有的雇主们"定罪"地称为"流民"。此外，在16世纪中叶总人口不变的背景下，季节性的、随意性的雇工数量有所增加。② 因此，很难将临时的流民和雇工明确地区分开，当遇到歉收、地区性经济结构调整、物价上涨、人口增长等威胁时雇工的生活条件变得更加恶劣，以致沦为长期的流民。雇佣工人作为潜在的流民和乞丐在一定条件下成为社会不稳定的因素。粮食价格的上涨会直接导致生活在贫困边缘的人们陷入困境，也使贫困人口更加贫困。

总之，在贫困问题加剧的情况下，英国政府的一系列严酷的法律不但没有减少流民还把破产的农民逼上了绝路，这为英国在1549年爆发全国性的起义创造了阶级基础。

(二) 人口和对外贸易问题

英国虽然从16世纪中叶以后到17世纪人口增长最为迅猛，但在16世纪中叶之前已经开始出现人口增长的苗头，并引发了社会问题。像价格革命一样，人口增长所引发的一系列社会问题是当时人们所无法理解的。当时的都铎政府不知道英国人口的数

---

① Peter H. Ramsey, *Tudor Economic Problems*, London: Gollancz, 1963, p. 158.
② Andy Wood, *The 1549 Rebellions and the Making of Early Modern England*, Cambridge: Cambridge University Press, 2007, p. 166.

量,也没有意识到人口统计的重要性,那个时代的人们不理解人口增长会产生问题,因为经验告诉他们只有人口衰减才会产生问题,黑死病之后人口衰减,并且持续衰减到1530年代。[1] 最近的人口研究显示,英格兰1520年代人口数量在230万左右,也只不过比黑死病之前人口高峰时1377年的人口数量高一点。16世纪早期一些地区人口有所增长,比如在伦敦周边郡、萨塞克斯郡和伍斯特郡这样人口少的郡人口增长比较明显。1530年之后人口出现了一个迅猛的增长,1603年人口数达到375万。学者对人口增长所带来的社会和经济影响一直以来都有不同的观点,但是毫无疑问,人口增长导致社会对食品和日用品需求增长,进而导致土地短缺,刺激物价上涨。[2] 人口增长和耕地减少迫使佃户支付高额罚金和地租,加速了小农的阶级分化,不可避免地产生大量贫困人口,威胁社会稳定。

在价格革命的背景下,对外贸易低增长也同样加重了社会危机。16世纪英国的海外贸易品主要包括原毛和毛纺织半成品。随着毛纺织品出口的增加,附加更少工人劳动的原毛产品出口大幅缩减。毛纺织品主要在西部郡、东安格利亚和约克郡生产,经由伦敦出口到低地国家。彼得·拉姆齐(Peter H. Ramsey)估计高达88%的布匹出口经伦敦运出。爱德华六世即位以来,毛纺织品成为国家最为主要的出口产品,其商业利润和政治利益也最为伦敦商人和英国政府所重视。通过出口毛纺织品,英国换回了外国的许多奢侈品,尤其被上层社会青睐的红酒、香料和珠宝,而平民基本上可以被国产商品所满足。[3] 在货币贬值的前四年,1544—1548年英国

---

[1] Barrett L. Beer, *Rebellion and Riot: Popular Disorder in England During the Reign of Edward VI*, Kent: Kent State University Press, 2005, p. 18.

[2] Julian Cornwall, "English Population in the Early Sixteenth Century", *The Economic History Review*, New Series, Vol. 23, No. 1 (Apr., 1970), pp. 32–44.

[3] Peter H. Ramsey, *Tudor Economic Problems*, London: Gollancz, 1963, pp. 51–53.

的毛纺织产品出口保持基本稳定，1548—1550 年出口增长率则降低。在这种经济低增长情况下货币贬值不可避免地对英国经济造成严重冲击。因为，毛纺织品较之原毛产品具有更高的劳动附加值，即这种商品包含更多的工人劳动。在经济停滞的情况下货币贬值就是经济滞胀的结果，滞胀必然影响到毛纺织业内靠工资生活的工人的实际收入。而毛纺织业在英国经济中占有举足轻重的地位，滞胀不可避免地增加了英国低收入人口的比例。实际上在起义爆发前，萨默塞特政府一直走在政府财政危机的边缘。当然，政府的财政状况不直接影响平民的生活，自耕农、公簿持有农、小商人的利益局限于地方社会。平民只有在实际工资收入下降时才受到影响。因此对外贸易也可以视为造成社会动荡的原因之一，但其不足以直接引发起义。①

简而言之，价格上涨、人口增加、贫困、对外贸易低增长等方面的问题使社会出现危机。

小　结

1549 年的危机包括经济、宗教、社会、政治危机。② 凯特起义是 1549 年英国社会危机的集中表现。除凯特起义外，1548—1549 年英国各地发生了广泛的社会动荡，起义频发。这主要是由英国社会处于封建社会向资本主义社会转变的"过渡期"，社会变革和社会关系不相适应造成的。

英国陷入重重社会危机乃是多方面变革积累叠加的结果。首先，16 世纪中叶英国处在转型时期，生产关系由封建的庄园制向

---

① Barrett L. Beer, *Rebellion and Riot: Popular Disorder in England During the Reign of Edward VI*, Kent: Kent State University Press, 2005, p. 20.

② Andy Wood, *The 1549 Rebellions and the Making of Early Modern England*, Cambridge: Cambridge University Press, 2007, p. 30.

资本主义农业雇佣劳动制发展。16世纪中期英国的毛纺织业和牧羊业发展达到了顶峰，圈地运动损害了社会下层人们的生活，同时资本主义农业的发展催生了新的富裕自耕农阶层。乡绅和贵族在圈地运动中与富裕自耕农展开竞争，变本加厉地侵占社会公共资源，剥削贫困农民。圈地运动和农业资本主义的发展造成社会阶级严重分化。其次，都铎前期的宗教改革政策使英国陷入宗教信仰危机。解散修道院、祈唱堂引发了教产处置矛盾问题，也严重影响了英国人民的宗教生活，破坏了社会福利体系。再次，受到大量金银流入欧洲和都铎王朝铸币改造的影响，英国爆发价格革命，货币贬值物价飞升，而实际劳动报酬缩水，造成社会下层人民陷入严重经济危机之中；英国对外贸易的衰减造成社会失业率增高。最后，人口增长、对外贸易衰减和政府颁布《惩治流浪和济贫法》导致全面的社会动荡。

圈地运动、宗教改革、价格革命、流民政策、人口增加、对外贸易衰减各种因素之间关系密切既相互联系又相互影响，最终共同作用使英国社会危机加剧。爱德华六世时期的社会问题是经济、宗教变革与发展的产物。圈地运动、人口激增、价格革命造成下层群众贫困化，甚至失去生计，引发社会广泛的不满情绪。其中圈地运动的影响最直接、最持久、最严重。宗教改革和价格飞涨在一定时期和若干地区，甚至全国范围，加重了社会问题恶化的程度，使矛盾变得更加尖锐，对这个时期社会危机的产生和扩大起到了推波助澜的作用。

总之，16世纪中叶英国社会危机空前严重，它是社会经济大变革、平民阶级剧烈分化所导致的，是经济变革与发展的产物。因此，以上各方面的危机在不同程度上促成了1549年社会危机的总爆发。

第 四 章

1549 年社会动荡的特点

前面三章讨论了凯特起义和爱德华六世时期的社会危机。社会危机逐渐形成，并长期存在，不足以导致英国在短时间内集中爆发社会动乱，那么社会危机又如何导致凯特起义？就观察角度而言，"凯特起义"是一次具体的事件，而"社会危机"则属于一个时期全面的、深层次的、宏观的态势，两者并不在一个层面上，然而有一条线索将两者联系起来，即所谓的"大众政治"。本章尝试通过分析 1548—1549 年萨默塞特的反圈地委员会政策，揭示大众政治与社会动荡的关系，人民大众在社会动乱和国家政治中的作用，以及他们如何参加国家的政治斗争和对话，甚至影响国家政治发展的；其参与政治的模式有哪些；以及大众如何利用国家政治的"话语"主张自己的权利。具体分三个部分探讨：第一，萨默塞特政府的内政外交政策引发全国的抗议活动；第二，社会动荡与大众参与国家政治的模式；第三，大众与国家之间对话的政治话语。

第一节　以政府政策"号召"为导火索和推动力

1548—1549 年英国社会全面动荡的另一个特点是它由萨默塞特政府的内政外交政策直接引发。通过前面章节的讨论，我们知道在

16世纪中叶英国社会存在着经济、政治、宗教和社会危机，但引发这些危机的原因，比如圈地运动、宗教改革、价格飞涨、人口激增和贫困问题都是深层次的、潜在的，仍不足以直接导致英国爆发如此全面和集中的社会冲突。直接导致起义全面爆发的因素是护国公萨默塞特的农业改革政策。萨默塞特过于依赖圈地调查委员会，使人民幻想与"好公爵"一道惩治圈地行为，并随时准备迎接翻天覆地的变革。理想与现实的落差导致社会动荡。[1] 具体而言，是"反圈地调查"政策作为一项信号性的政策直接"号召"全国人民揭竿而起。

一 反圈地政策与全国抗议运动直接相关

（一）第一次成立圈地调查委员会是1548—1549年社会全面动乱的导火索

1548年政府支持调查农业问题，并成立了调查委员会。当时因为物价飞涨、农村地区人口减少，人们纷纷谴责变耕地为牧场的行为。而萨默塞特一直和苏格兰交战，战争的持续需要人们认为是羊群而不是铸币改造导致通货膨胀，而且战争需要持续的人力支持。启用调查委员会的好处在于它可以在不阻碍战争的前提下立刻着手处理经济危机，还可以掩人耳目让人们以为造成人口减少的原因是农业问题，而不是对外战争。1548年夏天绝不是仅萨默塞特一人相信圈地调查委员会的作用。[2] 从1548年5月开始，萨默塞特迈出了他反圈地的第一步。他先是答应了几个来自沃尔顿（Walton）、韦布里奇（Weybridge）、伊舍（Esher）和谢珀顿（Shepperton）的平民的请愿，这些人是因为亨利八世晚年在汉普敦建鹿苑时侵占了他

---

[1] Stephen K. Land, *Kett's Rebellion: The Norfolk Rising of 1549*, Ipswich: Boydell Press, 1977, pp. 7–12.

[2] Stephen K. Land, *Kett's Rebellion: The Norfolk Rising of 1549*, Ipswich: Boydell Press, 1977, p. 15.

们赖以生存的公用地权利所以来请愿。在萨默塞特的授意下枢密院下令拆除了有争议的圈地，恢复了佃户的权利。因为只涉及一处地产，而且圈地在国王的领地内，所以无人反对。这件事的处理结果似乎向世人立下一个榜样——萨默塞特采取同情人民，反对圈地的政策。① 而各地谣传萨默塞特将成立委员会清除近期的不合理圈地，这使得反圈地者针对圈地者发动了抗议，以示对政府的支持。② 1548年5月初，赫特福德郡以诺斯奥和切森特为中心爆发了反对卡文迪什（Sir William Cavendish）的起义，因为他圈占了诺斯奥很大一部分公地，引发不满。③ 起义者提到了爱德华六世以证明他们的反抗是正当的，并明显支持萨默塞特清除不合理圈地的政策："仆役长（Butler）听一个人说他们会一直保卫他们的公地，直到国王长大成人，还说，有护国公在他不会放弃任何公用地。"④ 1548年6月，护国公公开宣布他的农业政策，谴责圈地。政府把农业问题作为社会治安问题看待。⑤ 随后萨默塞特成立了一个由他的支持者约翰·黑尔斯（John Hales）领导的圈地调查委员会，发布了《圈地调查工作指导纲要》，要求调查：

> 是否有人占有那些过去人民可以在上面养牲畜、放牧的公共土地。
>
> 是否有侵犯他人权利未经合理补偿而圈占或围用公共土地

---

① Stephen K. Land, *Kett's Rebellion: The Norfolk Rising of 1549*, Ipswich: Boydell Press, 1977, p.13.

② Andy Wood, *Riot, Rebellion and Popular Politics in Early Modern England*, New York: Palgrave, 2002, p.61.

③ Andy Wood, *The 1549 Rebellions and the Making of Early Modern England*, Cambridge: Cambridge University Press, 2007, p.41.

④ 转引自 Andy Wood, *The 1549 Rebellions and the Making of Early Modern England*, Cambridge: Cambridge University Press, 2007, p.42.

⑤ Peter H. Ramsey, *Tudor Economic Problems*, London: Gollancz, 1963, p.36.

或道路的行为。以上行为均交由本特派专员予以纠正。①

萨默塞特成立圈地调查委员会的初衷是好的，但委员会的人员构成不合理从而产生了负面影响。调查委员从地方的贵族中选出，而他们正是圈地的既得利益者。他们在调查和充当法庭陪审员时经常从中作梗，威胁平民的事情也时有发生。萨默塞特意识到他不能通过这些旧朝统治阶级来实施他的新政策，因此他越来越倾向于采取支持人民的方法。萨默塞特致力于解决地方具体纷争，试图消解地主和佃户之间的矛盾。很快他的这种"平民主义"倾向就广为平民所知晓。因此，到1548年时平民中对政治不满的人越来越愿意求助于萨默塞特。正是这种平民参与国家政治的意愿，以及他们与贵族绅士面对面的冲突，造成了1549年起义者的政治底色。这在1549年的圈地调查委员会中表现得最为突出，它们在动乱年代一开始就激起平民反对贵族地主，并促使英国产生了资产阶级革命之前反对领主、庄园主的最尖锐的大众宣言。② 1548年一些起义者就声称他们的行为是在执行政府的反圈地政策。实际上，萨默塞特并不鼓励这种行为，因为它有损政府权威。在1548年8月他写信给在白金汉郡的约翰·黑尔斯，抱怨黑尔斯铲除圈地的热情已经激起平民从事"了不起的冒险事业"。③

圈地调查委员会的成立和1549年"动荡年代"起义的发展息息相关，对起义的进程产生了重要影响。麦卡洛克把1549年的起义分成两个阶段，第一个阶段是1549年春天，这是1548年起义的

---

① Stephen K. Land, *Kett's Rebellion: The Norfolk Rising of 1549*, Ipswich: Boydell Press, 1977, p. 14.

② Andy Wood, *The 1549 Rebellions and the Making of Early Modern England*, Cambridge: Cambridge University Press, 2007, p. 39.

③ Andy Wood, *Riot, Rebellion and Popular Politics in Early Modern England*, New York: Palgrave, 2002, p. 61.

延续；第二个阶段则是以萨默塞特在1549年7月8日成立第二个圈地调查委员会作为开始的标志，足见萨默塞特的农业政策尤其是圈地调查委员的成立对1549年起义的重要影响。[①]

1549年春起义此起彼伏，到7月初，大规模起义还剩下西部起义和凯特起义。[②] 1549年4月，萨默塞特再次发表反对圈地的声明，授权圈地调查委员会委员整改最近圈占公地的行为。为此地方的贵族地主和农民之间的矛盾公开化，从而引发大规模的骚乱、请愿和示威。[③] 5月萨默塞特颁布反圈地法案，实际上意在推动声明的落实。这条反对圈地的法案原本的目的是避免造成社会动荡，但事与愿违，它实际上造成了社会动荡。[④] 1549年的反圈地起义最早在萨默塞特郡和威尔特郡爆发。5月5日，200多名织工、焊锅匠和技工拆毁萨默塞特郡弗罗姆（Frome）的圈地。第二天，地方官员劝他们离开，并建议他们向斯托顿（Lord Stourton）请愿表达他们的不满。当斯托顿和巴斯主教审问他们时，他们称没做任何违法的事，因为听说刚颁布了一项法案，授权他们和所有人这样做。[⑤] 显然，萨默塞特反对圈地的声明已经刺激了大众过分自信的行为。5月8日，又有四五名起义代表向斯托顿递交请愿书，但很快被逮捕。同时，类似的圈地骚乱也在威尔特郡拉开了序幕。骚乱集中在索尔兹伯里和附近的威尔顿镇。威尔顿曾经是繁华的居住区，修道院占主要位置。早在1543年时，赫伯特（Sir William Herbert）已

[①] Andy Wood, *The 1549 Rebellions and the Making of Early Modern England*, Cambridge: Cambridge University Press, 2007, p. 62.

[②] Andy Wood, *The 1549 Rebellions and the Making of Early Modern England*, Cambridge: Cambridge University Press, 2007, p. 50.

[③] Andy Wood, *The 1549 Rebellions and the Making of Early Modern England*, Cambridge: Cambridge University Press, 2007, p. 48.

[④] Stephen K. Land, *Kett's Rebellion: The Norfolk Rising of 1549*, Ipswich: Boydell Press, 1977, p. 16.

[⑤] Andy Wood, *The 1549 Rebellions and the Making of Early Modern England*, Cambridge: Cambridge University Press, 2007, p. 48.

经拆毁了该镇的修道院准备自己建宅邸，并圈占了周围的土地作公园。这正是萨默塞特的圈地调查委员会意欲阻止的行为。1549年5月初，赫伯特明显感到来自平民的威胁，他主动没收了镇上平民的武器。索尔兹伯里的平民则起来反对赫伯特，拆毁了他家公园的围栏。赫伯特则带200人残忍杀害平民，他的残暴行为激起了威尔特郡人民反对贵族地主。萨默塞特郡的起义者把他们的行为和护国公的政策紧密联系起来。几乎在威尔特郡暴乱的同时，肯特郡也爆发了严重的骚乱。[①] 1549年初春，煽动性的信件就已在全国流传。5月13日，一位平民起义头领在阿什福德被处以死刑，第二天又有一位头领在坎特伯雷被处死。5月15日，枢密院注意到了萨默塞特郡和威尔特郡的起义并警告汉普郡的地方官员留意动乱。该郡一些平民正准备起义，并起草了一份给赖奥思利（Lord Wriothesley）的请愿书。[②] 5月19日，一群年轻人拆毁了布里斯托尔的公用地上的圈地，5月23日，领导者被逮捕。[③] 到5月22日，圈地骚乱已十分严重，足以让王室被迫声明反对这样的行为。5月23日，萨默塞特宣布："一些不忠的人煽动闹事，在一些地方非法聚众，傲慢自大不忠不义，还以上述法案（即1549年5月的法案）为借口，大胆利用国王的权威，擅自拔出国王手中的利剑，开始随心所欲惩戒他们的假想敌，拆毁栅栏、篱笆，填平壕沟。"[④] 萨默塞特左右为难，一方面他希望贯彻农业改革政策，另一方面又不得不维护国内和平稳定。于是萨默塞特又发声明说，已经采取措施纠正滥用法律的行

---

① Andy Wood, *The 1549 Rebellions and the Making of Early Modern England*, Cambridge: Cambridge University Press, 2007, p. 49.

② Amanda Claire Jones, "*Commotion Time*": *the English Risings of 1549*, Ph. D. Thesis, University of Warwick, 2003, p. 86.

③ Amanda Claire Jones, "*Commotion Time*": *the English Risings of 1549*, Ph. D. Thesis, University of Warwick, 2003, pp. 99–100.

④ Stephen K. Land, *Kett's Rebellion: The Norfolk Rising of 1549*, Ipswich: Boydell Press, 1977, p. 16.

为，并通过武力镇压了暴动性的骚乱。6月14日，他通过法案赦免那些"谦恭的顺从者"，因为他们是出于"愚蠢和对上述法案的误解，而不是出于恶意"。① 枢密院的威廉·佩吉特（Sir William Paget）严厉地谴责了萨默塞特颁布赦免令，他说："你的宽恕只能让邪恶之人像原来一样胆大妄为，让他们认为你不敢干涉他们，而是乐于取悦他们，让他们矛头所指的每一个人都遭受痛苦。他们高兴的话，不管是对是错，都会一意孤行。"② 可以看出，萨默塞特承认反对圈地的法案至少在一定程度上造成了社会动荡，同时处于进退维谷的境地。

（二）第二次成立圈地调查委员会进一步将动荡推向高潮

1549年7月8日，萨默塞特再次颁布反圈地法令，并第二次成立圈地调查委员会，这使英格兰的起义进一步发展，最后不得不靠武力镇压。第二次圈地调查委员会不仅有权调查和报告，而且还有权听取意见和做决定。③ 从而给人民大众提供了表达不满的空间，这个法令和前一个法令合起来，看起来好像给予了大众抗议以合法的地位。④ 面对仍在进行的西部起义，萨默塞特在7月1日召集每个郡的主要贵族到温莎讨论建立派往西南部的军队，这势必造成各地方的权力真空，也给平民提供了造反的机会。7月8—10日，东安格利亚的平民抓住该地区贵族都不在家的机会发动了一系列起义，比如发生在剑桥郡、埃塞克斯郡和诺福克郡的起义。7月8日剑桥郡爆发起义。⑤ 两天后，一群人推倒了本镇公地上的圈地篱笆，

---

① Stephen K. Land, *Kett's Rebellion：The Norfolk Rising of 1549*, Ipswich：Boydell Press, 1977, p. 16.
② Frederic William Russell, *Kett's Rebellion in Norfolk*, London：Longman, 1856, p. 16.
③ Stephen K. Land, *Kett's Rebellion：The Norfolk Rising of 1549*, Ipswich：Boydell Press, 1977, p. 17.
④ Andy Wood, *The 1549 Rebellions and the Making of Early Modern England*, Cambridge：Cambridge University Press, 2007, p. 50.
⑤ Diarmaid MacCulloch, *Thomas Cranmer：a Life*, London：Yale University, 1996, p. 431.

而后向巴恩韦尔小修道院（Barnwell Priory）进发。自从修道院被解散，修道院的土地就被圈占了。[①] 7 月初埃塞克斯郡再次爆发起义，最终被领主里奇（Lord Rich）镇压。科尔切斯特被起义军控制，这次起义主要是镇长圈占公用地造成平民不满而引发的。[②] 影响最大的起义是在诺福克郡爆发的凯特起义。同时，在肯特郡、萨塞克斯郡和萨里郡爆发了"公共利益起义"。[③]

农村起义蔓延的速度超过萨默塞特改革实施的速度，到 7 月时政府不得不动用军队镇压起义者。由于萨默塞特承认对国内的动乱负责，他的权威被弱化，军队越过他采取行动。而他通过威胁和免罪两种手段，试图恢复社会稳定的措施也已被证明是徒劳的。6 月 11 日，他宣布没收德文郡和康沃尔郡起义者的财产，第二天又宣布赦免那些谦卑投降的骚乱民众。7 月 16 日他宣布赦免顺从的骚乱民众，但是威胁惩罚胆敢再犯者。[④]

通过上面的分析不难看出，萨默塞特在进行农业改革的过程中，政策实施不当，直接导致 1548—1549 年的动荡。尽管都铎时期的国王在农业问题上有和平民站在一起反对地主的传统，但是反对圈地的法律往往是一纸空文，萨默塞特却要落实。是萨默塞特改革的承诺引起了内乱，而国王往往默不作声地避免改革为的是避免内乱。对贵族地主而言，他们自然而然地认为萨默塞特本身就是一个大地主，萨默塞特不会在损害地主利益的情况下执行对农民有利的政策；而在平民看来，萨默塞特有"好公爵"的名声，平民知道

[①] W. K. Jordan, *Edward VI: the Young King: the Protectorship of the Duke of Somerset*, London: George Allen & Unwin Ltd., 1968, p. 449.

[②] W. K. Jordan, *Edward VI: the Young King: the Protectorship of the Duke of Somerset*, London: George Allen & Unwin Ltd., 1968, p. 446.

[③] Amanda Claire Jones, "*Commotion Time*": *the English Risings of 1549*, Ph. D. Thesis, University of Warwick, 2003, p. 177.

[④] Stephen K. Land, *Kett's Rebellion: The Norfolk Rising of 1549*, Ipswich: Boydell Press, 1977, p. 17.

他的意图，认为萨默塞特的改革之所以一拖再拖是因为遭到了地方地主的阻挠，因此认为自己采取反贵族地主的行动是正当的。凯特起义者真诚相信他们在贯彻反对腐败地方官员的法律，并且信心十足地期待来自萨默塞特政府的支持甚至是经济支持。① 但是，一方面萨默塞特成立圈地调查委员会调查各地的圈地情况，并颁布反圈地的政策，侵害了地主的利益，还对起义者采取宽恕政策，致使平民进一步发动更大规模的起义，这引起贵族地主对他的不满，贵族地主觉得需要谴责并反对萨默塞特的政策；另一方面萨默塞特的农业改革推进程度远达不到平民的期望，同时他对起义者采取了先宽恕后镇压的政策，引起平民的不满。最终使萨默塞特失去了上下两个阵营的支持。

综上所述，萨默塞特的农业政策尤其是圈地调查委员会的成立出发点是好的，但实际执行过程中产生了相反的作用，最终成为起义爆发的直接原因。

二　对外战争给人民起义留下空间

萨默塞特作出反圈地的姿态与其对外战争政策分不开。爱德华六世前期外交政策主要围绕对苏格兰、法国的战争，这一外交政策左右着萨默塞特的一系列国内政策，对1548—1549年动荡的影响显而易见。康沃尔认为，萨默塞特政策的原动力就是他痴迷于征服苏格兰，其他的事情都是次要的。②

英格兰和苏格兰的战争由来已久，早在亨利八世时就已经开始，而萨默塞特更是数次担任军事指挥官。英格兰与苏格兰的战争始于1543年，此前苏格兰撕毁了双方签订的王室（苏格兰公主玛

---

① Stephen K. Land, *Kett's Rebellion: The Norfolk Rising of 1549*, Ipswich: Boydell Press, 1977, p. 12.

② Julian Cornwall, *Revolt of the Peasantry*, 1549, London: Routledge & K. Paul, 1977, p. 30.

丽和英国王子爱德华）婚约，这桩联姻可以最终使两国合并。为了迫使苏格兰执行条约，亨利八世发动了战争，萨默塞特（当时是赫特福德伯爵）屡次被派往北方任军事指挥官。在担任护国公后萨默塞特力图继续靠武力促成这桩联姻。尽管军事上取得了一些胜利，但是这项挑衅政策不可避免地引起了苏格兰人日益坚决的反对。法国伺机援助苏格兰，意在牵制英格兰干涉欧洲大陆事务的精力。1547年3月31日法国的弗朗西斯一世去世，亨利二世继位，此人更坚决地反英格兰。亨利二世继位后立即增援苏格兰，大规模派遣法国军队到苏格兰。更为严重的是，出于安全玛丽公主被送往法国，这对萨默塞特的外交政策是一个沉重打击。玛丽在法国待了13年，接受法国教育并于1558年和后来成为弗朗西斯二世的法国王储结婚。玛丽离开苏格兰后，战争继续进行，如果不是要保卫在英法战争期间被英格兰攻陷的要塞加莱（Calais）和布洛涅（Boulogne），战争也许跟以前无异，因为法国在过去的两年间就一直援助苏格兰。这两个要塞作为英格兰在欧洲大陆的据点，有着重要的经济和政治价值，而且代表着英格兰对它的传统敌人法国来之不易的胜利，如果失守，政府将有不可推卸的责任，因此萨默塞特必须竭力阻止这两个要塞落入法国之手。[①] 1549年8月法国正式对英格兰宣战，英格兰军队早已过度消耗，法国宣战使政府需要更多的军队，这无疑给英格兰政府雪上加霜。

萨默塞特的外交政策直接影响他的对内政策和对待国内起义的态度。

第一，连年的战争需要大量的人力和物力支持，这促使萨默塞特在农业方面采取反圈地政策。首先，英格兰没有常备军队，战时政府需要征集大量农民当兵，圈地则使人口减少，粮食产量下降，

[①] Stephen K. Land, *Kett's Rebellion: The Norfolk Rising of 1549*, Ipswich: Boydell Press, 1977, pp. 33 – 34.

威胁到国家的安全,因此遭到政府反对。当时,一般认为牧羊人和工匠不是好兵源,而健壮的农民和自耕农是军队的支柱。① 庄园不仅是农业单位也是政治和军事单位。庄园领主从国王手中得到土地,在战时要让庄园的佃户加入王室的军队,因此出于利益需要,王室要保留较多的耕地,而不是牧场。牧场只需要一个管家和几个牧羊人就能经营得很好,而同样面积的土地按照传统方式耕种,则需要大量劳工和工匠。然而圈地使变成牧场的地区人口减少,政府的兵源减少,战时威胁到了国家安全,因此都铎王朝定期通过法案禁止圈地,从而避免乡村人口减少和把耕地转变成牧场。最早的反圈地政策在1489年制定,此后政府又分别在1534年和1536年颁布法令反对圈地。② 其次,政府希望英格兰在战争期间能够自给自足,为了达到这一目的需要保证国内的粮食种植,从而避免依靠从外国进口粮食。③ 因此,旷日持久的战争需要大量的兵源和后方补给,政府当然不希望土地被圈占变成牧场。虽然萨默塞特的农业政策坚定地维持了半个多世纪以来政府所采取的政策,但是在实施过程中,这位公爵让平民和贵族地主都失望了。

第二,战争需要财力支持,政府为了增加收入,先是进行了铸币改造,而铸币改造导致通货膨胀,为了转移平民对铸币改造引发通货膨胀的注意力,圈地调查委员会成立了。1543年开始的铸币改造导致物价大规模上涨,引发通货膨胀,国内经济极度困难。④ 尽管萨默塞特很清楚铸币改造对国内物价的影响,但他代表的是政府,对此不能承认。一方面,将从铸币改造中得到的财富用作对苏

---

① Peter H. Ramsey, *Tudor Economic Problems*, London: Gollancz, 1963, p. 36.
② Stephen K. Land, *Kett's Rebellion: The Norfolk Rising of 1549*, Ipswich: Boydell Press, 1977, p. 12.
③ Peter H. Ramsey, *Tudor Economic Problems*, London: Gollancz, 1963, p. 36.
④ Peter H. Ramsey, *The Price Revolution in Sixteenth – Century England*, Bungay: Methuen & Co Ltd., 1971, p. 94.

格兰的战争经费，这是萨默塞特和枢密院全力推行的事；另一方面，承认铸币改造导致通货膨胀等于承认政府存在过失，会影响人民对统治者的信任，引发统治危机。因此，尽管当时有人认为是政府的铸币改造导致通货膨胀，萨默塞特却坚持认为是农业问题，尤其是通过圈地把耕地变为牧场，是通货膨胀的原因。他应和了当时有影响力的布道者拉蒂默（Hugh Latimer）和议会成员约翰·黑尔斯（John Hales）的观点，即通货膨胀是由圈地引起的，牧羊业的利润促进了对土地的需求，导致耕地面积减少，使粮食短缺、物价上涨。解决问题的办法很明显，就是严格限制牧羊业和圈地，以保持旧式庄园经济的平衡。为了掩盖通货膨胀的真相，产生良好的效果，萨默塞特通过成立圈地调查委员会派"钦差"到农村调查老百姓的疾苦和农业问题，通过进行农业改革把平民的视线转移到圈地上来。[1]

第三，战争也决定了萨默塞特温和地对待国内的起义，而他对起义者的一再宽恕也起到了怂恿作用。首先，萨默塞特需要人手和资金支持他在北方的战争，他不想疏远更不想残杀农民，因为他要从农民中征兵。其次，出于同样的原因，萨默塞特尽量避免国内军事冲突，以尽最大力量对抗苏格兰人和法国人。因此，一开始他总是指示被派去面对起义者的传令官和代理官员对起义者赦免，这样做的目的是尽量驱散他们而不是杀了他们。只有当赦免的承诺和最后的补救措施失败时才使用武力，即使那时也尽可能只惩罚起义的领导者。如果萨默塞特一开始立场坚定地惩罚参加暴乱者，可能暴乱就不会在 1549 年发展到如此严重的地步，因此他在 1549 年 5 月 23 日的法令中被迫承认某种程度上国家的混乱由他的改革造成。当除了武力别无选择时，他也就失去了威信。萨默塞特根本不可能

---

[1] Stephen K. Land, *Kett's Rebellion: The Norfolk Rising of 1549*, Ipswich: Boydell Press, 1977, pp. 10 – 11.

领导政府采取他所不赞成的镇压政策，尽管直到 1549 年 10 月所有的起义被镇压后他才下台，但是当需要大规模地动用军事力量镇压起义时，从政治上讲，已经注定了他的下台。① 萨默塞特此时的情景，恰如恩格斯评价德国 1848 年革命时所谈到的情景，"他不得不为运动本身的利益而保护异己阶级的利益，他不得不以一些空话、诺言来应付自己的阶级，硬说那个异己阶级的利益就是自己的利益。任何人陷入这样的苦境，都是无可救药，注定要失败的"。②

因此，对苏格兰和法国的战争决定了萨默塞特诸多的国内政策，对起义也起到了推波助澜的作用。

第二节　以大众无序化参与国家政治为内容

我们通过前面章节的讨论可以看出，英国早期社会到 16 世纪已经形成了一股前所未有的反地方贵族的力量，这股强大的力量来自民间普遍的反抗精神。在 1549 年这种反抗运动达到高峰，无论是经济还是政治宗教方面都促使人民不得不从消极变得积极起来，广大人民群众的这种轰轰烈烈地参与国家政治的行为就是英国近代早期社会的"大众政治"。凯特及其朋友们所从事的事业是十分伟大的，他们以前所未有的方式，以大众的身份参与了国家政治，即使他们无时不在维护王权。1549 年动乱的惊人范围也许可以解释护国公萨默塞特的垮台，使凯特起义成为唯一一次推翻政府的大众起义（尽管是无意的）。1548—1550 年法律显得苍白无力，也证实了

---

① Stephen K. Land, *Kett's Rebellion: The Norfolk Rising of 1549*, Ipswich: Boydell Press, 1977, p.19.
② ［德］马克思、恩格斯：《马克思恩格斯全集》第七卷，人民出版社 1959 年版，第 469 页。

社会动荡的范围和后果几乎可以与内战等同。①

一 动荡年代——非政治人物的政治

在 20 世纪七八十年代，英国著名的历史学家杰弗里·R. 埃尔顿（Geoffrey R. Elton）在讨论"求恩巡礼"运动的政治意义时，直截了当地讲："政治是政治人物的活动，尽管这些人物的活动可能仅考虑到少数人，但他们的影响却是无处不在。" 1996 年另一位历史学家布什在他的代表作中分析 1536 年的起义给人的印象："平民的活动绝非政治。政治在政府和平民之间的影响是单向的。"② 影响一个国家历史演变的因素固然包括传统史学中所大量描述的帝王将相、宗教、法律等上层建筑这些政治史的考察点，然而影响历史发展的因素绝不仅限于此。近几十年来史学家意识到这种不足，日益关注政治之外的因素，于是大量的社会史学家应运而生。这一时期，政治一直是社会史学家避而不谈的问题。

直到 20 世纪 70 年代末 80 年代初，新生代的社会史学家才开始将政治史拓展到 16—17 世纪的英国社会史范围中。③ 在新的社会史学家看来，早期近代英国历史的特点是长期的人口增长带来了社会和文化变化。在这种观点看来，与人口变化和经济发展这些重塑英国社会结构的因素相比，政治事件似乎是昙花一现。④ 人口压力

---

① Amanda Claire Jones, "*Commotion Time*": *the English Risings of 1549*, Ph. D. Thesis, University of Warwick, 2003, p. 305.

② G. R. Elton, "Politics and the Pilgrimage of Grace", in his *Studies in Tudor and Stuart Politics and Government* (4 vols., Cambridge, 1974 – 92), iii. 183 – 184; M. L. Bush, *The Pilgrimage of Grace: A Study of the Rebel Armies of October 1536* (Manchester, 1996); 转引自 Ethan H. Shagan, "'Popularity' and the 1549 Rebellions Revisited", *The English Historical Review*, Vol. 115, No. 460 (Feb., 2000), p. 121.

③ Andy Wood, *Riot, Rebellion and Popular Politics in Early Modern England*, New York: Palgrave, 2002, pp. 5 – 6.

④ [法] 布罗代尔:《15 至 18 世纪的物质文明、经济和资本主义》第一卷，顾良、施康强译，生活·读书·新知三联书店 1997 年版，第 18—20 页。

加上城市化和农业的商业化被认为是不断加剧社会矛盾冲突的因素。然而这种矛盾仍属于地方性质的，它常常不断激化和不断拓展，往往导致集体抗议、骚乱和游行示威。伍德批评说，社会史学家考察矛盾冲突着眼于邻里间、社会阶层间，斗争焦点集中在食物、土地、燃料、定居地、地方政治权利和资格方面。由于社会史和政治史的区别，"农村骚乱"被认为是社会史领域的议题。社会史学家热衷于地方的政治冲突研究，但是他们难以将其放入整个国家的政治体系中考虑。这种片面地观察历史的方式最终形成了社会史学者的一套特有的看待地方政治史的成式。[1] 例如，罗杰·曼宁（Roger Manning）在《农民造反史》一书中总结道："农民的动机并非有政治意识，他们所写的、所说的都没有政治词汇……反圈地骚乱可以视为是展示了他们原始的、前政治的行为，因为他们没能发展出现代形式的抗议活动，或以现代的模式参加到国家政治中去。"[2] 然而他无法解释社会动乱为何不仅发生在乡下，同样也发生在大型城市，而且两种环境下的"亚政治模式"如出一辙。那么，这些无权参与政治的阶级有多少政治觉悟，他们又是如何走上街头，他们在多大程度上展现了他们的政治力量，这样的问题值得学者关注。[3]

20世纪末以来，历史学家注意到其中的不足，不断关注"大众政治"的概念，将社会史和政治史较好地结合了起来。其实这种史学发展，一方面将社会史的研究领域纳入政治史研究的范畴，另一方面可以理解为，将政治史的方法引入社会史研究中。自然这两

---

[1] Andy Wood, *Riot, Rebellion and Popular Politics in Early Modern England*, New York: Palgrave, 2002, p. 7.

[2] Roger B. Manning, *Village Revolts: Social Protest and Popular Disturbances in England 1509 – 1640*, Oxford: Oxford University Press, 1988. pp. 1 – 2.

[3] Tim Harris (ed.), *The Politics of the Excluded, c. 1500 – 1850*, Basingstoke: Palgrave, 2001, p. 3.

种史学在这个领域已经变得没有了清晰的界限。近年来关于都铎新政治史研究影响较大的学者有伍德、沙干、哈里斯等人。①

历史学家蒂姆·哈里斯（Tim Harris）在他编辑的《被政治排除在外的人的政治1500—1850》一书的绪论中写道："本论文集意在关注那些被排除在'政治人物'之外的人们的政治。""那些除了议会两院议员、城乡的统治者们、经选区选举产生的阶层之外的人，可以被认为是'被排除'在政治之外的人，因为他们既不能积极参与政治管理，在选择统治者方面又没有发言权。他们就是早期近代英国社会占人口绝大多数的百姓。"然而这些人，实际上并没有被"排除"在政治之外，而是以他们自己的方式参与政治，这就是"大众政治"（popular politics）。②

伍德探讨了早期近代社会劳动人民构建他们具有地方色彩的政治认同。早期社会的平民不断从法律上加强自己的地方风俗，比如，放牧权，收割后在田里拾穗的权利，在公用地上挖煤、找柴火的权利，或许这些在我们看来显得微不足道，只是寻常百姓家里无关政治的琐事，这些惯例上的权利在英国早期近代社会往往引发尖锐的矛盾冲突。③ 伍德不赞成传统史学关于"16世纪民众抗议"的观点，反对把群众在政治上说成"完全出于防守目的"和"内向

---

① Andy Wood, *The 1549 Rebellions and the Making of Early Modern England*, Cambridge：Cambridge University Press, 2007；Ethan H. Shagan, *Popular Politics and the English Reformation*, Cambridge：Cambridge University Press, 2003；Tim Harris（ed.）, *The Politics of the Excluded, c.1500 – 1850*（Basingstoke, 2001）, 该论文集涉及一个全新的政治史课题，从理论上讨论1700年以前英格兰的大众政治。见 I. M. W. Harvey, "Was there Popular Politics in Fifteenth – Century England?" in R. H. Britnell and A. J. Pollard（eds.）, *The McFarlane Legacy：Studies in Late Medieval Politics and Society*（New York, 1995）；Clive Holmes, "Drainers and Fenmen：The Problem of Popular Political Consciousness in the Seventeenth Century", in Anthony Fletcher and John Stevenson（eds.）, *Order and Disorder in Early Modern England*, Cambridge：Cambridge University Press, 1985.

② Tim Harris（ed.）, *The Politics of the Excluded, c.1500 – 1850*, Basingstoke：Palgrave, 2001, p.1.

③ Andy Wood, *Riot, Rebellion and Popular Politics in Early Modern England*, New York：Palgrave, 2002, p.11.

的"观点。伍德认为,1381年农民大起义、1450年杰克·凯德起义、1536年的"求恩巡礼"运动,以及1537年的试探性起义,这些社会抗议之间有某种政治语言上的相似性。说明这些起义表现出了一种深层次的"大众政治"文化传统,存在着某种联系,而这一联系在1549年起义失败后"断裂"。同时,大众的政治话语是一种更广泛的、明显具有野心的大众政治的反映。[1]

沙干认为,"大众政治"可以有教士和绅士参与,也往往有农民和手工业者参与。大众政治未必一定有反抗;相反一般的大众政治往往有忠诚地维护王权的特点。"大众政治"简单而言,指"非精英的一般民众出现并参与到政治行动的对话中,或以这场政治对话的听众的形式出现"。因此在实际的行动中,几乎所有的农民参加的政治活动都是"大众"的政治活动。即便是这种行动直接反对国王,也假定国王会关注这样的行动,会承认其合法性,并批准其政治要求。[2]另外,社会精英的政治行动,可以是"大众的"也可以不是"大众的",这取决于精英们所想象的受众。贵族也许仅仅通过宫廷内的尔虞我诈就可以积聚力量,抑或他们可以大肆鼓吹自己的"公众"声誉,并通过笼络自己的佃户建立起政治力量。因此,大众政治的概念,不取决于那些参与政治活动的人们的社会阶级,而是取决于那些被统治阶级在被统治状态下所起到的作用。就实践而非理论来讲,大众政治应该将那些关乎国家民族命运的重大国是放到大庭广众之下讨论、争辩;同时,大众政治采纳这些经争辩得出的结果,应该深深地影响国家的决策。[3]

---

[1] Andy Wood, *The 1549 Rebellions and the Making of Early Modern England*, Cambridge: Cambridge University Press, 2007, p. 150.

[2] Ethan H. Shagan, *Popular Politics and the English Reformation*, Cambridge: Cambridge University Press, 2003, p. 19.

[3] Ethan H. Shagan, "'Popularity' and the 1549 Rebellions Revisited", *The English Historical Review*, Vol. 115, No. 460 (Feb., 2000), pp. 121–133.

英国都铎中期的大众政治则体现为追求社会的公正、人民自由，尽显集体主义色彩。英国大众政治是为了整个阶级谋福利，为社会谋公平。因此，本书认为，成为大众政治仍需满足以下几个条件：其一，大众政治是具有参政意识而无参政机会的人们以不请自来的、非制度化的方式参与政治的一种方式；其二，大众政治的目的是维护广大人民的阶级利益；其三，大众政治是人民与政治人物对话的一种方式。

在1548—1549年发生的社会危机中，人民大众的行动满足以上三个条件。第一，起义者和骚乱者没有参政的权利，只能尽其所能以无序化方式影响统治阶级的政策；这种方式是主动地施加影响，而非被动地接受；大部分起义者和骚乱者有意识地去改变政治经济不平等现状，其目的是与政府共同惩治地方贪腐，进行社会改革，是参加国家政治的一种方式。第二，起义和反圈地骚乱是为了维护平民阶层利益，这代表了英国最广大人民群众。第三，人民的起义和骚乱起到了影响政治并与政治人物对话的作用。比如，凯特起义军直接向政府写请愿书。总之，那些被传统历史学家认为是消极的，甚至往往被忽略的小人物、普通人物的行动和愿望就是1548—1549年大众政治的一个个载体。

那么，动乱年代的大众政治具体如何实施，具有哪些不同的形式？下面将简单讨论大众政治的模式。

二 多种大众政治模式

通过分析动乱年代的人民斗争，笔者认为，从非政治人物参与政治的规模、形式和影响程度来看，大致可以将这一时期的"大众政治"分成五个模式：革命、起义、骚乱、请愿、舆论。

（一）革命（revolution）

这是最高层次的大众政治的参与形式。一般指以反政府为目的的武装斗争，并且以成功达到目的为标志。① 一旦"起义"成功，推翻现有政权，就可以称为"革命"。劳伦斯·斯通（Lawrence Stone）向人们推荐了查尔姆斯·约翰逊（Chalmers Johnson）关于革命的六种分类标准，前三种分别是，（1）依据革命目标是推翻政治统治者还是推翻社会组织机构；（2）革命的性质是群众性的还是精英性的；（3）特别是意识形态上是改革派、末世派，怀旧主义还是建国主义、精英主义还是民族主义。他的前两种革命分类法与本书相关。"第一种是扎克雷式的自发的农民群众起义，往往打着传统权威、教会和国王的旗号，其目的有局限性，往往旨在推翻地方精英。例如，1381年英国农民起义，诺福克1549年凯特起义。第二种是宗教起义，比如，'求恩巡礼'。"② 在斯通看来，凯特起义是一场农民自发的"革命"，其目的是推翻地方精英。而实际上凯特起义直接导致萨默塞特政权的倒台，从这个意义上说，将其称为广义的革命也未尝不可。

（二）起义（rebellion）

起义指武装力量有组织地反抗统治者或自己国家的政府。③ 起义的规模介于革命和骚乱之间，方式多以武装暴力为主，目的一般是反叛和颠覆地方或中央政权，结果往往是以失败告终。在都铎时代，"stir" "hurly–burly" "commotion" "troubles" "tumult" "uproar" "rebellion" 这些表示起义和动乱的词之间并没有精准的区别。④ 从文献来看，历史学家描写1549年英国社会动荡多用"revolt"或"rebellion"。将英文中相关词和汉语词语比较，本书认为，

---

① http://en.wikipedia.org/wiki/Revolution.
② Lawrence Stone, *The Causes of the English Revolution, 1529 – 1642*, London, New York: Routledge, 2002, pp. 6, 7.
③ James A. H. Murray ed., *Oxford English Dictionary*, Second Edition on [CD – ROM] (v. 40), Oxford University Press, 2009.
④ Amanda Claire Jones, *"Commotion Time": the English Risings of 1549*, Ph. D. Thesis, University of Warwick, 2003. p. 17.

凯特的反抗行为有组织、有纪律,在规模和影响上都可以被称为"rebellion"(起义),因其不具备明显推翻政府的色彩,没有推翻政权的意图,而且以失败告终,所以它不能被称为"真正的革命"或"反政府运动"(insurrection)。"起义"即"rebellion"在英文中可以包括几种不同类型:(1)"revolt"指"造反""叛乱",表示短暂的、地方性的反叛,其规模比骚乱大,往往是公开的武力对抗。(2)"uprings"或"risings",字面意思是起事,和古汉语"起"一样,但往往表示小规模的造反,影响力小。(3)"insurrection"指有组织的反叛,针对政府的反抗而导致政治和社会不稳定,且时间较长,用"反政府运动"一词表达更加准确。[1] 无论从组织上还是从军事上反抗统治者这点来说,凯特起义和西部起义都应该算是标准的起义。然而,他们反对的是地方贵族绅士,而不是反对政府,从这一点来说也可以算是一种抗议示威。起义根据原因可以分为经济起义和宗教起义。史学界普遍地将1549年西部的德文和康沃尔起义定义为宗教性质的起义,而东部起义则是纯经济方面原因引起的。伍德不同意将起义分为宗教和世俗两种,他认为这样划分过于简单。因为1549年西部的起义有其世俗方面的要求;而东部、南部的起义也有其宗教色彩,也超出了阶级斗争解释的范围。[2] 因此,起义作为一种较大规模的大众政治模式,很难依照其政治目的进行简单划分。此外,具有一定规模的抗议也属于起义。抗议指社会小范围内人们的行为,分为骚乱和行为不当(misdemeanour)两种。而从广义上讲,抗议涉及较广泛范围的抵制情况(如果一个社区的人被另一个社区的人邀请共同抵抗一种原则或秩序,如圈

---

[1] 参看:*The Merriam - Webster Dictionary of Synonyms and Antonyms*, Springfield: Merriam - Webster, 1992, p. 321;同时参看维基百科(http://en.wikipedia.org/wiki/Revolution),"Rebellion"一词的相关解释,也对界定这些概念有所帮助。

[2] Andy Wood, *Riot, Rebellion and Popular Politics in Early Modern England*, New York: Palgrave, 2002, pp. 54 - 55.

地）就是起义，进而属于叛国。典型的例子是 1549 年 7 月汉普郡奥迪厄姆（Odiham）的骚乱参与者来自 100 个教区，参与者之间互相不认识。① 这就使一般的抗议活动变成了起义。

（三）骚乱（riot）

骚乱或称"暴动"，指短时间内的小规模、小范围的社会无序状态，多指聚集人群以暴力扰乱社会安宁，并导致社会混乱的现象。1523 年亨利八世时颁布法案 14 和法案 15，涉及骚乱。② 当时的法律词语和今天的含义有很大差别。从法律理论上讲，当时破坏公共秩序有三个层次——非法集会（unlawful assembly）、混乱（rout）和骚乱（riot），然而没有界定聚集三人及以上以破坏安宁为目的的聚众活动。③ 1549 年之后英国立法，对非法聚众进行限制。1549—1559 年都铎中期的立法尤其值得注意，其特点是具有相当的灵活性，以便治安官（magistrates）能对付骚乱人群。这十年的法案，理清了早期习惯法关于骚乱和起义的概念，形成了一套关于骚乱、滋事规模的层级标准，具体如下：（1）聚集的人数；（2）其动机如何；（3）是否有治安官责成其解散；（4）骚乱持续时间长短；（5）骚乱引发的混乱程度。最重要的是，政府立法规定特定种类的聚集行为是重罪（felony）（重罪罪行的主犯将被判处死刑）。例如，1549 年的骚乱法规定，如果 40 人及以上聚集在一起破坏圈地，时间超过两个小时，并违抗治安官解散命令的，就认定为叛国罪（guilty of treason）。可见在 1548—1549 年发生在埃塞克

---

① Amanda Claire Jones, "*Commotion Time*": *the English Risings of 1549*, Ph. D. Thesis, University of Warwick, 2003, pp. 108 – 109.

② James A. H. Murray ed., *Oxford English Dictionary*, Second Edition on [CD – ROM] (v. 40), Oxford University Press, 2009.

③ Roger B. Manning, *Village Revolts*: *Social Protest and Popular Disturbances in England 1509 – 1640*, Oxford: Oxford University Press, 1988, pp. 56 – 57.

斯和剑桥郡的聚集行为是"骚乱"(roit)。① 玛丽和伊丽莎白时期的法律法不责众，将叛国罪的范围缩小到了主犯身上，但是对人数和时间长度的限制都明显更严格，人数定为12人及以上，时间长度定为超过1小时。② 1549—1559的法律规定治安官有权对小型骚乱定性。"骚乱"经过1549—1559年和1715年的一个长期的习惯法立法发展过程最终形成了固定的定义。根据习惯法的原则，"由三人及以上人员参与，以暴力的方式，旨在破坏安宁，自主采取行动的事件就是骚乱"。暴力的定义也很宽泛，比如，"携带挑衅性武器并使用恐吓性言语"就可以被认定是暴力。当然武器的定义也很宽泛，比如农民的铁锹，用来填平壕沟必不可少的工具也可被认定为武器。值得注意的是，习惯法根据参与者的利益关系认定圈地骚乱是为"私"还是为"公"。两者在性质上截然不同，定罪差距较大。③ "个人骚乱"是指参与骚乱者是为了自己的利益，即一个地方的土地被圈占，当地人民与圈地者之间发生矛盾，无外援力量加入；而"公共骚乱"是发生骚乱的地方与参与者本人并无个人利益关系，参与者到另一地反对圈地的行为。前者量刑较轻，后者则被认定为反对国王，以叛国罪论处。在这种情况下那些没有土地的劳工和技术工人参与反圈地骚乱就会被视为造反。1607年米德兰有工人因跨地区捣毁圈地被判为"叛国"分子处以极刑。④ 总体来看，1549年的动乱绝非简单的一系列圈地骚乱，其打破了地区疆域，组织了大型的抗议活动，在都铎政府

---

① Greenwood, "Study of the Rebel Petitions", p. 11. 转引自：Amanda Claire Jones, "*Commotion Time*": *the English Risings of 1549*, Ph. D. Thesis, University of Warwick, 2003, p. 5.

② Andy Wood, *Riot, Rebellion and Popular Politics in Early Modern England*, New York: Palgrave, 2002, p. 40.

③ Roger B. Manning, *Village Revolts: Social Protest and Popular Disturbances in England 1509 – 1640*, Oxford: Oxford University Press, 1988, pp. 55 – 57.

④ Andy Wood, *Riot, Rebellion and Popular Politics in Early Modern England*, New York: Palgrave, 2002, pp. 41 – 42.

看来，这是严重的社会失序。①

（四）请愿（petition）

请愿是直接向国王信访，表达自己的不满和冤情，请国王为民做主。通过这种平民和国王联合的方式，民众可以直接参与国家或地方的政治。请愿是中世纪普遍使用的一种政治模式。1536年10月"求恩巡礼"的领导，与诺福克公爵简单会谈，提出五条意见。这些意见被写成了正式的"冤情表"。林肯郡请愿还要求通过"议会和其他手段"给予所有参与者免罪的保障。②凯特也使用了请愿的方式，然而其规模和暴力程度远远超过了官方所能接受和认同的范围，因此，我们可以理解为，抗议仅以和平方式实施时才属于请愿。1549年请愿是平民挥舞的一把利剑。德文郡、康沃尔、萨默塞特、汉普郡、埃塞克斯、诺福克、萨福克、剑桥郡、牛津郡和赫特福德郡的平民从各地营地上书的请愿书达16份之多。③但是请愿往往以武力相威胁，有武器作后盾，这些请愿给了平民相当大的谈判余地。大众平静地聚会后，形成潜在的威胁，除非请愿者的要求得到满足，否则就会诉诸武力。一些古代历史著作谴责武力请愿，如《戈德温年鉴》（*Godwin's Annals*）中笔者责问起义者为什么不直接到国王面前请愿，而是聚众示威，用武力威胁，甚至直接造反，造成社会混乱？④这似乎不是问题，因为直接见国王很难，即便是见到国王也未必能将政策落实到地方上来。有时候武力请愿是最为有效的方式。从近代早期的起义来看，请愿也是1549年起义的一个特色。伴随着1549年起义的失败，这种传统也衰落了。大众请愿

---

① Amanda Claire Jones, *"Commotion Time"*: *the English Risings of 1549*, Ph. D. Thesis, University of Warwick, 2003, p. 3.

② Michael L. Bush, *The Pilgrims' Complaint*: *A Study of Popular Thought in the Early Tudor North*, Farnham: Ashgate, 2009, p. 17.

③ Amanda Claire Jones, *"Commotion Time"*: *the English Risings of 1549*, Ph. D. Thesis, University of Warwick, 2003, p. 307.

④ Frederic William Russell, *Kett's Rebellion in Norfolk*, London: Longman, 1856, p. 57.

不再是大众政治所接受的形式,① 也许是因为这种方式1549年前后效果反差太大。此外,请愿让平民更直接地使用公开的政治话语,他们附和官方谴责"贪婪"和"商品",使"公共福利"思想在平民中普及,从而催生更多的请愿。更加值得注意的是,有些起义者在起义失败后仍然追求正义这个目标,仍然向国王请愿。例如,纳克顿(Nacton)的公簿持有农起义者在起义失败后向国王请愿状告一个叫布鲁克(Brooke)的乡绅多次剥夺他的公簿持有土地。②

(五)舆论(consensus)

舆论指具有言语性质的大众的政治参与形式。比如,流言、预言等对社会造成影响,重则导致社会动荡。都铎时期社会关系紧张,最为常见的除了"圈地骚乱"这种具体的形式,还有一种精神层面的表现形式——"煽动性流言"。③ 每一个郡都有舆论抗议出现,大部分郡都有圈地骚乱发生。而"抗议""骚乱""起义"在这个"动荡的年代"极其常见。与社会危机相伴而生的两个方面:一是物质的,另一个方面是精神的。1548—1549年两年集中爆发的社会危机无论其表现形式是怎样的,反圈地还是反宗教改革的,其中都伴随着一贯如一的精神方面的因素,即普遍的抗议情绪。这种抗议情绪始终可以以"舆论"为载体,随时发生,最易传播,最难控制,而且伴随其余所有的大众政治模式。其波及面最广,下到流浪汉乞丐,上至王公贵族。16世纪中期舆论甚至涉及国王。有一名叫罗伯特·艾伦(Robert Allen)的占星师,经过天象计算预言国王的死期,后来立刻被关进了伦敦塔。爱德华在自己的日记里写

---

① Amanda Claire Jones, "*Commotion Time*: *the English Risings of 1549*, Ph. D. Thesis, University of Warwick, 2003, p. 316.

② Diarmaid MacCulloch, "Kett's Rebellion in Context", *Past & Present*, No. 84 (Aug., 1979), p. 46.

③ Tim Harris (ed.), *The Politics of the Excluded*, *c.1500 – 1850*, Basingstoke: Palgrave, 2001, p. 1.

道:"在此期间外面风传流言说我死了,于是我骑马穿越伦敦城(辟谣)。"① 再如达辛代尔一战。很可能凯特和起义军受到了当时迷信的影响,16 世纪的英国虽然经历了反迷信的斗争,但是民间普遍有迷信现象。而且和政府的政策不同,社会当中的每一个人都可以接触迷信,并有可能受其影响。据说当时流传着一条内容含糊的预言:"……人群如云,达辛代尔谷地很快将填满尸体……"② 这个预言极可能在凯特领导的起义军冒险向易攻难守的达辛代尔挺进的决定中起着重要作用。而凯特的起义军很可能是听信了这个广为流传的预言才放弃莫斯德希思山来到达辛代尔谷地被剿的。可见流言的威力。还有,抗议的人们听到流言,了解到凯特的起义军在莫斯德希思山,许多人前来投靠他们。③ 1549 年英国的法律甚至规定奖赏捉拿谣言散布者。④ 当然,关于统治阶级运用语言政治的例证更容易找到:1526 年谷物减产,诺威奇城市社会矛盾尖锐,市政当局一面采取高压政策,一面密切监督穷人各种活动和言论。给穷人进行"恐怖分级",对接近贫民窟的人进行登记;时刻对煽动性言论保持警惕。而且还采取了改善紧张社会关系的行动,极度夸张地宣传政府的功绩。比如,政府采取积极措施降低粮食价格,执行硬性市场管理规定。⑤ 这从侧面可以看出平民在舆论上和政府的斗争相当激烈。由此可见言语政治和舆论在当时社会中普遍存在,而

---

① Edward VI, Jonathan North ed., *England's Boy King: the Diary of Edward VI, 1547-1553*, Welwyn Garden City: Ravenhall, 2005, p. 32. 见注 19; Edward VI, W. K. Jordan ed., *The Chronicle and Political Papers of King Edward VI*, New York: Cornell University Press, 1966, p. 13, 见注 11。经过推算这个日期大概是 1549 年 7 月 23 日。

② Blomefield, III, 254, 转引自: Stephen K. Land, *Kett's Rebellion: The Norfolk Rising of 1549*, Ipswich: Boydell Press, 1977, p. 121.

③ Frederic William Russell, *Kett's Rebellion in Norfolk*, London: Longman, 1856, p. 37.

④ Amanda Claire Jones, "*Commotion Time*": *the English Risings of 1549*, Ph. D. Thesis, University of Warwick, 2003, p. 16.

⑤ Andy Wood, "Kett's rebellion", in C. Rawcliffe and R. Wilson (eds.), *Medieval Norwich*, London: Palgrave Macmillan, 2004, pp. 293-294.

且十分活跃，对社会稳定和政治发展起到十分重要的作用。

无论法律和政治上如何划分。人民大众参与政治的主要模式就是：舆论、骚乱、起义。个人可以散布谣言，三人以上组成抗议、骚乱，直至起义，从个体到集体，从小区域内的矛盾冲突到跨区域的大众联合抗议，从琐碎的矛盾冲突到反对国家的某些政府政策和政治原则。纵观1548—1549年的社会动乱，人民大众以前所未有的广泛性参与了这场"大众政治"。

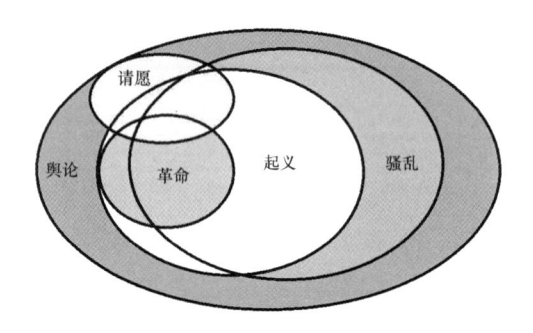

图4—1 大众政治五种模式关系

第三节 以"公共福利"为政治话语

大众参与政治最直接、最广泛的形式就是舆论。当反映人民共同意识的言语作为抗议思想的物质外壳，负载着集体共有的精神，汇聚起来流行于人民之间时，它就形成了一种集体的政治力量，这种言语我们可以看作是大众政治的话语。在1548—1549年社会矛盾尖锐、人民普遍抗议的年代，一个在政府和抗议人民双方的政治话语中出现最为频繁的政治词就是——"公共福利"。

一 "公共福利"与"平民"主义

在1548—1549年英国动荡年代大众政治斗争中，最为重要的政治话语莫过于"公共福利"（commonwealth）。① 无论是反圈地的骚乱者、起义者还是宗教起义者，都宣称自己是为了"公共福利"；而萨默塞特政府的政策宣传也同样以公共福利为核心。正是通过"公共福利"这个观念，起义者和统治者联系在了一起。

（一）平民与政府关于"公共福利"的解读差异

从历史上来看，"公共福利"这个词作为政治话语的历史相当悠久，在某些危机时刻，公共福利这个概念曾一度是人们争论的焦点。历史上最为人所熟知的讨论公共利益主义的时代是17世纪英国内战前后。但是它也是纷乱的16世纪中叶人们所讨论的社会问题、经济问题和宗教问题、政治问题的中心，并在那时达到高峰。② 在1258年被当作"社会共同的事业"（common enterprise），1327年爱德华三世时也曾被利用，1399年兰开夏的亨利用它争王位，15世纪中期它又成为约克家族的政治战略。③ 沙干注意到，1536年到1549年大众起义自治传统经过积累后，为"公共福利"成为最重要的政治话语创造了条件。他说，1549年"萨默塞特骑上了'公共福利'之虎"，④ 这形象地说明了公共福利概念在1549年政治话语中的重要地位。

然而关于这个词，大众和统治阶层之间却存在着不同的认识。1549年9月，在安东尼·奥谢（Sir Anthony Aucher）给威廉·塞西尔（William Cecil）的信中提醒他注意肯特郡起义者的意图，他说

---

① 公共福利一词从中世纪至今一直是英语中的常用词。最早它的意思是"政体"（body politic）或"王国"（realm），在1649—1660年被用来表示没有国王的英国政府。后来用来表示"英联邦"（the British Commonwealth）。详见：Whitney R. D. Jones, *The Tudor Commonwealth 1529 – 1559*, London：Athlone Press, 1970, p. 1.

② Whitney R. D. Jones, *The Tudor Commonwealth 1529 – 1559*, London：Athlone Press, 1970, p. 1.

③ David Rollison, *A Commonwealth of the People：Popular Politics and England's Long Social Revolution, 1066 – 1649*, Cambridge：Cambridge University Press, 2010, p. 284.

④ Ethan H. Shagan, "'Popularity' and the 1549 Rebellions Revisited", *The English Historical Review*, Vol. 115, No. 460 (Feb., 2000), p. 125.

起义者称自己是"公共利益主义者"（comon welthes），"……这些公共利益主义者宣称，如果他们'没有在圣克莱蒙节（Feast of Saynt Clement）前改革，'他们还会起义"。通过这封信可以看出，当时的贵族对萨默塞特"公共福利"政策的批评，同时揭示了1549年凯特起义重要的一点——起义者同统治者之间关于"公共福利"在认识上错位。①

这个词在中世纪有三个相互支持的意思：1. 指"（联邦）国家"（respublica）；2. 指"公共利益"（common good）；3. 指"政体"。在都铎的统治阶层看来，commonwealth这个词是指一种稳定的政体，贵族生来就统治，而平民则受制于人。②

实际上，都铎政府很清楚commonwealth一词在人民看来和在政府看来有不同的含义。在官方意识形态中它主要是指一个国家的政体。比如，1530年托马斯·斯塔基（Thomas Starkey），尽全力把"公共福利"定义为一种政体，但是即便如此，仍有人不能完全理解这个词本身的含义。③ 亨利八世时托马斯·埃利奥特（Elyot）爵士发现在很多人眼中"commonwealth"就是"common weal"（平民国家）（拉丁文：res plebeia）。平民国家在那个时代听起来是个危险的词，所以他建议都铎政府的政治顾问把commonwealth这个词改成"public weal"（大众国家）（拉丁文：res pulica）。④ 埃利奥特建议政府官员不要使用这个字眼，他的理由是："很难判断某些人是否为了自私自利的目的巧妙地或者公然地利用这个词。公共福利超

---

① Andy Wood, *The 1549 Rebellions and the Making of Early Modern England*, Cambridge：Cambridge University Press, 2007, p. 143.

② Andy Wood, *The 1549 Rebellions and the Making of Early Modern England*, Cambridge：Cambridge University Press, 2007, p. 144.

③ Paul Slack, *From Reformation to Improvement：Public Welfare in Early Modern England*, Oxford：Clarendon Press, 1999, p. 7.

④ Andy Wood, *The 1549 Rebellions and the Making of Early Modern England*, Cambridge：Cambridge University Press, 2007, p. 145.

越任何个人、家庭、阶级、党派、邻里关系、郡、社会等级或王国的概念。"这个词的力量在于它难免和一个新现象联系起来,这个新现象就是来自下层人民的抵制和起义行为,并且正如福蒂斯丘(Fortescue)描述的那样,任何人都无法控制人民对这个词的理解。不管一系列联系有多混乱,起义发生的原因可归结为一点:消除所有制度上的不平等。[①] 此外,托马斯·埃利奥特明确拒绝"公共"(common)福利的概念,也是因为它所谓的平等主义(egalitarian)或者颠覆性的含义。埃利奥特寄希望于对统治者和贵族进行教育,以便于他们在现有的社会统治体系中更好地发挥作用。[②] 显然,当时统治阶级对人民关于这个词的理解有所提防,不希望人民把统治阶级做的事当成为了公共利益。

对于普通民众来说,政治名词是十分难以理解的,他们更愿意以自己的方式理解政府的政治话语。在寻常百姓看来,这个词往往是指"一个储蓄罐,里面装有从社区人民那里收集而来的钱,用它来募集资源或帮助穷人"。[③] 1526 年歉收,为防止社会冲突,诺威奇政府以"共同福利"(comon weale)的名义强制大量公民捐款给生活在贫困线以下的人。[④] 可见,有时政府的行为也给人民强烈的暗示,公共福利就是指捐助以实现共富。从英文"commonweal"(公共福利)词本身可以看到"common"(公共)的含义,于是人们很容易将其与"平民"(the commons)主义、公地(common)、

---

① David Rollison, *A Commonwealth of the People: Popular Politics and England's Long Social Revolution, 1066–1649*, Cambridge: Cambridge University Press, 2009, p. 282.

② Whitney R. D. Jones, *The Tudor Commonwealth 1529–1559*, London: Athlone Press, 1970, p. 26.

③ 如,1541 年在牛津郡伯福德,人民拒绝交税是希望把钱用在"公共福利"上,这里公共福利代表"公共钱袋子和存钱罐",通过这些存钱罐(袋)人们可以尽量实现公平。Ethan H. Shagan. *Popular Politics and the English Reformation*, Cambridge: Cambridge University Press, 2003, p. 276.

④ Andy Wood, "Kett's rebellion", in C. Rawcliffe and R. Wilson (eds.), *Medieval Norwich*, London: Palgrave Macmillan, 2004, pp. 293–294.

平均主义联系起来。因此，在平民看来，公共福利就是平民的福利，社会共同富裕。

（二）萨默塞特的公共福利主义政策

起初公共福利一词并不是指代政治运动，也不是某个党派的宣言，更不是什么战略。从拉丁词源上翻译成英文也十分平庸无奇。比如，comen profit（共利）、comen bien（共好）、bien publique（众好）。然而，后来这个词在都铎时期的立法中出现，如，1489年圈地法案；在1514—1516年的内政外交政策中也出现，从而确立了其在公共话语中的特殊含义。① 从那时起"公共的福利"（common weal）时不时地损失一部分旧含义，而从一个具有领域性或者区域性含义的词中抽象出一种独立的、不明确的概念："总体上的幸福"（the general well-being）。② 16世纪早期该词出现于一些政论之中，但是1540年代之前它只不过是一个修辞化的口号，表示"普遍的幸福"，其功能是赋予几乎所有的公共活动以合法性。正是在萨默塞特摄政期间，公共利益恢复了其本意，一群持相同政见的人重新给"公共福利"下了定义，并制定和实施政策寻求公共利益。拉蒂默（Latimer）和托马斯·利弗（Lever）忙于让公共福利得到新教的支持，这些政治家们努力通过宣扬"公共福利"使政府获得支持。萨默塞特政府中最著名的公共福利主义者是约翰·黑尔斯（Hales）。③

"公共福利"是萨默塞特政府精神文明建设的基本点，为此他甚至丢掉了自己的性命。萨默塞特在走向绞刑架前说了这样的话："推进了国家公共福利的进步，而无上荣耀。"④ 诚然，在位期间他

---

① Paul Slack, *From Reformation to Improvement*: *Public Welfare in Early Modern England*, Oxford: Clarendon Press, 1999, p. 6.
② Paul Slack, *From Reformation to Improvement*: *Public Welfare in Early Modern England*, Oxford: Clarendon Press, 1999, p. 7.
③ S. T. Bindoff, *Tudor England*, Harmondsworth: Penguin Books Ltd., 1950, p. 129.
④ Whitney R. D. Jones, *The Tudor Commonwealth 1529-1559*, London: Athlone Press, 1970, p. 33.

不断扩大自己的土地和财富，但是他对穷人的同情心有目共睹。政府主张宣传"公共福利"并非空穴来风，而是与其反教皇和宗教改革政策息息相关、一脉相承。"公共福利"是萨默塞特主打的政治观念，是政府宣传的彩头。这些思想以及与其相伴而生的"保护穷人不受经济压迫"的观念，一经提出立刻成为政府公共形象的代言。他追求"争取民心"的策略以赢得政治上的筹码，改变自己在朝廷的弱势地位。①

萨默塞特需要新的政治"品牌"，同时公共福利派也需要萨默塞特这样的靠山施展自己的政治理想。于是公共福利主义者向他寻求庇护，比如，约翰·黑尔斯和包括拉蒂默、利弗（Lever）、贝肯（Becon）和胡珀（Hooper）在内的许多教士。枢密院中大部分人往往谴责公共福利主义派的领军人物黑尔斯和拉蒂默是公共福利者、激进分子和煽动暴民者。② 当然，萨默塞特和克兰麦保护他们，如此一来必然赢得广大平民的支持，而遭到少数政敌和贵族阶层的敌对。

1549 年护国公萨默塞特已经建立了与许多起义营地直接对话的"大众"政治的模式，使贵族感到恐惧，他们害怕"王权—大众主义"（monarcho - populism）。正是凯特领导的起义者们聚集在诺威奇城，把英国阶级斗争和公共福利主义推向了 1381 年以来的最高点。③

同时，萨默塞特政府将宗教改革纳入"公共福利"这个大概念

---

① Ethan H. Shagan, "Protector Somerset and the 1549 Rebellions: New Sources and New Perspectives", *English Historical Review*, Vol. 114, No. 455 (Feb 1999), p. 36; Ethan H. Shagan, "'Popularity' and the 1549 Rebellions Revisited", *The English Historical Review*, Vol. 115, No. 460 (Feb., 2000), pp. 121 – 133.

② Whitney R. D. Jones, *The Tudor Commonwealth 1529 – 1559*, London: Athlone Press, 1970, p. 32.

③ David Rollison, *A Commonwealth of the People: Popular Politics and England's Long Social Revolution, 1066 – 1649*, Cambridge: Cambridge University Press, 2010, p. 284.

中。A. C. 琼斯发现，在萨默塞特的政策和克劳利（Crowley）、黑尔斯及拉蒂默的作品中，"新教主义"和"公共福利"紧密结合。[①] 在黑尔斯给萨默塞特的信中，明确阐明爱德华六世期间的公共福利集团希望同步完成宗教和社会经济改革。

> 如果有任何方式或者政策让人们接纳、信奉、热爱上帝的圣经，就只有这样——当他们看到这种他们不追求个人财富，也不追求他们的私人利益，而是整个机构的共同福利……因此什么样的福利能够成为全国的福利呢。虽然俗人认为这只是金钱的问题，但是我完全被说服并的确相信大人您的话，不顾邪恶、私利、利己主义和类似的邪恶手段，它会发生并且停留在公共福利上，所有社会成员心平气和，和谐相处，不是像现在这样，富者良田千亩，贫者无立锥之地。[②]

由此可见，在萨默塞特的政策中公共福利政策从社会改革和宗教改革两个方面同时推进，培养了平民对维护公共集体利益的意识，调动全社会积极性。其结果是使"平民"主义得以发展，公共福利思想深入民心，从而使英国在16世纪中叶达到了大众政治的高峰。

二 "公共福利"与自下而上的平民的"革命"

（一）平民的改革话语

1549年大众政治最鲜明的特点是人民充满了改革热情。以凯特起义为例，凯特起义前的社会中弥漫着激进的革命思想。农民朴实

[①] Amanda Claire Jones, "*Commotion Time*: the English Risings of 1549, Ph. D. Thesis, University of Warwick, 2003, p. 308.

[②] Whitney R. D. Jones, *The Tudor Commonwealth 1529 – 1559*, London: Athlone Press, 1970, p. 35.

的政治言语完全可以说明他们有自己的政治观念，虽然没有亚里士多德政治学中的术语，但其可以清楚无误地表达人民的政治诉求。我们将内维尔记载的一个反圈地者的一段较长的发言分为几个部分进行讨论，分析其革命性。

> 我们父辈时还是敞开地，现如今被篱笆沟壑团团围住，公有牧场被圈住了，没人可以随便去。天上飞的鸟禽，水里游的鱼虾，地上长的果子都被他们占为己有，独享天物。

这句话清晰地表明平民在公地权利上的政治诉求。

> 自然所赐的富足和丰盛都难以满足他们的贪欲，……他们四处寻觅刺激满足它们的欲望和贪婪。而我们穷人此时是什么状况呢？我们吃什么？草根野菜！那还得先老老实实地清清白白地辛苦劳动才能换来，有吃的就已经很感激了。没有经过他们的同意，连我们活着、呼吸空气、仰望美丽的天空都会让他们不高兴。

这段话表明平民具有自我意识，进行阶级间的生活对比。他思想中存在"公共福利"的意识，且有平均主义的影子。

> 我们不能再忍受如此巨大而残酷的压迫；我们再也不能无动于衷了，看看那些厚颜无耻的绅士地主们。我们会立即拿起自己的武器，翻天覆地，扭转乾坤，而不再屈服于这些绅士。

此段话明白无误地表达了反抗、革命精神。平民试图在行动上附和萨默塞特的宗教和社会改革。

> 因为上苍给了我们一样的自然条件，我们也有灵魂和肉体，我们想知道是否上帝面前人人平等。看看他们再看看我们，我们难道不是一样的皮囊、一样地由娘生的吗？为什么他们的生活方式，为什么他们的命运与我们这么不同呢？我们都明白，事情已到了极端，我们忍无可忍了，我们注定要拼一拼，试一试。

这段说明了他有人权意识、平等思想，以及天赋人权、人人平等的观念。

> 我们要推倒藩篱、填平沟壑、开放公地，推平他们建立的一切障碍。我们不要再屈从于压迫，若照此下去，我们纵容邪恶，到我们老时，留给我们子孙的境况将会更加可怜，他们的生活将比我们还要悲惨。①

这说明他对未来担忧，革命是为了将来，为了子孙后代，为了未来的美好生活。凯特发表的第一个领导演讲就多次使用"公共福利"这个词。他说自己时刻准备着同造反者一道压制和征服"大人物的权力"，"为了公共福利"，"近年来汝等遭受厄运，伤天害理、不仁不义之举愈甚矣，民不聊生，苦不堪言"。"此大恶不义之举必为天地所不容，人神共怒！然，之于劣豪恶绅强侵公牧之草地，损公肥私，使尔等蒙羞，吾将不负众望，誓将其铲除之，为民雪耻"。② 凯特感叹社会变迁对人民造成了伤害，充分说明了其反抗压迫的革命精神。

---

① 内维尔引自 Frederic William Russell, *Kett's Rebellion in Norfolk*, London：Longman, 1856, p. 23.

② Frederic William Russell, *Kett's Rebellion in Norfolk*, London：Longman, 1856, pp. 28, 30.

通过上面的分析不难看出，平民希望改革社会秩序和缓解这种社会秩序所引发的社会和经济危机。布什写道："平民起义属于和社会秩序相关的集体机制的一部分。"其含义是"秩序观念不仅是由上层支撑还需要下层支持"，中世纪晚期平民起义已经从社会等级划分的不足中获得力量。① 中世纪末期最清晰的大众政治就是凯特在"改革橡树"下起草请愿书。这个请愿中表达了国家自下而上的形成过程，一个郡的居民试图建立一个"民主"的民众联合政府，从地主手中夺回权力，维持村庄的独立性。他们设想"从地主手中解救穷人"，渴望一个把圈地乡绅"从村庄经济"中排除出去、"教士由教区选举"、物价稳定的社会。他们所设想的是一个以农民为主、井然有序、互不干涉的社会。这种新秩序由自治的村庄团体组成的分散政体直接通过国王的法律联合在一起实现。正是在这种改革规划中我们看到了"大众—君主制"，在这种制度内中世纪晚期法律和秩序的力量与现代国家形成的早期进程联系在一起。②

这种通过"公共福利"的民间释义而举行的起义，在凯特起义之前就已经存在。1536 年 10 月 27 日，求恩巡礼的领导与诺福克公爵简单会谈，提出的要求重点是为了"公共福利"，希望保护教堂，保持宗教高贵神圣，铲除损害政府公共福利的人。③ 1548 年，大雅茅斯的起义领导者同样使用"公共福利"宣扬自己的正义目标。1549 年诺福克的坦斯特德（Tunstead）起义领导者，劝勉邻居签字

---

① Michael Bush, "*The Risings of the Commons in England, 1381 – 1549*", pp. 109, 111, 112, 113 – 14, 117, 123 – 5, 转引自: David Rollison, *A Commonwealth of the People: Popular Politics and England's Long Social Revolution, 1066 – 1649*, Cambridge: Cambridge University Press, 2009, p. 285.

② Andy Wood, *The 1549 Rebellions and the Making of Early Modern England*, Cambridge: Cambridge University Press, 2007, pp. 163 – 164.

③ Michael L. Bush, *The Pilgrims' Complaint: A Study of Popular Thought in the Early Tudor North*, Farnham: Ashgate, 2009, p. 17.

宣誓抵制地方圈地者，理由是"为了公共福利"。① 包括德文和康沃尔郡在内，其平民被逼起义不仅仅因为"宗教信仰问题，这些问题往往涉及上层社会"，而更有"公共福利、经济和农业原因"。② 1549年7月，萨塞克斯郡、萨里郡、肯特郡、埃塞克斯郡和剑桥郡的平民发起被称为"公共福利起义"的起义，大范围地破坏这些地区的多个鹿苑，猎获了不少野生动物。东南部"公共福利起义"的发起者自称"公共福利主义者"或者"公共福利顾问"。他们席卷整个地区，推倒篱笆，填平壕沟，打着基督教社会公平的旗号，要求归还穷人的公共利益、权益和财产。③

总之，1548—1549年大众政治中以"公共福利"为口号的抗议活动，表现出了强烈的自下而上的社会改革信号，其带有鲜明的革命性，是一场试图推翻地主阶级，建立"大众—君主"模式的国家革命。

（二）1549年大众抗议的革命性影响

在1548—1549年的社会动乱中，抗议者高举公共福利的大旗，与萨默塞特政府"联手"推行地方"改革"。然而，平民所谓的"改革"同政府所说的改革有所不同。与"公共福利"这个名词一样，"改革"（Reformation）也发生了变化，当时专指"宗教改革"的词在平民看来其含义在16世纪中叶已经发生了转变：不仅仅指政府尝试改革宗教和政府机构，而且还表示"平民"尝试改变财富和权力的分配方式。④ 这一认识上的转变的关键点在于"反腐败"

---

① Andy Wood, *The 1549 Rebellions and the Making of Early Modern England*, Cambridge: Cambridge University Press, 2007, pp. 145, 144.

② Michael L. Bush, *The Pilgrims' Complaint: A Study of Popular Thought in the Early Tudor North*, Farnham: Ashgate, 2009, p. 43.

③ Amanda Claire Jones, *"Commotion Time": the English Risings of 1549*, Ph. D. Thesis, University of Warwick, 2003, p. 177.

④ Andy Wood, *The 1549 Rebellions and the Making of Early Modern England*, Cambridge: Cambridge University Press, 2007, p. 146.

这个口号。因为在早期的英国清教徒看来，宗教改革的口号就是反对旧宗教的"腐败"。[1] 在配合改革的政治宣传上逐渐形成了改革者正义和英雄的形象，这种做法的衍生产物就是激活了一种民众的集体情绪——普遍反对社会中存在的一切腐败现象。然而，这种关于"腐败"领域的认识同政府关于腐败的概念有所不同。在平民看来，腐败是关系到自身所有利益的政治问题，此时不只限于宗教领域。由此在平民的观念中才形成了反对地方贵族腐败和国王反对罗马教廷腐败是一回事的认识。因此，宗教改革实际上揭开了一场由国王号召平民响应的温和式的社会革命，其范围不仅仅限于宗教领域。

在1549年的危机中，一方面，枢密院指责萨默塞特野心勃勃，颠覆了所有的法律、公平和良好秩序，挑拨贵族、绅士和平民之间的关系，想要消灭所有英国贵族、绅士和其他忠心耿耿的人，进而夺权篡位。另一方面，大众政治和公共福利思想已经深入民心。当时一份支持萨默塞特的传单鼓动平民站出来为萨默塞特辩护，"因为我们，贫穷的老百姓被绅士们敲诈勒索，伤痕累累，今年国王和萨默塞特大公出于怜悯仁慈赦免了我们；让我们为他而战，他热爱所有正义、忠诚、不敲诈勒索的贵族和英格兰的老百姓"。难怪罗素（Lord Russell）和威廉·赫伯特（Sir William Herbert）在给萨默塞特的信中说："您的公告促进英国议会下院地位上升，我们对此感到非常厌恶。"[2] 由此可见，1549年以后人民的大众政治意识保留了下来。

1549年起义之后，大众政治受到了当局的限制。爱德华六世议会通过了一系列法案，具有父权压制性的特性。新法律有规范制衣

---

[1] David Rollison, *A Commonwealth of the People: Popular Politics and England's Long Social Revolution, 1066 – 1649*, Cambridge: Cambridge University Press, 2009, p. 148.

[2] Whitney R. D. Jones, *The Tudor Commonwealth 1529 – 1559*, London: Athlone Press, 1970, p. 34.

业的，保护茅舍农权利的，反圈地、为穷人争取福利的。值得注意的是起义后议会立刻通过了关于"言语政治"（verbal politics）的法案，整治阴谋煽动言论和预言；还立法查封一些书籍和神像；1549年10月议会通过了一条"惩治不法聚会和起义的法案"。[①]

无论从经济、社会还是宗教、政治方面看，亨利八世、爱德华六世时期基本上可以看成是一个政府危机、民众抗议的时代。16世纪中叶较之17世纪中期和末期，在很多方面更具有革命性。[②] 正如大卫·罗利森（David Rollison）所说的，从1381年到1649年，英国经历了一场缓慢的、长期的、积累式的（社会）革命，不同于法国革命、俄国十月革命和中国革命这种现代意义上的革命，它不是疾风骤雨式，而是细水长流，经历了缓慢的转型过程。[③] 在英国封建社会漫长的政治发展史中，1381年是个明显的转折点。平民第一次在没有权贵领导或鼓励的情况下发动起义。从宪章革命到爱德华二世被废黜，都是权贵领导，平民追随。13世纪时大众需要签名才可以加入地主们进行的公共事业（common enterprise）。从1381年到1549年这种模式转变了。起义首先由人民发动，然后地主再响应。[④] 罗利森认为1640年代的革命是集体转型，是一种持续了几个世纪的社会革命的突发产物。这场社会革命标志着尼采（Nietzsche）所看到的英国"平民化"显现，大体而言就是欧洲的宪政文化出现了。[⑤] 在1530年代中期、1549年、1553年、1560年代末、

[①] Roger B. Manning, *Village Revolts: Social Protest and Popular Disturbances in England 1509 – 1640*, Oxford: Oxford University Press, 1988, pp. 55 – 57.

[②] Whitney R. D. Jones, *The Tudor Commonwealth 1529 – 1559*, London: Athlone Press, 1970, p. 2.

[③] David Rollison, *A Commonwealth of the People: Popular Politics and England's Long Social Revolution, 1066 – 1649*, Cambridge: Cambridge University Press, 2010, p. 3.

[④] David Rollison, *A Commonwealth of the People: Popular Politics and England's Long Social Revolution, 1066 – 1649*, Cambridge: Cambridge University Press, 2009, p. 281.

[⑤] David Rollison, *A Commonwealth of the People: Popular Politics and England's Long Social Revolution, 1066 – 1649*, Cambridge: Cambridge University Press, 2010, p. 3.

1580年代末、1590年中期以及1620年,"公共福利"之舟漂泊在汹涌的大海上,但是一直没有沉没,或者至少在1642年没有沉没,所以英国内战时期才能重兴,才能建立具有现代性的政府。[①] 这一历史阶段恰如从亚里士多德所描述的政体类型"僭主""寡头"到"民主"的转变。

然而,凯特起义精神的深远影响不限于此。1949年工党纪念凯特起义,认为凯特起义所代表的是民主和为自由而斗争。1945年英国工党在大选中获胜,诺威奇社会主义者弗莱德·亨德尔森(Fred Henderson)(1867—1957)1948年当选为市议会议员,他提议刻一块石碑纪念罗伯特·凯特起义。他长期投身于诺威奇的政治建设。1885年他曾因发起一场食物骚乱而被关在诺威奇城堡;不久后他作为第一个社会主义者被选为市议会议员。1898年苏格兰社会主义者凯尔·哈迪[②]曾写信给他,建议他为独立工党(Independent Labour Party)党报《工人社论》(*Labour Leader*)写一些激进的历史人物,提议他多关注国内的爱国者。[③] 亨德尔森选择了凯特。他强调1549年的起义"其本质是英格兰平民在那个时代在政府中没有声音,他们为了申冤,除了造反别无选择,这是不争的事实!""尽管他们的请愿和起义目的表现出那个时代的特点,但是他们的斗争却对我们这个时代的人意义重大。"其意义就在于,那是"英国社会民主取得最大成就的十年",亨德尔森说,"起义者的斗争运动受益于这片土地上的人民渴望寻求自由和建立公正社会的精神,这种精神具有超时代的意义"。在亨德尔森看来,过去包含在现在之中。他认为,

---

[①] Alison D. Wall, *Power and Protest in England, 1525–1640*, London: Edward Arnold Publishers, 2000. p. 4.

[②] 詹姆斯·凯尔·哈迪(James Keir Hardie, 1856年8月15日苏格兰纳拉克莱格布兰诺克——1915年9月26日格拉斯哥):英国工人领袖,英国第一位工人议员(1892年),下院第一位工党领袖(1906年)。他是忠诚的社会主义者。

[③] Andy Wood, *The 1549 Rebellions and the Making of Early Modern England*, Cambridge: Cambridge University Press, 2007, p. 262.

1549 的请愿在 1948 年基本上都已经实现了。"实际上，他们可以想象到的人类的基本自由都已经体现在我们的日常生活中了。如今所有阶层的人充分平等地共享权力来纠正我们认为的社会不公，不再有哪个阶级或阶层不能参与。"因此工党决议在纪念凯特的石碑上镌刻：

> 公元 1549 年，罗伯特·凯特，怀蒙德汉姆的约曼自耕农，在他领导的诺福克起义失败后，于城堡被处以绞刑。公元 1949 年，四百年之后，诺威奇的市民在此为他立纪念牌，郑重纪念这位名声显赫的起义首领。他曾带领英格兰平民斗争，摆脱奴役状态，争取自由和社会公平正义。

石碑镶嵌在诺威奇城堡的墙上。[①]

小　结

萨默塞特的圈地调查委员会政策和 1549 年"动荡年代"起义的发展息息相关，对起义的进程产生了重要影响。萨默塞特两次成立的圈地调查委员会直接引发了平民参与国家政治的积极性，并逐步演变成全国骚乱；而萨默塞特的"所有政策服务于对外战争"的政策进一步加剧了国内危机。大众政治是非政治人物参与政治的行为。它可以分为五种形式，即革命、起义、骚乱、请愿、舆论。大众政治是一种纠错和保持社会平衡的机制，是社会自我调节的一种方式；起义是一种政治斗争，是深层次的大众政治对话的体现。1548—1549 年社会动荡中人们利用"公共福利"这一政治话语与

[①] Andy Wood, *The 1549 Rebellions and the Making of Early Modern England*, Cambridge: Cambridge University Press, 2007, p. 263.

政府对话，并成功地在人民中间传播了"平民主义"和"公共利益"的思想，使之成为1549年人民广泛抗议活动的旗帜，对社会产生了巨大的影响，甚至推翻了萨默塞特的政府。凯特起义留下了伟大的文化遗产，使英国人民历史记忆中增加了政治对话的可能，大众政治深入民心。

总之，凯特起义和1548—1549年英国社会动荡是早期近代社会大众政治的典型表现，对英国社会、政治的发展产生了重要影响。

结　　论

本书通过历史叙述和专题结合的方法对凯特起义和爱德华六世时期的社会危机及其发生的原因和规律做了探讨，综合分析了凯特起义的性质，弥补了英国凯特起义研究中缺乏宏观分析、缺乏起义性质研究的不足；全面分析了社会危机产生的原因，克服当前史学碎片化的缺点；结合我国起义史重视理论研究的传统优势，克服了英国凯特起义史过于偏重细节研究的缺点；同时突破了中国"农战史"研究传统范式，重视非农因素的研究。基于上述思路展开论述，本书回答了下述核心问题，即，凯特起义是什么？为什么发生？大众政治规律如何？有何启迪？

一　凯特起义是下层人民的抗议活动

本书前两章探讨和分析了凯特起义的经过和性质。笔者认为凯特起义既不是农民一个阶级的斗争，也不是农村一个地区的斗争，而是英格兰城乡社会下层广泛劳动人民反抗地方腐败统治和压迫的斗争；其目标既不在于推翻现有法律，也不在于反对国王，而是反对社会不公，希望通过请愿的方式请求国王惩治地方腐败，改善民生。

首先，凯特起义是由乡村和城市下层人民共同参与的起义，它暴露出了英国广泛的社会矛盾，具体而言，有两对主要的三角矛盾体，即，农村社会中贫民、富裕农民、乡绅之间的矛盾；城市社会中贫民、富人、绅士贵族之间的矛盾。1. 从乡村看，起义前社会主要矛盾围绕土地资源的争夺展开。凯特起义的导火索"威尔比反圈地骚乱"反映出农村穷人和富人之间的矛盾，富人包括乡绅和富裕自耕农。起义在小镇的宗教节日上爆发，暴露了宗教改革后修道院宗教财产处置不当的问题，这引发了凯特和弗劳尔迪家族的恩怨。这是富人之间的矛盾，它反映出代表外来新贵族阶层的弗劳尔迪和代表当地富裕自耕农阶层的凯特之间的阶级矛盾和竞争关系。这个三角矛盾十分复杂：当贫富矛盾突出时，农村贫民反对富裕自耕农和乡绅新贵；当阶级矛盾突出时，农村贫民和富裕自耕农联合反对乡绅新贵。当凯特遇到贫民责难他圈地时，他巧妙地用阶级矛盾掩盖了贫富矛盾。2. 从城市看，主要矛盾集中在贫富悬殊上，也包括对城市公共资源的争夺。城市有贫民—商人—贵族绅士三角矛盾。城市贫民反对圈地加入凯特起义军反映出城市贫民与土地贵族的贫富矛盾和阶级矛盾；凯特的加入使城市矛盾更复杂。当贫民帮助起义军劫掠富人时反映出贫富矛盾；当城市遭到起义军破坏时，市民和起义军联盟决裂反映出市民阶层同农村贫民阶层之间的利益矛盾大于与共同的阶级敌人之间的矛盾。即便如此，在起义军鼎盛时期还是形成了一个平民阶级的大联合，他们共同反对地方绅士、贵族阶层。总体来看，凯特起义军的成分职业分布广，阶层多样，由城乡下层人民共同参与，包括富裕自耕农、城市自由人、手工业者、商人、小农、无业者和流浪汉等。总之，凯特起义具有广泛的群众基础，暴露出城乡社会复杂的矛盾。

其次，起义由农村中产阶级领导，具有保守性和局限性。凯特的身份是具有资本主义工场主和地主性质的富裕自耕农，而不是小贵族或小地主。凯特既不反对圈地原则，也不反对封建统治，而是反对贵族、地主的贪婪与残酷。凯特本人在封建等级社会中属于自耕农阶层,其家庭富有,且拥有小工场和一定数量的土地,这说明他具有资本主义工场主性质和地主性质。其起义一部分是被社会逼迫,一部分是希望反作用于社会。凯特在莫斯德希思山成立政府说明他具有改革国家政治的远大理想,其政治纲领与哈林顿的《大洋国》① 中追求的自耕农社会异曲同工,希望建立一个互不干涉、稳定的小农社会。但其政治诉求十分温和,甚至有保护圈地的要求,政治纲领中没有提及流浪汉和城市贫民的利益,主要体现了富裕自耕农的利益,这是它的局限性所在。富裕自耕农是从平民中分离出来的,他们既不同于一般贫民也不是贵族绅士,他们是中间派。由于受到传统思想和地方社会秩序的影响,在一些起义中贫民往往会主动让出起义领导权,起义中人数最多的贫民没有能力表达自己的意志,而使属于中间阶层的少数富裕自耕农代替他们与国王谈判。于是中间阶层窃取了起义领导权和发言权,致使起义请愿书中不能充分体现贫民的利益诉求。富裕自耕农阶层篡夺了起义领导权必将使起义变得保守。因此,凯特起义具有两面性,一方面行动上体现了下层起义者激进的革命性,另一方面政治纲领上又暴露了富裕农民保守的本质。

再次,凯特起义是1549年具有代表性的社会抗议活动。

通过分析凯特起义与1549年社会动荡的关系,可以得出这样的结论:凯特起义是1548—1549年社会普遍存在的抗议活动的一个代表。在千百次人民抗议活动中,凯特起义发展最为充分、规模最大、持续时间最长。凯特起义不等于全部的诺福克起义,也不等于东安格利亚的全部起义。诺福克郡有许多凯特之外的起义团体,同属于东安格利亚的萨福克郡也发生了起义。事实上,1548—1549年英国经历了全国"动荡的年代",无论是西部的德文郡和康沃尔

---

① [英]詹姆士·哈林顿:《大洋国》,何新译,商务印书馆出版1996年版,第3页。

郡，还是中部、南部、北部都发生了各种级别的人民抗议活动。起义和骚乱发生的原因有多种，有圈地原因，也有宗教原因，比如，西部起义带有宗教性质。然而，就其本质来看，西部起义与凯特起义一样具有动荡年代的共性，即由英格兰普遍存在的社会矛盾和利益冲突引发。因此，将1548—1549年社会起义和骚乱活动作整体考察，可以得知，起义无论规模大小和原因，其实质是爱德华六世统治下的英格兰社会危机总爆发的表现。

总而言之，尽管凯特起义的纲领具有中产阶级保守性，但是就其参与者的构成而言，凯特起义具有城乡平民联盟的性质，可以说是一场城乡社会下层劳动人民的起义。凯特起义是动荡年代的一次起义，其发展最为成熟，最具有典型性，是1549年英国社会危机的集中表现。

二　转型期社会变革多方面原因造成1549年社会动荡

历史上，几乎每次剧烈深刻的社会变革都会引起社会不稳定，甚至起义和革命。经济变革造成社会变革，社会变革造成阶级变革，阶级变革造成社会矛盾冲突，冲突得不到妥当处理就会引发社会动乱，最终造成起义、革命，甚至造成政权更迭。

16世纪西欧正处在中世纪末期的巨大变革中，爱德华六世统治下的英国同样经历着空前剧烈的社会变革，包括经济变革、宗教改革、政治改革和文化变革，并最终导致严重的社会问题。资本主义的萌芽，生产方式的转变，导致土地制度的变革，土地制度变革导致社会关系变革，社会关系变革又导致政治变革。1548—1549年的"动荡年代"充分暴露了英国进入转型期的"阵痛"。英国自1381年大起义到1685年蒙默思郡起义（Monmouth Rebellion），经历了三百年跌宕起伏的周期性起义，更不要说英国内战（资产阶级革命)。① 在这三百年时间里以 16 世纪起义最多，其中尤以 1536 年"求恩巡礼"起义和 1549 年凯特起义为重。②

1549 年英国陷入"社会动荡"是由于圈地运动、价格革命、宗教改革、萨默塞特政治政策导致的。从长期来看，圈地运动和农业资本主义的发展造成社会阶级严重分化。圈地运动损害了社会下层人们的生活，新崛起的富裕自耕农阶级在圈地运动中与乡绅绅士阶层展开竞争，加速了社会分化。从中期来看，亨利八世与爱德华六世时期的宗教改革政策使英国的国家宗教信仰陷入危机。解散修道院、祈唱堂严重影响了人民的宗教生活。从短期来看，铸币改造导致通货膨胀实际工资减少，造成了社会下层人民陷入严重的经济危机之中；政治上，萨默塞特的一些政策，比如，过于依赖圈地调查委员会，使人民幻想与"好公爵"萨默塞特一道惩治圈地者，助长了大众的造反情绪；《惩治流浪和济贫法》等的颁布则把穷人逼向绝地。

社会变革和社会危机构成了社会动乱的大前提。从原因主次关系上看，宗教、经济、政治的变革最终导致社会结构变革，社会结构变革是社会危机爆发的深层次原因。16 世纪社会动乱中，中产阶级地位的变化是问题的关键。1549 年社会动乱中，起领导作用的就是富裕自耕农和商人阶层。抗议是和平还是武力，取决于中间阶层的态度。凯特代表社会中正在上升的一个阶级，他们在经济上取得了利益，思想趋于保守，反对暴力。凯特是富裕约曼农，身份上更接近乡绅，他们有对抗封建统治封闭性的意愿，在 1381—1549 年这类人联合贫民，以对抗共同的敌人。但是，16 世纪末和 17 世纪初之后，乡绅阶层从农村矛盾中淡出，而富裕自耕农阶层步其后

---

① Alison D. Wall, *Power and Protest in England*, *1525 – 1640*, London: Edward Arnold Publishers, 2000. p. 1.

② Perez Zagorin, *Rebels and Rulers*, *1500 – 1660. Vol. 1*, *Society*, *States*, *and Early Modern Revolution Agrarian and Urban Rebellions*, London: Cambridge University Press, 1982, p. 35.

尘。社会结构后来的变化，是1549年他们在积极领导起义时所不能预见的。在许多看似属于一个阶级的内部实则有很多隔阂，这些隔阂把富人和穷人、有地的和无地的、有文化的无文化的、信教的不信教的区分开来。阶层不像想象的那样消失了，而是以一种方式取代另一种方式。[①] 因此，笔者认为在16世纪中期这种社会阶层变化问题最为突出，最能直接引发社会矛盾，最终导致社会动荡。

总之，1549年的社会动荡和凯特起义是社会转型期多方面因素综合作用的结果。

三 大众政治的规律以及给我们的启示

笔者认为，凯特起义和1548—1549年英国社会动荡是近代早期社会大众政治的典型表现。所谓"大众政治"是指无权参与政治的人民大众以舆论、请愿、骚乱、起义和革命五种形式主动地参与社会改造，影响国家政治发展的行为。

（一）大众政治的规律

1547年萨默塞特上台后为了支持对外战争的巨大消耗，采取改造铸币和激进的宗教改革政策，造成了社会的剧烈变革，同时为了提升自己在政府中地位大力推行"公共福利主义"政策，使政治风险加大。当意识到危机的时候，为了解除社会危机维护统治，萨默塞特在1548年、1549年采取了更加激进的"圈地调查"政策，旨在转嫁国内矛盾，但事与愿违，这一举动直接激发了人民大众参与政治的热情和期望，最终造成英国政府更迭。

从大众政治和社会危机之间的关系看，大众政治是社会危机造成的，但往往大众政治又造成了更深刻的社会危机。当遇到社会危机时统治阶级为了维护统治，往往主动地采取让利于民、还政于民

---

① Andy Wood, *The 1549 Rebellions and the Making of Early Modern England*, Cambridge: Cambridge University Press, 2007, p. 264.

的手段。结果是，有些政权选择了合理的社会调整手段，缓解了社会矛盾，维护了社会稳定；而有些政权，没有选择合理的调整手段，反而造成社会动乱，甚至政府垮台。

从特点上看，大众政治具有政治的、语言的、与政府互动的、主动的、现实的、松散的、群众性的等特点。大众政治是一种参与政治的行为。它主要是以语言形式进行的，以暴力或潜在暴力威胁为条件的，人民主要通过舆论、请愿、政治纲领表达自己的政治意愿。"公共福利"是1548—1549年社会动荡中，统治阶级和被统治阶级共用的政治话语，但双方对其含义理解不同，最终造成双方政治对话的失败。大众政治是与政府互动的，以现行政体为舞台的。大众主动参与而非被动，目的在于改革，甚至是推翻现政府。其直接诱因往往是现实生活利益的驱动。不宁唯是，大众政治往往是超阶级的，是多阶级联合参与政治的表现。众擎易举，独力难支，大众政治的特质在于它是一种社会的群体性行为。

此外，英国大众政治往往是保守性和理想性相结合的，人民参与政治的愿望常常是为了社会公正，值得注意的是，英国的大众政治多以温和的、渐进的方式推进社会进步，很少出现翻天覆地式的大革命。凯特起义不反对国王，而是为了争取国家制度的进步，英国因此发展出了大众政治，这种传统最终流入英国政治文化的血脉之中。英国这种独有的政治发展模式是由其特有的社会习俗和文化决定的。

(二) 启示

本书旨在抛砖引玉，望学术界更多人通过对转型期国家社会变革与社会稳定关系系统深入的研究，思考下述问题：如何运用新政治史、社会史学的方法使我国农战史研究重新发光？如何在经济、政治、文化变革中选择合适的政策，从而避免社会动荡？如何看待主动变革和被动变革的问题？如何看待人民广泛参与政治？

总概全书，本书认为凯特起义是一场由富裕自耕农领导的社会下层人民广泛参与的起义，是1549年动荡年代的一面镜子，通过它我们可以了解都铎时期的社会危机与大众政治。

参考文献

外文

(一) 专著

Alford, Stephen, *Kingship and Politics in the Reign of Edward VI*, New York: Cambridge University Press, 2002.

Allmand, Christopher, *The New Cambridge Medieval History*, Vol. VII, Cambridge: Cambridge University Press, 1998.

Ashley, W. J., *An Introduction to English Economic History and Theory*, London: Longman, Green, 1906.

Beer, Barrett L., *Rebellion and Riot: Popular Disorder in England during the Reign of Edward VI*, Kent: Kent State University Press, 2005.

Beier, A. L., *The Problem of the Poor in Tudor and Early Stuart England*, London: Methuen, 1983.

Bindoff, S. T., *Ket's Rebellion 1549*, London: Historical Association, 1949.

Bindoff, S. T., *Tudor England*, Harmondsworth: Penguin Books Ltd., 1950.

Blomefield, Francis, *An Essay Towards a Topographical History of the County of Norfolk*, 11v., London, 1805.

Braddick, Michael J., *State Formation in Early Modern England, c.1550 – 1700*, Cambridge; New York: Cambridge University Press, 2000.

Bradley, Harriett, *The Enclosures in England, an Economic Reconstruction*, New York: Columbia University Press, 1918.

Bradshaw, Brendan; Roberts, Peter, *British Consciousness and Identity: the Making of Britain, 1533 – 1707*, Cambridge; New York: Cambridge University Press, 1998.

Brigden, Susan, *London and the Reformation*, Oxford: Clarendon Press, 1989.

Brigden, Susan, *New Worlds, Lost Worlds: The Rule of the Tudors, 1485 – 1603*, London: Allen Lane/Penguin, 2000.

Brodrick, George C., *The Reform of the English Land System*, London; New York: Cassell, Petter, Galpin & Co. 1883.

Brodrick, George Charles, *English Land and English Landlords: An Enquiry into the Origin and Character of the English Land*, London: Cassell, Petter, & Galpin, 1881.

Browne, Philip, *The History of Norwich: from the Earliest Records to the Present Time*, Chipperfield: Bacon, Kinnebrook, 1814.

Bucholz, R. O., *Early Modern England 1485 – 1714: a Narrative History*, Oxford: Blackwell, 2009.

Burke, Peter, *Economy and Society in Early Modern Europe: Essays from Annales*, London; New York: Routledge, 2006.

Bush, M. L., *The Pilgrims' Complaint: a Study of Popular Thought in the Early Tudor North*, Farnham, Surrey; Burlington: Ashgate, 2009.

Cardwell, Edward, *The Two Books of Common Prayer: Set Forth by Authority of Parliament in the Reign of King Edward the Sixth*, Oxford:

University Press, 1838.

Chapman, Hester W., *The Last Tudor King: a Study of Edward VI (October 12th, 1537 - July 6th, 1553)*, London: J. Cape, 1958.

Clapham, John, *Concise Economic History of Great Britain, From the Earliest Times to 1750*, Cambridge: Cambridge University Press, 1963.

Clayton, Joseph, *Leaders of the People: Studies in Democratic History*, London: M. Secker, 1910.

Clayton, Joseph, *Robert Kett and the Norfolk Rising*, London: M. Secker, 1912.

Clive, W. B., *Economic History of England*, London: Tutorial Press, 1914.

Cooke, George Wingrove, *The Act for the Enclosure of Commons in England and Wales: And Forms as Settled by the...*, O. Richards, 1846.

Cornwall, Julian, *Revolt of the Peasantry, 1549*, London: Routledge & K. Paul, 1977.

Cressy, David; Anne, FerrellLori, *Religion and Society in Early Modern England: a Sourcebook*, New York: Routledge, 2005.

Davies, Catharine, *A Religion of the Word: The Defence of the Reformation in the Reign of Edward VI*, New York: Manchester University Press, 2002.

DeLloyd, J., McKenna, John W., *Tudor Rule and Revolution: Essays for G. R. Elton from His American Friends*, Cambridge; New York: Cambridge University Press, 1982.

Demaus, Robert, *Hugh Latimer; a Biography*, London: Religious Tract Society, 1904.

Dickens, A. G., *The English Reformation*, London: Collins, 1967.

Edward VI, Gibson, Edgar, C. S. , *The First and Second Prayer-books of King Edward the Sixth*, London: J. M. Dent, 1913.

Edward VI, *The First Prayer Book of King Edward VI*, London: De La More Press, 1903.

Edward VI, *The Second Prayer-book of King Edward VI, 1552*, London: Griffith, Farran, Browne.

Edward VI, Jordan, W. K. ed. , *The Chronicle and Political Papers of King Edward VI*, New York: Cornell University Press, 1966.

Edward VI, North, Jonathan ed. , *England's Boy King: the Diary of Edward VI, 1547–1553*, Welwyn Garden City: Ravenhall, 2005.

Elton, G. R. , *England under the Tudors*, 2nd ed. , London: Methuen & Co. Ltd. , 1974.

Elton, G. R. , *The Reformation 1520–1559* (The New Cambriage Modern History, Second Edition), Cambridge: Cambridge University Press, 1990.

Elton, G. R. , *The Tudor Revolution in Government: Administrative Changes in the Reign of Henry VIII*, Cambridge: Cambridge University Press, 1983.

Elton, G. R. , *Tudor Rule and Revolution: Essays for G. R. Elton from His American Friends*, Cambridge: Cambridge University Press, 1982.

Elton, G. R. , *The Tudor Constitution: Documents and Commentary*, 2nd ed. , Cambridge: Cambridge University Press, 1982.

Ernle, Rowland Edmund, Prothero, Baron, *The Land and Its People, Chapters in Rural Life and History*, London, Hutchinson, 1925.

Fenn, John, Frere, William, *Original Letters, Written during the Reigns of Henry VI. , Edward IV. , and Richard III.* , Printed for G. G. J. and J. Robinson 1787.

Fenn, John, Frere, William, *Original Letters, Written During the Reigns of Henry VI., Edward IV., and...*, Printed for G. G. J. and J. Robinson, 1789.

Fletcher, Anthony, MacCulloch, Diarmaid, *Tudor Rebellions*, 4th ed., London: Longman, 1997.

Fletcher, Anthony, Stevenson, John, *Order and Disorder in Early Modern England*, Cambridge: Cambridge University Press, 1985.

Fritze, Ronald H., *Historical Dictionary of Tudor England, 1485 – 1603*, New York: Greenwood Press, 1991.

Froude, James Anthony, *The Reign of Edward the Sixth*, London: J. M. Dent; New York: E. P. Dutton, 1926.

Garnier, Russell Montague, *History of the English Landed Interest, Its Customs, Laws and Agriculture*, London: Sonnenschein, 1892.

Goldstone, Jack A., *Revolution and Rebellion in the Early Modern World*, Belmont: Wadsworth, 1991.

Gonner, Sir Edward Carter Kersey, *Common Land and Enclosure*, London: MacMillan, 1912.

Gramsci, Antonio, (D. Forgacs, ed.), *The Antonio Gramsci Reader: Selected Writings 1916 – 1935*, New York: New York University Press, 2000.

Griffiths, Ralph Alan, *The Making of the Tudor Dynasty*, Gloucester: Alan Sutton, 1985.

Guy, John, *Tudor England*, Oxford: Oxford University Press, 1988.

Haigh, Christopher, *English Reformations: Religion, Politics, and Society under the Tudors*, Oxford: Clarendon, 1993.

Harris, Tim (ed.), *The Politics of the Excluded, c.1500 – 1850*, Basingstoke: Palgrave, 2001.

Harrison, William, *The Description of England: the Classic Contemporary Account of Tudor Social Life*, New York: Dover P. Inc, 1994.

Holinshed, Raphael, *Chronicles of England, Scotland, and Ireland*, 3 vols. , London: S. T. C. , 1807.

Innes, Arthur D. , *Cranmer and the Reformation in England*, Edinburgh: Clark, 1900.

Innes, Arthur D. , *England under the Tudors*, London: Methuen & co, 1905.

Innes, Arthur D. , *Ten Tudor Statesmen*, London: E. Nash, 1906.

Jacobs, Henry Eyster, *The Lutheran Movement in England during the Reigns of Henry VIII. and Edward VI. and Its ...*, London: General Council Publication House, 1908.

Jones, Whitney R. D. , *The Tudor Commonwealth 1529 – 1559*, London: Athlone Press, 1970.

Jordan, W. K. ed. , *The Chronicle and Political Papers of King Edward VI*, New York: Cornell University Press, 1966.

Jordan, W. K. , *Edward VI: the Threshold of Power: the Dominance of the Duke of Northumberland*, London: George Allen & Unwin Ltd. , 1970.

Jordan, W. K. , *Edward VI: the Young King: the Protectorship of the Duke of Somerset*, London: George Allen & Unwin Ltd. 1968.

Kennedy, W. P. M. , *Studies in Tudor History*, Toronto: C. Clark, 1916.

Kett, Louisa Marion & Kett, George, *The Ketts of Norfolk, a Yeoman Family*, London: Mitchell Hughes and Clarke, 1921.

Kinney, Arthur F. , *Tudor England: an Encyclopedia*, New York: Garland, 2001.

Lamond, E. (ed.), *A Discourse on the Commonweal of This Realm of England*, Cambridge: Cambridge University Press, 1893.

Land, Stephen K., *Kett's Rebellion: The Norfolk Rising of 1549*, Ipswich: Boydell Press, 1977.

Levy, Hermann; Kenyon, Ruth, *Large and Small Holdings, a Study of English Agricultural Economics*, Cambridge: Cambridge Univ. Press, 1911.

Loach, Jennifer, *Edward VI*, edited by George Bernard and Penry Williams, New Haven: Yale University Press, 1999.

Loades, D. M., *Intrigue and Treason: the Tudor Court, 1547 – 1558*, London: Pearson Longman, 2004.

Loades, D. M., *The mid – Tudor Crisis, 1545 – 1565*, New York: St. Martin's Press, 1992.

Loades, David, *Power in Tudor England*, New York: St. Martin's Press, 1997.

MacCulloch, Diarmaid, *The Boy King: Edward VI and the Protestant Reformation*, New York: Palgrave. 2001.

MacCulloch, Diarmaid, *The Reformation*, New York: Penguin, 2004.

MacCulloch, Diarmaid, *Thomas Cranmer: a Life*, London: Yale University, 1996.

MacCulloch, Diarmaid, *Tudor Church Militant: Edward VI and the Protestant Reformation*, London: Penguin, 2001.

Mackie, John Duncan, *The Earlier Tudors: 1485 – 1558*, Oxford: Clarendon Press, 1952.

Manning, Roger B., *Village Revolts: Social Protest and Popular Disturbances in England 1509 – 1640*, Oxford: Oxford University Press, 1988.

McClendon, Muriel C., *The Quiet Reformation: Magistrates and the Emergence of Protestantism in Tudor Norwich*, Stanford: Stanford University Press, 1999.

McConica, James, *English Humanists and Reformation Politics under Henry VIII and Edward VI*, Oxford: Clarendon Press, 1965.

Milnes, Alfred, *From Gild to Factory: a First Short Course of Economic History*, London: Macdonald and Evans, 1910.

Moorhouse, Geoffrey, *The Last Office: 1539 and the Dissolution of a Monastery*, London: Weidenfeld & Nicolson, 2008.

Morris, Christopher, *The Tudors*, London: B. T. Batsford Ltd., 1966.

Moss, Samuel, *The English Land Laws: Being an Account of Their History, Present Features and Proposed Reforms*, London: W. Clowes, 1886.

Neeson, J. M., *Commoners: Common Right, Enclosure and Social Change in England, 1700 – 1820*, Cambridge: Cambridge University Press, 1993.

Nicholls, George, Sir, *A History of the English Poor Law in Connection with the State of the Country and the Condition of the People*, London: King Press, 1904.

North, Jonathan, *England's Boy King: the Diary of Edward VI, 1547 – 1553*, Welwyn Garden City: Ravenhall, 2005.

Parker, T. M., *The English Reformation to 1558*, London: Oxford University Press, 1966.

Patriquin, Larry, *Agrarian Capitalism and Poor Relief in England, 1500 – 1860: Rethinking the Origins of the Welfare State*, Basingstoke: Palgrave Macmillan, 2007.

Pollard, Albert Frederick, *The History of England from the Accession of*

Edward VI. to the Death of Elizabeth (1547 – 1603), London; New York: Longman, Green, 1923.

Pollard, A. F., *England Under Protector Somerset: an Essay*, London: K. Paul, 1900.

Pollard, A. F., *The History of England from the Accession of Edward VI to the Death of Elizabeth* (1547 – 1603), London: Longman, Green, 1910.

Pollard, A. F., *The History of England: a Study in Political Evolution*, London: Williams and Norgate, 1912.

Pollard, A. F., *Thomas Cranmer and the English Reformation*, Hamden: Archon Books, 1905.

Pollard, A. F., *Tudor Tracts, 1532 – 1588*, New York: E. P. Dutton and co., 1903.

Powell, Ken; Cook, Chris, *English Historical Facts 1485 – 1603*, London: Macmillan, 1977.

Powers, G. W., *Oxford Annuals of English History, No. IV. England and the Reformation* (A. D. 1485 – 1603), London, 1897.

Powers, George Wightman, *England and the Reformation* (A. D. 1485 – 1603), London: Blackie, 1897.

Ramsay, Alexander; Fenn, John, *Paston Letters: Original Letters, Written During the Reigns of Henry VI., Edward IV., and… Volume*: 1 – 2, H. G. Bohn, London: Ramsay, 1859.

Ramsey, Peter H., *The Price Revolution in Sixteenth – Century England*, Bungay: Methuen & Co Ltd, 1971.

Ramsey, Peter H., *Tudor Economic Problems*, London: Gollancz, 1963.

Rawcliffe, Carole, Wilson, Richard, *Medieval Norwich*, London: Palgrave Macmillan, 2004,

Rawcliffe, Carole, Wilson, Richard; Clark, Christine, *Norwich since 1550*, London: Hambledon, 2004.

Raynal, Wilfrid, *The Ordinal of King Edward VI: Its History, Theology, and Liturgy*, London: Kessinger, 1871.

Read, Conyers, *The Tudors: Personalities and Practical Politics in Sixteenth Century England*, New York: Holt, 1961.

Robinson, Hastings, *Original Letters Relative to the English Reformation: Written during the Reigns of King Henry VIII, King Edward VI and Queen Mary, Chiefly from the Archives of Zurich*, Cambridge: Cambridge University Press, 1847.

Rogers, James E. Thorold, *Six Centuries of Work and Wages; the History of English Labour*, London: W. S. Sonnenschein, 1884.

Rollison, David, *A Commonwealth of the People: Popular Politics and England's Long Social Revolt, 1066–1649*, New York: Cambridge University Press, 2009.

Russell, Frederic William, *Kett's Rebellion in Norfolk*, Longdon: Longman, 1856.

Scarisbrick, J. J., *The Reformation and the English People*, Oxford: Basil Blackwell, 1984.

Scrutton, Thomas Edward, Sir, *Commons and Common Fields: or, The History and Policy of the Laws Relating to Commons and Enclosures in England*, Cambridge: Cambridge University Press, 1887.

Seebohm, Frederic, *The English Village Community Examined in Its Relations to the Manorial and Tribal Systems and to the Common or Open Field System of Husbandry: an Essay in Economic History*, London: Longman, Green, 1905.

Shagan, Ethan H., *Popular Politics and the English Reformation*,

Cambridge: Cambridge University Press, 2003.

Sheils, W. J., *The English Reformation 1530 – 1570*, London: Longman, 1989.

Skidmore, Chris, *Edward VI: the Lost King of England*, London: Weidenfeld & Nicolson, 2007.

Slack, Paul, *From Reformation to Improvement: Public Welfare in Early Modern England*, Oxford: Clarendon, 1999.

Slack, Paul, *Poverty and Policy in Tudor and Stuart England*, London; New York: Longman, 1988.

Slack, Paul, *Rebellion, Popular Protest and the Social Order in Early Modern England*, Cambridge; New York: Cambridge University Press, 2008.

Slack, Paul, *The English Poor Law, 1531 – 1782*, Cambridge: Cambridge University Press, 1995.

Slater, Gilbert, *The English Peasantry and the Enclosure of Common Fields*, London: Constable, 1907.

Slavin, Arthur Joseph, *The Precarious Balance: English Government and Society*, Alfred A, Knopf, Inc., New York, 1973.

Smith, Lacey Baldwin, *Treason in Tudor England: Politics and Paranoia*, London: J. Cape, 1986.

Solt, Leo F., *Church and State in Early Modern England 1509 – 1640*, Oxford: Oxford University Press, 1990.

Stone, Lawrence, *Social Change and Revolution in England, 1540 – 1640*, London: Longman, 1965.

Stone, Lawrence, *The Causes of the English Revolution, 1529 – 1642*, London: Routledge, 2002.

Stone, Lawrence, *The Past and the Present Revisited*, London; New

York: Routledge & Kegan Paul, 1987.

Stone, Lawrence, *The Past and The Present*, London: Routledge, 1981.

Strype, John, *Ecclesiastical Memorials, Relating Chiefly to Religion, and the Reformation of It, and the Emergencies of the Church of England, under King Henry VIII, King Edward VI and Queen Mary I, with Large Appendixes, Containing Original Papers, Records, &c*, Oxford: Clarendon Press, 1822.

Strype, John, *The Life of the Learned Sir John Cheke, kt., First Instructor, Afterwards Secretary of State to King Edward VI., One of the Great Restorers of Good Learning and True Religion in This Kingdom*, Oxford: Clarendon press, 1821.

Tawney, Richard Henry, *The Agrarian Problem in the Sixteenth Century*, London: Longman, Green and Co., 1912.

Thirsk, Joan, *Economic Policy and Projects: the Development of a Consumer Society in Early Modern England*, Oxford: Clarendon Press, 1978.

Thirsk, Joan, *Food in Early modern England: Phases, Fads, Fashions 1500–1760*, Cambridge: Cambridge University Press, 2008.

Thirsk, Joan, *The Agrarian History of England and Wales, Vol. IV, 1500–1640*, Cambridge University Press, 1967.

Thirsk, Joan, *The Rural Economy of England: Collected Essays*, London: Hambledon, 1984.

Thirsk, Joan, *Tudor Enclosures*, London: Historical Association, 1965.

Thirsk, Joan, *Agricultural Change: Policy and Practice, 1500–1750*, Cambridge: Cambridge University Press, 1990.

Tytler, Patrick Fraser, *England under the Reigns of Edward VI. and Mary: With the Contemporary History of Europe*, London: R. Bentley, 1839.

Underdown, David, *Revel, Riot, and Rebellion: Popular Politics and Culture in England, 1603–1660*, Oxford: Oxford University Press, 1985.

Wall, Alison D., *Power and Protest in England, 1525–1640*, London: Edward Arnold Publishers, 2000.

Welsford, Joseph William Wilson, *The Strength of England: A Politico-economic History of England from SaxonTimes to the Reign of Charles the First*, London: Longman, Green, 1910.

White, William, *History, Gazetteer, and Directory of Norfolk*, Sheffield: Robert Leader, 1845.

Whiting, Robert, *The Blind Devotion of the People: Popular Religion and the English Reformation*, Cambridge: Cambridge University Press, 1989.

Whittle, Jane, *The Development of Agrarian Capitalism: Land and Labour in Norfolk, 1440–1580*, Oxford: Oxford University Press, 2000.

Williams, C. H. ed., *English Historical Documents 1485–1558*, New York: Routledge, 1996.

Williamson, James Alexander, *The Tudor Age*, London: Longman, 1957.

Wood, Andy, *Riot, Rebellion and Popular Politics in Early Modern England*, New York: Palgrave, 2002.

Wood, Andy, *The 1549 Rebellions and the Making of Early Modern England*, Cambridge: Cambridge University Press, 2007.

Zagorin Perez, *Rebels and Rulers, 1500–1660*, Vol. 1, Society,

States, *and Early Modern Revolution Agrarian and Urban Rebellions*, Cambridge: Cambridge University Press, 1982.

Zagorin, Perez, *Rebels and Rulers*, *1500 – 1660*, *Vol. 2*, Cambridge: Cambridge University Press, 1982.

(二) 析出文献

Alsop, J. D. , "Latimer, the 'Commonwealth of Kent' and the 1549 Rebellions", *The Historical Journal*, Vol. 28, No. 2 (Jun. , 1985).

Beer, B. L. , "London and the Rebellions of 1548 – 1549", *The Journal of British Studies*, Vol. 12, No. 1 (Nov. , 1972).

Beer, Barrett L. , "John Stow and Tudor Rebellions, 1549 – 1569", *The Journal of British Studies*, Vol. 27, No. 4 (Oct. , 1988).

Brown, E. H. Phelps and Hopkins, S. V. , "Seven Centuries of the Prices of Consumables: Compared with Builder's Wage Rates", in Peter H. Ramsey ed. , *The Price Revolution in Sixteenth – Century England*, (London. 1971).

Bush, M. L. , "Protector Somerset and the 1549 Rebellions: A Post – Revision Questioned", *The English Historical Review*, Vol. 115, No. 460 (Feb. , 2000).

Bush, Michael, "The Risings of the Commons in England, 1381 – 1549", in *Hierarchies and Orders in Late Medieval and Early Renaissance Europe*, edited by Jeffrey Denton, Hampshire: Macmillan, 1999.

Cornwall, Julian, "English Population in the Early Sixteenth Century", *The Economic History Review*, New Series, Vol. 23, No. 1 (Apr. , 1970).

Cornwall, Julian, "Kett's Rebellion in Context: A Rejoinder", *Past & Present*, No. 93 (Nov. , 1981).

Elton, G. R., "Politics and the Pilgrimage of Grace", in his *Studies in Tudor and Stuart Politics and Government* (4 vols., Cambridge, 1974 – 92).

Holmes, Clive, "Drainers and Fenmen: The Problem of Popular Political Consciousness in the Seventeenth Century", in Anthony Fletcher and John Stevenson (eds.), *Order and Disorder in Early Modern England*, Cambridge: Cambridge University Press, 1985.

Holstun, Jim, "Utopia Pre – Empted: Kett's Rebellion, Commoning, and the Hysterical Sublime", *Historical Materialism*, Vol. 16, No. 3 (2008).

MacCulloch, Diarmaid, "Kett's Rebellion in Context", *Past & Present*, No. 84 (Aug., 1979).

Shagan, Ethan H., "'Popularity' and the 1549 Rebellions Revisited", *The English Historical Review*, Vol. 115, No. 460 (Feb., 2000).

Shagan, Ethan H., "Protector Somerset and the 1549 Rebellions: New Sources and New Perspectives", *English Historical Review*, Vol. 114, No. 455 (Feb 1999).

Whittle, Jane, "Lords and Tenants in Kett's Rebellion 1549", *Past & Present*, Vol. 207, No. 1 (May 2010),

Wood, Andy, "Kett's rebellion", in C. Rawcliffe and R. Wilson (eds.), *Medieval Norwich*, London: Palgrave Macmillan, 2004.

Youings, Joyce, "the Western Rebellion of 1549" in Ronald H. Fritze ed., *Historical dictionary of Tudor England*, 1485 – 1603, Westport: Greenwood Press, 1991.

(三) 其他

Calendar of State Papers, Domestic Series, of the Reigns of Edward VI,

Mary…Lemon, *Robert*; Public Record Office.

http：//en. wikipedia. org/wiki/Revolution.

http：//www. constitution. org/eng/magnacar. htm.

Jones, Amanda Claire, "*Commotion Time*" *the English Risings of 1549*, Ph. D. Thesis, University of Warwick, 2003.

Murray, James A. H. ed. , *Oxford English Dictionary*, Second Edition on [CD – ROM] (v. 4 0), Oxford University Press, 2009.

Ross, Don Smith, *The Role of John Hooper in the Religious Controversies of the Reign of Edward VI in England* [microform], Ann Arbor, Mich.：UMI, 1969.

Slonosky, Timothy, *The Religious Allegiances of Sixteenth – Century Peasant Rebels*, MA thesis Simon Fraser University, 2005.

The Merriam – Webster Dictionary of Synonyms and Antonyms, Springfield：Merriam – Webster, 1992.

Webster's Third New International Dictionary of the English Language, Unabridged, Springfield：G. & C. Merriam, 1961.

二　中文

（一）专著

［德］马克思、恩格斯：《马克思恩格斯全集》第七卷，人民出版社1956年版。

［德］马克思：《资本论》第一卷，人民出版社2004年版。

［法］布罗代尔：《15至18世纪的物质文明、经济和资本主义》第一卷，顾良、施康强译，三联书店1997年版。

［法］布瓦松纳：《中世纪欧洲生活和劳动》，潘源来译，商务印书馆1986年版。

［美］沃勒斯坦：《现代世界体系》，高等教育出版社1998年版。

［苏］科学院 M. M. 斯米林（主编）：《世界通史》第四卷上册，三联书店1962年版。

［英］波斯坦：《剑桥欧洲经济史》第一卷，王春法主译，经济科学出版社2002年版。

［英］哈林顿：《大洋国》，何新译，商务印书馆1996年版。

［英］施脱克马尔：《十六世纪英国简史》，上海外国语学院编译室译，上海人民出版社1959年版。

陈曦文、王乃耀主编：《英国社会转型时期经济发展研究：16世纪至18世纪中叶》，首都师范大学出版社2002年版。

陈曦文：《英国16世纪经济变革与政策研究》，首都师范大学出版社1995年版。

陈增爵、沈宪旦等：《新版世界五千年》，少年儿童出版社2004年版。

耿淡如、黄瑞章译注：《世界中世纪史原始资料选辑》，天津人民出版社1959年版。

郭方：《英国近代国家的形成》，商务印书馆2006年版。

刘明翰：《世界史（中世纪史）》，人民出版社1986年版。

戚国淦、陈曦文主编：《撷英集—英国都铎史研究》，首都师范大学出版社1994年版。

沈汉：《英国土地制度史》，学林出版社2005年版。

王乃耀：《英国都铎时期经济研究》，首都师范大学出版社1997年版。

尹虹：《16、17世纪前期英国流民问题研究》，中国社会科学出版社1993年版。

周一良、吴于廑：《世界通史（中部部分）》，分册主编：朱寰，人民出版社1972年版。

（二）析出文献

蔡骐：《英国爱德华六世宗教改革述评》，《湖南师范大学社会科学学报》1997年10月。

蔡骐:《英国宗教改革原因探析》,《湖南师范大学社会科学学报》1996年第5期。

蒋孟引:《16世纪英国的圈地狂潮》,《蒋孟引文集》,南京大学出版社1995年版。

蒋孟引:《英国资产阶级革命前农民反对圈地的斗争》,《蒋孟引文集》,南京大学出版社1995年版。

李剑鸣:《美国革命时期民主概念的演变》,《历史研究》2007年第1期。

刘城:《英国爱德华六世与伊丽莎白一世时代的神学教义革命》,《历史研究》2010年4月。

齐思和林幼琪选译:《罗伯特·凯特在诺福克郡领导的农民起义的要求》,《中世纪晚期的西欧》,商务印书馆1962年版。

王荣堂:《1549年英国凯特起义的背景与具体情况如何?》,《历史教学》1962年第3期。

赵文洪:《朱孝远〈神法、公社和政府:德国农民战争的政治目标〉读后》,《史学理论研究》1998年第1期。

(三) 工具书

《辞源》(修订本)1—4合订本,商务印书馆1988年版。

新华通讯社译名室编辑:《世界人名翻译大辞典》,中国对外翻译出版公司出版社2007年版。

附　　录

附录一　凯特的 29 条请愿——
《请求和要求》[①]

1. 我们恳求陛下：无论何处，凡是已经由议会制定法令，禁止进行圈地的地方，请勿损及那些已经种植了藏红花的地方，因为种植者已经投资很多。但今后无论何人，不得再行圈地。

2. 我们向陛下申诉：庄园的领主们曾被征收一些自由租税，但是这些领主们竟设法向自由佃农们来征收这笔租税，这是不公道的。

3. 我们恳求陛下：任何庄园领主不得和平民共同享用公地。

4. 我们恳求：从此以后，教士们一概不得购买自由租地或农奴的土地，而且凡是他们在国王亨利七世在位第一年后所买的土地，都应该租赁给世俗人。

5. 我们恳求：苇地和草地，应该按照亨利七世在位第一年的

[①] Frederic William Russell, *Kett's Rebellion in Norfolk*, London: Longman, 1856, pp. 47–56；中文翻译主要参考《罗伯特·卡特在诺福克郡领导的农民起义的要求》，《中世纪晚期的西欧》，齐思、林幼琪选译，商务印书馆1962年版，第227—231页；比对参考耿淡如、黄瑞章译注《世界中世纪史原始资料选辑》，天津人民出版社1959年版，第183—187页。

价格出租。

6. 我们恳求：一切向国王陛下交纳自由租或他种地租的泽地租户，应仍按照亨利七世在位第一年时的租价交付。

7. 我们恳求：在您王国之内，所有的蒲式耳都有统一的容量，就是说一个蒲式具等于八加仑。

8. 我们恳求：凡是〔不能〕对教区居民宣讲和解说圣经的〔传教士们〕或牧师们，应被撤去圣俸职。由本教区教民，或本市镇有权授与牧师职的人或领主，另选他人充任。

9. 我们恳求：原先向自由租佃户分摊的城堡保卫费，和用作庄园管理人员的禄田的官地、空地的租金，都应当由领主向他的管理人员收取，而不应由佃户负担，因为那些人是替领主征收租金的。

10. 我们恳求：任何一个骑士或乡绅等级以下的人，不得拥有鸽子房，除非按照古来的惯例，他们已经取得了这项权利。

11. 我们恳求：所有自由佃户和公簿租户，可以分享庄园公地的收益，并且有利用公地的权利，而领主们则没有分享公地的权利，或获取该土地收益的权利。

12. 我们恳求：在您各郡之中，任何领主的管事不得担任任何公职人员的顾问。如此才能真正为国王服务。因此应由本郡平民每年选出有良心的人，充任该项职务。

13. 我们恳求：陛下将所有土地出租权，掌握在您自己的手中，使所有的人，可以安静地享用他们的公共土地，以及公共土地上的收益。

14. 我们恳求：凡是征收地租过高的公簿租地，可以按照亨利七世在位第一年时的地租付给。并且在佃户死亡时或出售该地时，征收一笔易于偿付的罚款，如一只阉鸡，或一笔象征性的合理〔数目〕的金钱。

15. 我们恳求：所有教区教士，不得由大人物的传教士或官员兼任，而是必须居住在他们教区，以便他们教区居民通过他学习上帝的神道。

16. 我们恳求：不自由的人都应该得到自由，因为上帝用他宝贵的鲜血才换来了所有人的自由。

17. 我们恳求：所有河流都应该自由开放，使一切人都可以享受在那里捕鱼和航行的权利。

18. 我们恳求：您的没收土地管理员和租地管理员，不得为任何人要求任何职位，除非他是由您直接封予领地的，或领有每年超过十镑收入的地产。

19. 我们恳求：可怜的船夫们或渔夫们，应该得到他们所捕获的海豚、虎鲸或任何大鱼的全部利益，但也不使您的利益受损害。

20. 我们恳求：每个拥有由教区拨给地产的教区牧师或传教士，他的收入每年在十五镑或十五镑以上的，应由他们自己或由他指定教师，给他们教区中穷人们的子女讲授《教义问答》和《小祈祷书》等书。

21. 我们恳求：任何庄园领主不得自由购买土地，然后又作为公簿租地出租，以从中取利，而使您的贫苦的居民们纷纷破产。应宣布此种行为是非法的。

22. 我们恳求：凡持有由教区拨给地产的教区牧师或传道士，为了避免在他们之间，以及他们和教区的居民之间的纠纷与诉讼起见，从今以后，不得再向居民征收任何什一税，只准从一个诺布尔①征收八个便士。

23. 我们恳求：在〔　〕② 等级之下的任何人，都不得在他们自由租地或公簿租地地上，饲养兔子，除非他们用篱笆把兔子圈住，

---

① 诺布尔，货币名，值六先令八便士，译者注。
② 此处为空白。

以免使大众受到损害。

24. 我们恳求：不管任何等级、阶层或情况的人，今后不能出售任何儿童的监护权。该儿童若活到成年，应有婚姻自由权。国王的监护除外。

25. 我们恳求，凡自己拥有庄园的领主除管理自己的庄园外，不得再担任其他领主的庄园管理人。

26. 我们恳求：任何骑士、领主或乡绅，都不得承租任何为了振兴宗教事业而办的农庄，从中取利。

27. 我们恳求陛下：请您大赐恩惠，对于那些经您的贫穷的平民所推选出来的委员，或由陛下您或您的枢密院所任命的适当人选，请用国玺任命他们为委员，给予权力，让他们将从您的祖父亨利七世在位第一年所颁布的一切善良的法律、清规、通令和您一切其他会议录加以推行与改进。这些好的法令，全是被您的治安推事们、郡长们、没收土地管理员们和您其他官员们隐匿不宣的。

28. 我们恳求：有些官员曾经冒犯了陛下和您的平民，致使他们不得不举行此次请愿加以控诉。应命令这些官员们拿出钱来，交给那些集合于此地的穷人，每天四便士，直到他们离开此地为止。

29. 我们恳求：领主、骑士、邑从或乡绅的土地的收入，如果每年可达四十镑，就不得再在公共土地上饲养牛羊，但纯为自己住宅使用者，不在此例。

罗伯特·凯特

托马斯·奥尔德里奇

市长 托马斯·科德

附录二　起义大事时间表[①]

1548 年	
4 月 6 日	康沃尔的赫尔斯顿（Helston），威廉·博迪（William Body）被杀。
5 月 17 日	大赦赫尔斯顿造反者。
5 月 22 日—6 月 21 日	3 月 8 日发布的圣餐令（Order of Communion）在北安普敦郡的格莱普索恩（Glapthom）引起骚乱。
5 月 21 日—26 日	赫特福德郡诺斯奥和切森特起义。
6 月 1 日	约翰·黑尔斯（John Hales）被委任成立圈地委员会，对白金汉郡、牛津郡、伯克郡、沃里克、莱斯特郡进行调查。
7 月/8 月	在白金汉郡，沃里克郡等地谣传发生圈地骚乱。
12 月 20 日	博特利、汉布尔和汉普郡的骚乱分子得到赦免
1549 年	
4 月 11 日	王室宣布进行"圈地调查"。
4 月 14—23 日	米德尔塞克斯（Middlesex）的赖斯利普抗议圈地。
5 月 1—8 日	剑桥郡的兰德毕池（Landbeach）发生动乱。
5 月 5—8 日	萨默塞特郡的弗罗姆爆发圈地骚乱；萨默塞特、威尔特郡、布里斯托尔、汉普郡、牛津郡、白金汉郡、萨塞克斯、萨里、肯特、埃塞克斯郡、萨福克郡、格洛斯特郡、伍斯特郡、林肯郡等，社会出现动荡。
5 月 11 日	萨默塞特郡士绅集结力量镇压骚乱。
5 月 12 日	汉普郡的赫斯利鹿苑圈地骚乱。
5 月 15 日	汉普郡首安官警告，要随时准备好镇压骚乱。
5 月 15 日	任命南安普敦郡首安官
5 月 17 日	萨默塞特和威尔特郡造反被镇压
5 月 19 日	布里斯托尔发生反圈地和反市长骚乱。
5 月 22/23 日	宣称要用武力镇压反圈地骚乱者。

[①] Amanda Claire Jones, "*Commotion Time*: *the English Risings of 1549*", Ph. D. Thesis, University of Warwick, 2003, pp. iv – v.

续表

5月25日	威尔特郡威廉·赫伯特的威尔顿鹿苑在萨里斯布里（Salisbury）起义中被起义在者捣毁。
5月26日	汉普郡欧文顿暴动。
5月末	萨塞克斯郡造反。
5月28日	国王的使节（ambassador）报告说，5000人在北方起事。
6月10日	1549年祈祷书在各教区教堂推出。
6月11日	西部起义在博德明（康沃尔）和三浦福德（德文郡）爆发。
6月13日	萨默塞特郡西南部仍不平静。
6月初	在汉普郡的奥迪厄姆爆发起义；约翰·诺顿在东提斯特德的宅邸遭到攻击。
6月14日	宣布对春季反圈地骚乱者进行大赦。
6月15日	约翰·蒂温爵士镇压了奥迪厄姆动乱。汉普郡收到赦罪书。
6月25日	在奇切斯特发布了对萨塞克斯起义者的赦免书。
6月30日	萨里治安官下令武装部队。
7月1日	贵族被从泰晤士河谷、京畿诸郡（Home Counties）、东安格利亚等地传唤到温莎。
7月1—15日	"动乱年代"弥漫全境：主要的起义发生在西南部、英格兰东部、剑桥、肯特、埃塞克斯、萨塞克斯、萨里郡、赫特福德郡、米德尔塞克斯、牛津郡、白金汉郡、北安普敦郡、伯克郡、沃里克郡等。
7月1日—8月25日	对肯特郡起义充满焦虑的书信往来。
7月2日	公告：动乱者将以叛国罪受极刑的惩罚。
7月2—16日	埃克塞特遭到围攻。牛津起义者摧毁泰姆（Thame）和瑞克特（Rycote）鹿苑。
7月2日—9月9日	伦敦警备升级。
7月4日	汉普郡、埃塞克斯郡和德文郡再次发生骚乱。
7月5日	萨默塞特答复埃塞克斯起义者的请愿书并同意了他们的请求。
7月6日	诺福克造反者聚集在怀蒙德汉姆。
7月7日	牛津郡的起义者得到赦罪。
7月8日	约翰·黑尔斯（第二）圈地委员会任命颁发。
7月9—16日	剑桥圈地起义。

续表

7月10日	萨福克、埃塞克斯、肯特、汉普郡和萨里宣告平静。 埃塞克斯圈地委员要求当局采取行动对付圈地。 白金汉郡爆发了新的骚乱。
7月10日后不久	萨默塞特再次保证大赦汉普郡的百姓。
7月11日	向伦敦市政府提供军火以保卫伦敦城。
7月12日	从西南调集部队镇压牛津郡和白金汉郡的起义。 沃里克郡百姓开始爆发骚动。 罗伯特·凯特在诺福克建立莫斯德希思营地。
7月13日—8月27日	恩菲尔德圈地骚乱（米德尔塞克斯）。
7月14日	起义者在萨福克的伊普斯维奇和伯里·圣·埃德蒙兹建立起义者营地。
7月15日	起义者在诺福克的纳姆市场建立营地。
7月16日	大赦书送达剑桥起义参与者。 在伦敦塔采取的预防措施；伦敦市政府向萨默塞特申请配发武器。
7月17日	圈地委员会委员在坎特伯雷接待来自肯特郡的起义者。
7月18日	肯特郡的条款被送至萨默塞特手中。 在牛津郡的奇平诺顿，牛津郡和白金汉郡起义者被格雷勋爵击败。 伦敦宣布戒严令。
7月18—23日	对白金汉郡起义者进行司法审判。
7月19日	在牛津郡下达处决令。 伦敦严密防守。 埃塞克斯的萨福隆瓦尔登爆发骚动。
7月20日	北安普敦郡和白金汉郡得到大赦。
7月21日	克兰默对圣保罗起义进行反面宣传。
7月22日	埃塞克斯，萨福克，诺福克和肯特继续维持动荡局势。 两名来自埃塞克斯和肯特郡的起义者在伦敦被处死。 王室宣布任命法警，警员和市镇长作为调节骚乱的中间人。
7月23日	爱德华六世骑马在伦敦穿行，以便让市民抵消对国王的生死的疑虑。
7月25日	布置镇压（约克郡）西默起义的计划。
7月27日	白金汉郡个别起义者得到赦罪。
8月6—12日	温彻斯特—萨塞克斯起义夭折。
8月7日	据传牛津郡的一些起义者在此日之前被执行死刑。

续表

8月10日	克兰麦对镇压圣保罗起义进行反面宣传。
8月15日	大赦书两次传达三个埃塞克斯起义者营地。单独的赦罪书送达肯特郡梅德斯通（Maidstone）周边的起义者手中。 给坎特伯雷营地的穷人老百姓发钱。 在柯比的安德伍德，林肯郡起义者摧毁约翰·哈斯伍德（Hassilwood）的圈地，当时他正在诺福克征讨凯特。
8月16日	在德文郡的三浦福德—库特奈，西部起义者的主体被击败。 四名起义者在市政厅因为在诺福克、萨福克郡和牛津郡叛乱中担任领导者而被控告犯叛国罪。
8月19日	在朗塞斯顿大战西部起义头目。
8月20—27日	在萨默塞特郡的金维斯顿（Kingweston），约翰·伯里（Bury）起义。
8月21日	赦免约克郡的起义者。
8月22日	起义者在伦敦被执行死刑。
8月27日	凯特起义军在达辛代尔一战溃散。
8月29日	在萨默塞特的金维斯顿，西南部起义者终被击败。在萨默塞特和多塞特处决起义者。
8月31日	在戒严的状态下，六名埃塞克斯起义者被处以死刑。
9月12—19日	提审莱斯特郡和拉特兰起义者，并执行死刑。
9月21	约克郡的首要分子在纽约被执行死刑。
12月7日	罗伯特·凯特在诺威奇城堡被执行死刑。
1550年	
1月27日	约翰·伯里在泰伯恩刑场被执行死刑。